金融风险蓝皮书
BLUE BOOK OF FINANCIAL RISK

中国金融风险报告

（2018）

ANNUAL REPORT ON CHINA'S FINANCIAL RISK
(2018)

王曼怡　高杰英　周　晔◎主　编

首都经济贸易大学出版社
Capital University of Economics and Business Press
·北　京·

图书在版编目（CIP）数据

中国金融风险报告. 2018 / 王曼怡，高杰英，周晔主编. --北京：首都经济贸易大学出版社，2018.12

ISBN 978-7-5638-2892-0

Ⅰ. ①中… Ⅱ. ①王… ②高… ③周… Ⅲ. ①金融风险防范—研究报告—中国—2018 Ⅳ. ①F832.1

中国版本图书馆CIP数据核字（2018）第264652号

中国金融风险报告（2018）
王曼怡　高杰英　周晔　主编
Zhongguo Jinrong Fengxian Baogao（2018）

责任编辑　洪　敏
封面设计　砚祥志远·激光照排 TEL：010-65976003
出版发行　首都经济贸易大学出版社
地　　址　北京市朝阳区红庙（邮编 100026）
电　　话　（010）65976483　65065761　65071505（传真）
网　　址　http://www.sjmcb.com
E-mail　publish@cueb.edu.cn
经　　销　全国新华书店
照　　排　北京砚祥志远激光照排技术有限公司
印　　刷　北京玺诚印务有限公司
开　　本　710毫米×1000毫米　1/16
字　　数　360千字
印　　张　20.5
版　　次　2018年12月第1版　2019年10月第1版第2次印刷
书　　号　ISBN 978-7-5638-2892-0/F·1594
定　　价　88.00元

金融风险蓝皮书编委会

主编简介

王曼怡 女，1956年出生，经济学博士，首都经济贸易大学金融学二级教授，博士生导师；德国萨尔大学访问学者，国家社会科学基金项目评审专家、教育部人文社会科学基金项目评审专家、人民论坛杂志社专家咨询委员会委员。

现任首都经济贸易大学金融风险研究院院长、特大城市经济社会发展研究院学术委员会秘书长，兼任中国金融学会理事、北京国际金融学会副会长、北京金融学会常务理事、北京金融促进教育基金会理事长。主要研究领域：国际金融理论与政策、金融风险管理、区域金融。先后在《财贸经济》《经济学动态》《国际贸易》《经济纵横》《经济与管理研究》等经济类权威核心期刊发表学术论文60余篇；出版经济学专著8部，译著1部，其中专著《北京金融产业集聚效应研究》获2012年北京市哲学社会科学优秀成果二等奖；主持并参与国家级、省部级及政府委托研究项目20余项，其中“数字化金融实验室建设与运用”项目获2005年高等教育国家级教学成果二等奖、北京市教育教学成果一等奖。2010年评为北京市教学名师。

高杰英 女，1971年出生，金融学博士，首都经济贸易大学教授，博士生导师，金融学院副院长。美国明尼苏达大学卡松商学院访问学者，中国投资学会学科建设委员会理事，中国国际金融学会理事，北京国际金融学会理事，央广财经特约评论员。主要研究领域：商业银行、公司金融以及价值投资。先后在《国际金融研究》《经济学家》《经济学动态》《财经科学》等经济类核心期刊发表论文46篇，出版专著3部，教材2部，其中专著《百年银行资本监管的逻辑与未来》获北京市第十四届哲学社会科学优秀成果奖二等奖；主持国家级、省部级各类项目22项。

周晔 男，1972年出生，金融学博士，美国明尼苏达大学、密歇根州立大学访问学者，现任首都经济贸易大学金融学院教授，博士研究生导师。研究领域：金融风险管理、金融市场及金融机构。已在《经济学动态》《经济理论与经济管理》《世界经济文汇》等经济类核心期刊发表论文40余篇，出版经济学专著2部，合著3部，译著1部。主持国家社会科学基金项目1项，北京市社科规划项目两项，作为主要参与人参与省部级项目4项，获省部级项目一等奖1项。

序　言

自2013年以来，金融风险研究院已经成功举办了五届金融风险高层论坛，并先后发布了五册《中国金融风险报告》。风险研究院的成果先后获得银监会、证监会相关领导、金融研究机构以及各财经高校等的广泛关注，成为金融学院的标志性品牌，为首都经济贸易大学赢得了较高的社会声誉。如今，研究院的研究人员在王曼怡院长的带领下，继续对中国当前的宏微观金融风险问题展开卓有成效的研究与探索，并依据惯例，再次将研究人员的代表性研究报告和权威论文结集成册以飨读者，并以此向持续关注、支持金融风险研究院发展的各级领导、学者和师生致谢！

2018年金融风险报告由6篇子报告和5篇高水平论文构成。报告和论文坚持以风险研究为核心，多视角、全方位地考察中国宏观、微观层面所面临的问题，研判未来国际、国内金融市场的风险走势并提出治理策略。

纵观过去一年国内金融业的发展历程，在全球金融市场剧烈波动，中美贸易、汇率乃至整体宏观经济的不确定性迅速加剧的同时，中国金融业还承受着国内经济转型的阵痛，承担着化解民营企业融资困境，助力实体经济转型升级等一系列重任，金融安全问题至关重要。那么，在中美贸易战这一错综复杂的外部环境下、在变化莫测的国内外金融风暴前，中国银行业能否不惧风雨、逆浪前行？王婉婷博士明确指出，从过去一年的监管态势看，金融系统内部的杠杆率持续降低，商业银行回归本源、深度转型的大幕已经开启。报告提出，2018年，在强化监管的引领下，银行业把主动防范化解系统性金融风险放在更加重要的位置，商业银行资产质量风险化解成效显现，不良贷款率保持平稳，流动性水平稳中有升，房贷增量风险有所降低。此外，通过观察我国不同行业、区域性信贷风险的特征，以及对房地产信贷、债券类投资资产、小微企业违约风险的持续跟踪后，王婉婷博士得出“2018至2019年，商业银行盈利水平将稳步回暖，内部抵御风险能力增强”的结论。

在“去杠杆、严监管、防风险”的宏观政策基调下，在当前外部强化监管、内部盈利增强的双重作用下，防范外部系统性风险冲击无疑仍是今年贯穿银行业发展最清晰的一条主线。为此，廉永辉博士采用ΔCoVaR，MES，SRISK等系统性风险指标和网络分析法，分析了2017年以来中国上市银行的系统性风险状况。该报告指出：首先，从时间序列看，我国上市银行整体的系统性风险贡献和敞口水平并不高，均处于历史合理水平。其次，从银行类型看，呈现股份制银行和国有大型商业银行系统性贡献较高；城市及农村商业银行则表现出较为明显的系统性风险敞口高，且系统性风险贡献低的特点。最后，从网络结构看，我国上市银行信息溢出网络具有一定的小世界现象和无标度特征，不容易发生系统性危机；不过，倘若危机爆发，将会波及众多银行。

自2017年以来，伴随着美联储的稳步加息，国际间资本利差逐步缩小，加之欧元区经济数据出现一定程度的分化，诱发部分资本回流美国，全球金融市场动荡不定。特别是进入2018年后，新兴市场国家经济走势趋缓，让全球资本抽逃日趋频繁。为此，陈奉先副教授对中国面临的国际资本流动风险程度进行了重点评估，并给予相应建议。值得一提的是，该报告特别针对中国在未来一年内面临的国际资本流动“突然停止”风险进行了评估，报告认为，在2018—2019年里，预计流向新兴市场经济体（EMs）的国际资本数量将会明显下降，发展中经济体总体面临的国际资本“突然停止”风险大幅上升；与此同时，作为新兴市场代表的中国，外部环境将趋于稳定，从而使自身面临的国际资本“突然停止”风险降低。

伴随着全球股市的调整，中国股票市场也呈现宽幅震荡走势，市场调整压力巨大，中美贸易战带来的不确定性在一定程度上抑制了市场上涨。除创业板指数在2018年3月曾经历了小幅度波动上涨外，上证A股指数和中小板指数均呈现震荡下行的趋势，进入6月份后，各指数回落速度呈现加速态势。考虑到中国目前经济增速有所放缓，供给侧结构性改革等政策效力进一步释放的时效性，以及中美贸易战逐渐呈现长期化态势等因素，赵大萍博士建议投资者未来可以谨慎配置权益类资产，增持货币类资产。考虑到大宗商品价格上涨乏力，面临回调风险，建议谨慎配置商品类资产，适当配置原油资产，低配黄金。

自21世纪以来，融资结构开始从银行贷款大量转向债券发行，利率期限结构的重要性日益凸显。由于利率期限结构与通货膨胀及货币政策存在一定的关联，且利率期限结构传达了关于未来宏观经济状况的重要信息。因此，研究利率期限结构与宏观经济变量的关系，对研判未来经济形势、提高宏观调控的效率具有重要现实意义。李雪博士的报告从收益率曲线与其他宏观变量之间的关系着手，在深入考察收益率曲线变化的驱动因素的基础上，重点分析收益率曲线对通胀预期外风险的影响。报告指出，一方面，货币政策立场与经济基本面都是引起收益率曲线变化的关键因素，且前者为主导因素；另一方面，我国长短端的利率期限结构包含了未来通胀预期外的风险信息，所以，中央银行需要从期限结构入手“缩短防长”，综合利用长短期政策工具预防通胀预期外风险，避免大量短期资金进入市场继续推升杠杆率，加剧金融市场风险。

全球金融危机已经过去十年。十年以来，持续不断的金融创新，“后危机时代”脆弱的银行资产负债表，经营模式的转变，以及随之而来的宏观审慎监管的加强，使得全球金融行业发生了重大转变。保险业在经历着重大考验的同时，进入行业转型升级发展的新阶段。徐昕副教授的报告指出，保险业未来一段时期内将呈现机遇和风险并存的局面。对于人身险业来说，在回归保障本源的政策指引下，负债久期不断增长以及新业务的逐渐引入，给人身险公司带来了短期内输入增速变缓、流动性压力增大和偿付能力削弱等方面的风险。对于财产险业而言，车险市场的高费用率，中小公司转型困难，数据信息缺乏及失真，公司治理等问题是财险业的重要风险来源。对于保险资金运用来说，主要的风险表现为资产负债期限错配、资产变现困难、债券市场违约率提高造成的信用风险等。

上述报告成果的取得，一方面得益于学校领导、金融学院以及相关职能部门的支持和帮助；另一方面与金融风险研究院全体研究人员以及王曼怡院长的辛勤付出密不可分！回首昨日，六载以来金融风险研究院在不断创新探索中厚积薄发，已然硕果累累；展望前程，首都经济贸易大学金融学院肩负着北京双一流学科的建设重任，正砥砺前行！我期待金融风险研究院能够胸怀“一流财经高校”的梦想，收获更多“顶天立地”的研究成果，为学校金融学科的发展、为学界金融风险研究做出更大的贡献！

曾康霖

2018年9月20日

Preface

Since 2013, AFRR has successfully held five high level forums of financial risk, and published five annual *reports on China's financial risk*. Our research productions received widely attention from CBRC, CSRC, financial research institutes and universities of finance and economics. AFRR has become an iconic brand of School of Finance and earned high reputation for CUEB. This year, under the leadership of Director Wang Manyi, researchers at AFRR continued to conduct productive study and exploration on China's current macro- and micro-financial risk issues. In accordance with the past practice, we once again collected and assembled our representative research reports and papers into a book for our readers, paying our gratitude to the leaders at all levels, scholars, teachers and students who continuously supported our work.

China's Financial Risk Report (2018) consists of 6 research reports and 5 papers. In these reports and papers, our researchers stick on the core subject of risk research, conduct multi-perspective, all-round study on macro- and micro-problems facing with China, forecast future trends on global and domestic financial markets and put forward corresponding governance strategies.

Looking backward, the development course of domestic financial industry over the past year, under the backdrop of intensifying global financial market volatility and escalating uncertainty over China-US trade, exchange rate and overall macroeconomic conditions, China's financial industry also suffered from the throes of domestic economic transition, laded with heavy responsibility of resolving the financing predicament of private enterprises and facilitating with the transformation and upgrade of real economy. During this process, financial security become essential. So under the complex external environment of China–US trade war and unpredictable global and domestic financial turmoil, can China's banking industry fight against the storm and survive? Dr. Wang Wanting pointed out that judging from the regulatory situation of last year, the leverage within financial system has continued to fall, commercial banks have returned to their traditional business, and deep transformation has begun. Based on her report, in 2018, under the guidance of strengthened supervision, the banking sector put "actively preventing and resolving systemic financial risk" in a more important position, commercial bank's asset quality has gradually improved, non–performing loans remained at a stable level, liquidity has steadily risen, and mortgage risk has slightly lowered. In addition, through comparing the risk characteristics between different industries and regions, and tracking the default risk of mortgage loans, bonds and small–and–micro enterprise debts, Dr. Wang Wanting concluded that in period 2018 to 2019, commercial bank's profitability will steadily increase, and their internal counter–risk ability will strengthen.

Under the policy tone of "deleveraging, strict supervision, and risk prevention", and the dual effects of strengthening external supervision and enhancing internal profits, preventing the impact of external systemic risk has undoubtedly become a main line of the development of banking industry this year. Based on the systemic risk metrics such as ΔCoVaR, MES, SRISK and network analysis, Dr. Lian Yonghui analyzed the systemic risk conditions of listed Chinese banks since 2017. His report concluded: first, from time series perspective, the overall systemic risk contributions of listed Chinese banks were not high, keeping at a reasonable level according to historical records; Second, from the perspective of bank type, systemic contribution of joint–stock banks and state–owned large commercial banks were higher than others, while urban and rural commercial banks revealed characteristics of high systemic risk exposure but low systemic risk contribution; Last, according to network structure, the information spillover of China' s listed banks revealed small world phenomena and non-scalar characteristics, made systemic crisis unlikely to happen; however, once a crisis breaks out, it would affect many banks.

Since 2017, as Federal Reserve steadily raised rates, international capital spreads became narrower, along with a divergence of economic data in the euro zone, and capital began to flow back to the US, prompting turmoil in global financial markets. Especially when it entered 2018, emerging economies slowed down and capital flight became more frequent. Associate professor Chen Fengxian made a key risk assessment of international capital flows facing with China and proposed corresponding suggestions. It is noteworthy that his report assessed the risk of "sudden stop" of international capital flows to China in the next year. As it stated, in 2018 to 2019, the amount of international capital flowing to emerging markets (EMs) is expected to drop significantly, the international capital "sudden stop" risk facing with emerging economies will rise sharply; meanwhile, China, as representative of emerging markets, will face with a steadily stabilizing external environment, and thus a lower risk of "sudden stop" of international capital.

Along with the adjustment of the global stock markets, Chinese stock market also endured wide shocks. Except for a small rise of the Growth Enterprise Market Index in March 2018, the Shanghai Stock Index and the Small and Medium-sized Index both revealed a volatile downward trend. When it entered June 2018, all indices began to decline at an accelerated speed. Considering the slower economic growth of China, the timeliness of policy effectiveness of supply-side structural reform, and protracted trade war between China and the US, Dr. Zhao Daping suggests investors to be cautious to allocate equity assets, and increase monetary asset holdings instead. Given poor performance of commodities, she also suggests investors carefully allocate commodities, i.e. moderate position in crude oil, and low position in gold.

Since the 21st century, the financing structure has begun to shift from bank loans to bond issuance, and the importance of interest rate term structure has become increasingly prominent. Because the term structure of interest rate is to some extent related to inflation and monetary policy, it carries important information about future macroeconomic situation. Therefore, it is of practical significance to study the relationship between term structure of interest rate and macroeconomic variables, and to study and forecast future economic situation and increase the efficiency of macroeconomic control. Dr. Li Xue studied the relationship between yield curve and other macro variables, based on the driving forces of yield curve shifts, she focused on the impact of yield curve on the risk beyond inflation expectations. She pointed out, on the one hand, that both monetary policy and economic fundamentals are key factors causing the changes of the yield curve, and the former is the dominant factor； on the other hand, the long- and short-term structure of interest rate in China contains risk information beyond future inflation expectations. From this point of view, central bank needs to "shorten short-term and defend long-term" , using comprehensive long- and short-term tools to prevent unexpected risk and avoid large amount of short-term funds entering the market which may further push up the leverage ratio and aggravate financial market risks.

10 years have passed since the last global financial crisis. Over the past decade, facing continuous financial innovation, fragile balance sheets of banking industry in the post crisis era, the transformation of business models and subsequent strengthening of macro prudential supervision have led to major changes in the global financial industry. Under such circumstances, the insurance industry has entered into a new stage of industrial transformation. Associate professor Xu Xin pointed out that the insurance industry will go through a situation consisting of both opportunities and risks in the future period. For life insurance, under the policy guidance of returning to the original business, the continuously increasing duration of liabilities and gradually introduced new business will bring about risks in the form of lower short

term input growth, liquidity pressure and weakening solvency; for property insurance, high cost in the auto insurance market, difficulty in business model transformation for small and medium-sized companies, data distortion and corporate governance became important sources of risk; for the usage of insurance funds, the major risks included term mismatch of assets and liabilities, difficulty in realizing assets, and credit risk caused by increasing default rate in bond market.

The results from above research reports and papers benefit from the support and help of CUEB university leaders, School of Finance and other departments; they are, of course, also inseparable from the hard work of all members and researchers at AFRR led by Director Wang Manyi. In retrospect, AFRR has made great achievements during the past 6 years through constant and diligent quest; looking forward, School of Finance of CUEB is forging ahead laded with great responsibility of constructing Beijing' s double-first class disciplines. I expect AFRR will produce more research fruits with both theoretical and practical significance, bearing the objective to become first class university in the field of finance and economics, and make greater contribution to the development of CUEB' s financial subjects, and to the overall financial risk research in academia.

目 录

研究报告

研究论文

研究报告

2018 年商业银行资产质量风险研究报告

王婉婷

摘要： 2018 年，在强化监管的引领下，银行业把主动防范化解系统性金融风险放在更加重要的位置，重点关注中国不同行业、区域性信贷风险的特征，增强对房地产信贷、债券类投资资产、小微企业违约风险的持续跟踪。预计 2018 年至 2019 年，商业银行盈利水平将稳步回暖，内部抵御风险能力增强；依然不减的负债压力需得到关注，注重缓解和增强银行业的流动性水平。在强监管的持续推进下，银行业务将继续回归本源，商业银行抗风险能力有望夯实，银行业整体信用水平有望保持稳定。

关键词： 商业银行；不良贷款；资产质量；信用风险

2017 年至 2018 年，中国金融业“归本质、促实体；严监管、防风险”的政策基调未改。在经济环境稳中向好、监管环境有所趋严、金融科技深入渗透的环境下，商业银行坚持稳中求进、低速增长的总基调，努力服务实体经济，全力防范化解风险，行业运行已呈现盈利增速

作者简介：首都经济贸易大学金融学院讲师。

提升、资产质量改善、资产负债结构调整、资管业务加快转型、金融科技稳步开展等特征。预计 2018 年，在内外部因素的共同作用下，随着中国经济转型升级中的积极因素不断累积，以及潜在信用风险释放压力的减缓，商业银行资产质量有望保持稳定，不良贷款余额增速和不良贷款率等指标趋于平稳甚至可能会有所下降。

一、 经营环境新变化

（一） 经济环境稳中向好

2017 年，全球经济整体呈现同步复苏态势，2017 年全球经济增长率达到 3.8%，是 2011 年以来增长最快的一年①。以美国、欧元区、日本为例，2017 年以来，美欧日三大经济体复苏势头良好，增速均处于近年来最高水平。全球经济回暖推动国际贸易和投资的回升，中国经济发展的外部环境有所改善。同时，中国经济增长内生动力有所改善，经济运行以 6.9% 的 GDP 增长，1.6% 的 CPI 涨幅稳中向好。中国经济正处在转变发展方式、优化经济结构、转换增长动力的攻关期，更好的平衡稳增长、调结构、促改革、去杠杆和防风险之间的关系显得尤为重要。据 2017 年第四季度中国人民银行 5 000 户工业企业调查显示，企业生产经营景气指数为 59.8%，比上年同期提高 7.2 个百分点；企业盈利指数为 61.5%，为 2008 年以来的最高值，比上年同期提高 4.4 个百分点。此外，2017 年，中国制造业 PMI 全年保持在 50% 的荣枯线以上，表明制造业持续保持稳步扩张的态势，非制造业商务指数全年保持在 53 ~ 56 的高景气区间，市场主体经济活力有所增强。

2017 年央行采取稳健中性的货币政策，货币信贷和社会融资规模平稳增长，保持银行体系流动性中性适度偏紧，利率水平总体适度，在有效防范金融体系风险的同时，保持了经济平稳较快增长。

---

① 国际货币基金组织（IMF）《世界经济展望报告》，2018 年 4 月。

（二）监管基调强化升级

2017 年至 2018 年，在中国金融业“归本质、促实体；严监管、防风险”的政策基调下，银行业监管环境有所趋严。2017 年以来，银监会密集出台了多个监管文件，重点部署银行业“违法、违规、违章”行为，“监管套利、空转套利、关联套利”以及“不当创新、不当交易、不当激励、不当收费”的专项治理工作，重点治理银行业乱象中最突出的同业业务、理财业务和表外业务，推动商业银行经营向回归本源、专注主业转变。2017 年 11 月，央行领衔一行三会发布的《关于规范金融机构资产管理业务的指导意见（征求意见稿）》，主要内容包括打破刚性兑付、明确杠杆约束、消除多层嵌套和通道、强化资本和准备金计提要求等。12 月，银监会发布了《商业银行流动性风险管理办法（修订征求意见稿）》，新引入了三个量化指标，加强对流动性风险的监管。

2018 年 1 月，银监会连发三个办法一个通知（《商业银行股权管理暂行办法》《商业银行大额风险暴露管理办法》《商业银行委托贷款管理办法》，以及《关于进一步深化整治银行业市场乱象的通知》），继续拉紧风险监管的大网，也延续了 2017 年“史上最严监管年”的政策基调。2018 年，同业业务、理财业务以及表外业务等方面的监管将会进一步加强，违规乱纪现象将会得到进一步整治。同时，流动性风险和信用风险将成为重点监管领域。相关业内人士认为，2018 年银行业已然进入升级版强监管时代，穿透式、全覆盖的金融监管已初具雏形并得到体现。

（三）金融科技深入渗透

人工智能（AI）、区块链（Blockchain）、云计算（Cloud Computing）和大数据（Data），并称为新时代四大核心金融科技，能够帮助金融机构在支付结算、借贷融资、财富管理等业务上改变成本结构、增强服务能力、提高服务效率。2017 年的全球金融科技蓬勃发展，据不完全统计，2017 年全球在金融科技领域融资至少为 649 笔，融资金额约 1 397 亿元，融资规模较上年增长 19%。中国在金融科技发展中已处于世界领先地位，2017 年中国金融科技领域实现 328 笔、796 亿元的融资，最高融资金额 97 亿元由中国互联网保险平台众安保险获得①。金融科技驱动金融新业态形成，为金融领域和实体经济发展注入强劲动力，数字经济快速渗透。根据腾讯研究院《中国互联网 + 指数报告 2018》估算，2017 年全国数字经济体量为 26.70 万亿元人民币，较上年同期的 22.77 万亿元增长 17.24%；数字经济占国内生产总值的比重由 30.61% 上升至 32.28%。

传统金融机构积极拥抱金融科技。传统金融机构面临新兴互联网企业跨界开展业务和自身转型升级的压力，积极拥抱金融科技，深入推进金融科技发展战略，调整组织架构，在互联网消费金融、移动支付、互联网保险、直销银行、智能客服、智能网点等领域实现重点突破。比如，除了工商银行创建了互联网金融、大数据、人工智能、云计算、区块链、生物技术等创新实验室，打造 e—ICBC 互联网金融品牌之外，2017 年银行对金融科技的高度重视，银行系金融科技子公司崛起，建设银行、招商银行、兴业银行、光大银行、平安集团等机构也专门成立了金融科技子公司。一些股份制商业银行联合发起了商业银行网络金融联盟，实现了联盟行之间的系统互联、账户互认、资金互通。

传统金融机构和科技企业合作探索逐步深入。银证保基等金融机构和科技企业之间的数据共享、账户联通、技术研发、风险管理、精准营销等方面的合作不断深入。2017 年中信银行和百度联合发起的百信银行正式开业，积极探索直销银行子公司发展的模式；工商银行和京东金融共同推出了工银小白数字银行，为年轻客群提供理财、融资等场景嵌入式的金融服务。相信未来，随着传统金融机构和科技企业之间的跨界合作越来越深入，相应的合作成果会越来越多，一加一大于二的优势互

① 《2017 全球金融科技发展指数（GFI）和投融资年报》。

补和协同发展效应会越来越明显。

二、风险化解成效显现

随着实体经济的企稳和监管政策的收紧，银行业不良资产的质量压力正在趋于平稳，风险化解成效已初步显现。不良贷款率自2017年初以来保持平稳，关注类贷款占比下降，流动性水平抵补能力增强，银行业总体杠杆率持续降低，总体而言资产质量信用风险可控、可承担。

（一）不良贷款率保持平稳，强监管下略有上升

1. 银行业总体情况

继2015年信用风险显著爆发，2016年风险增长有所缓解的情况下，2017年全年银行业信用风险得到了较好的控制，不良贷款余额减速上升，银行业不良贷款率全年四个季度均维持在1.74%的水平。据银保监会数据显示，截至2017年12月底，银行业不良贷款余额为17 057亿元人民币，较2016年年底的15 122亿元增长12.80%，与2016年18.7%的增速相比继续减少5.9个百分点。在“防风险、去杠杆、严监管”日趋收紧的监管政策下，随着实体经济的企稳，银行业逐步回归本源，银行业不良资产的压力正在趋于平稳，资产质量风险在一定程度上得到有效控制。

进一步观察2018年上半年银行业资产质量状况。截至2018年6月底，银行业不良贷款率在连续5个季度保持在1.74%水平后，2018年6月末小幅上升0.12个百分点至1.86%。二季度不良贷款率的上升与强化的监管政策直接相关，“逾期90天以上的贷款计入不良贷款”这一监管要求使不良贷款加速暴露，原本藏在“水面下”的存量不良贷款由隐性转向显性。然而，这并不意味着银行业增量风险上升，银行业当前资产质量总体平稳，信用风险压力相对稳定而非加速上升。不良贷款率虽然小幅上升，但只是表明银行业信用风险犹存，并无加速恶化的倾向（见图1）。

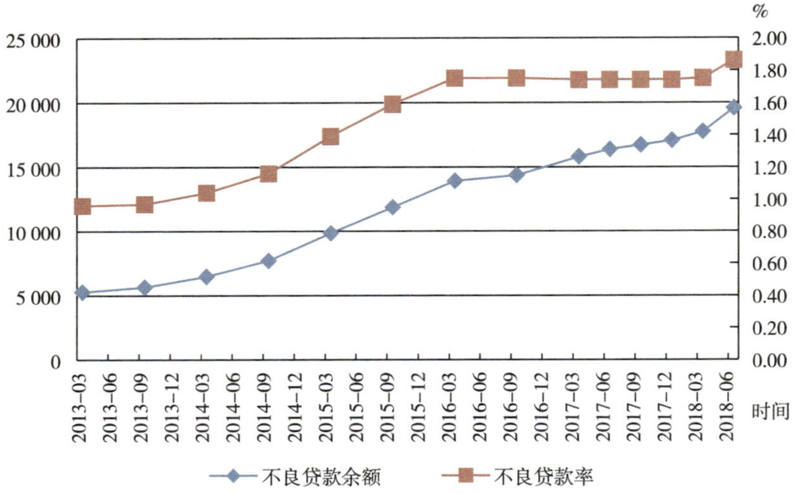

图 1　我国商业银行不良贷款变化情况（2013 年至 2018 年 6 月）

数据来源：Wind 资讯。

2. 银行业分类机构情况

以上述银行业总体情况为基础，从不同类型银行的情况看，截至 2017 年 12 月底，大型国有商业银行、股份制商业银行、城市商业银行、农村商业银行和外资银行不良贷款余额，占总不良贷款余额的比重分别为 45.29%，22.58%，10.69%，20.91% 和 0.50%。与前两年情况相比，大型国有商业银行、股份制商业银行和外资银行不良贷款比重持续下降，而城市商业银行和农村商业银行不良贷款比重上升，尤其是农村商业银行不良贷款比重由 2016 年的 16.4% 较大幅度上升至 20.91%。2017 年，在监管层"去杠杆"要求下，银行业资产质量有所改善。四大行不良贷款余额增速较 2016 年有所下降，工商银行、建设银行、农业银行和中国银行不良贷款余额分别为 2 209.9 亿元、1 922.9 亿元、1 940.3 亿元和 1 584.7 亿元，其中农行不良贷款余额减少 368.02 亿元，同比下降 15.94%；工行不良贷款增速下滑 13 个百分点，中行下滑约 3 个百分点，建行持平（见图 2）。

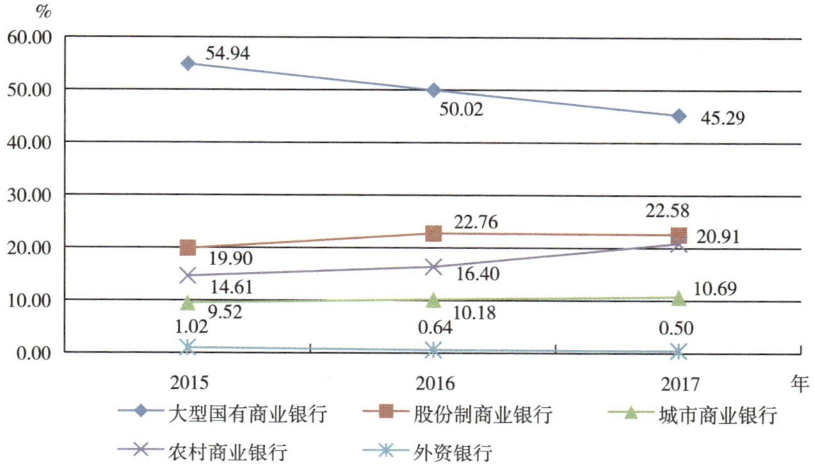

图2 不同类型商业银行不良贷款余额占银行业总不良贷款的比例（%）

数据来源：根据银保监会网站公布数据计算得到。

从不同类型商业银行的不良贷款率看，在2017年总体不良贷款率稳定在1.74%的同时，大型国有商业银行、股份制商业银行和外资银行不良贷款率下降至1.53%，1.71%和0.70%，三类银行资产质量进一步有所改善。四家大型银行不良资产比率均有所下降，中国银行不良贷款率最低，约1.45%；建设银行和工商银行次之，分别为1.49%和1.55%；农业银行不良贷款率改善明显，从2.37%降至1.81%；城市商业银行不良贷款率由2016年的1.48%小幅上升至1.52%，但需重点关注的是农村商业银行不良贷款率从2016年年底的2.49%较大幅度上升至3.16%。尤其是在2018年的第一季度和第二季度，伴随着总体不良贷款率的略有回升（0.12个百分点），2018年6月底，农村商业银行不良贷款率大幅上升至4.29%，较年初上涨了1.13个百分点。农村商业银行不良贷款和不良贷款率持续“双升”，资产质量将面临较大的下行压力，成为拉动银行业总体不良贷款率上升的主要力量（见图3）。

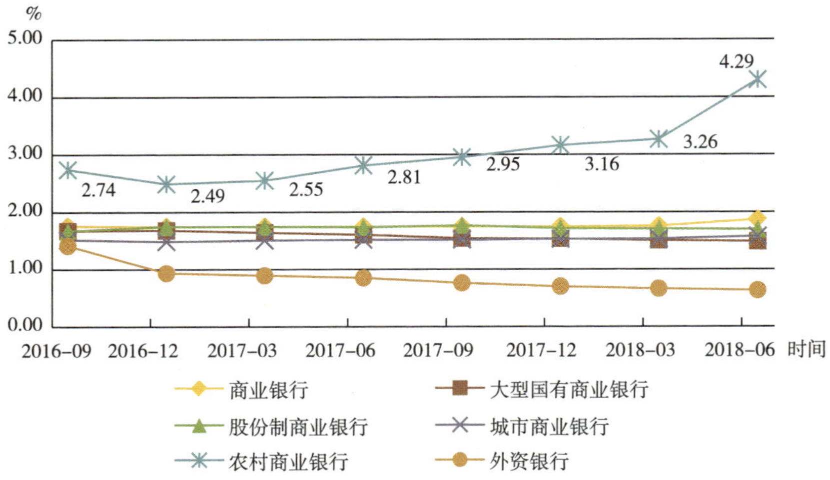

图3　中国不同类型商业银行不良贷款率变化情况（2016 年 9 月至 2018 年 6 月）

数据来源：银保监会网站公布数据。

农村商业银行不良贷款余额和不良贷款率攀升的原因，一方面是部分银行自身管理的问题导致存量风险积累；另一方面则源自 2017 年以来监管强化资产质量真实性，引导银行积极暴露风险，将部分农商行前期由于经营不善导致的资产问题及时准确反映出来。随着宏观经济下行压力加大，中小企业经营困难加剧，原先被业务快速扩张暂时掩盖的资产质量，以及风险控制领域的潜在问题开始逐步显现，相比于大型商业银行和股份制商业银行，农村商业银行经营区域经济状况和客户资质都不占优势，同时农村商业银行的定位往往是服务三农和中小企业，而中小企业经营困难加剧是宏观经济下行压力下突出的问题之一，也是不良贷款的重灾区。因此，在宏观经济下行的过程中，农村商业银行面临的形势更为严峻。

（二）关注类贷款占比下降，信贷风险提前暴露

2017 年，关注类贷款继续呈现占比下降的向好趋势，伴随着不良贷款率维持在 1.74% 的水平，2017 年关注类贷款占比持续下降，由年

初的3.87%至年末的3.49%。2018年前两个季度，由“逾期90天以上的贷款计入不良贷款”的强监管约束，直接推动部分原计入关注类贷款的逾期贷款转至不良贷款，使得2018年二季度末关注类贷款余额进一步出现明显下降，关注类贷款余额占比较年初下降0.23个百分点，不良贷款率和关注贷款占比呈现一升一降的局面，使原本隐藏在关注类贷款中的不良贷款提前暴露，使资产质量数据更加真实，有利于监管部门更加清醒地制定相关政策，促进银行业提前做好信用风险防范、化解的准备。

然而，关注类贷款的数量和增幅仍需要持续关注。2017年末，上市银行关注类贷款/不良贷款的占比高达194%，同期主要全球系统重要性银行（以下简称G－SIBs）的平均水平为100%。上市银行逾期90天及以上贷款/不良贷款的比值平均为85.5%，部分银行比值高于150%，而G－SIBs平均水平在80%～90%，对关注类贷款余额变化的监控仍是当前防范商业银行信贷资产风险恶化的关键（见图4）。

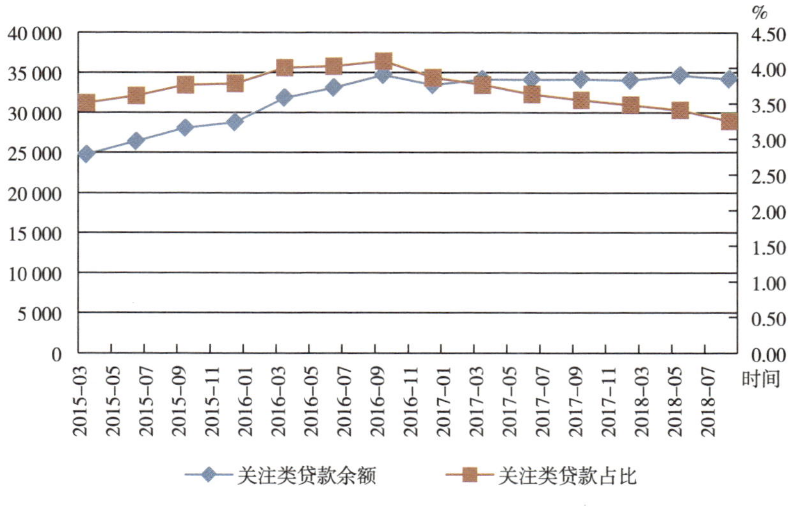

图4　关注类贷款余额及占比变化情况（2015年3月至2018年6月）

数据来源：银保监会网站公布数据。

（三）流动性水平得到提升，风险抵补能力增强

虽然2018年前两个季度不良贷款率略有上升，但并未体现出商业银行资产质量的恶化，而目前拨备覆盖率、流动性比例、流动性覆盖率等流动性指标小幅提升，商业银行资产质量风险仍在可控水平（见图5），其中四大行中除中国银行外，其余三大行拨备率均增长20～30个百分点。随着银行业监管机构对银行的监管力度不断强化，银行业将进一步夯实损失吸收的能力，加强拨备力度，拨备覆盖率和流动性比例等指标将呈现稳步夯实态势。

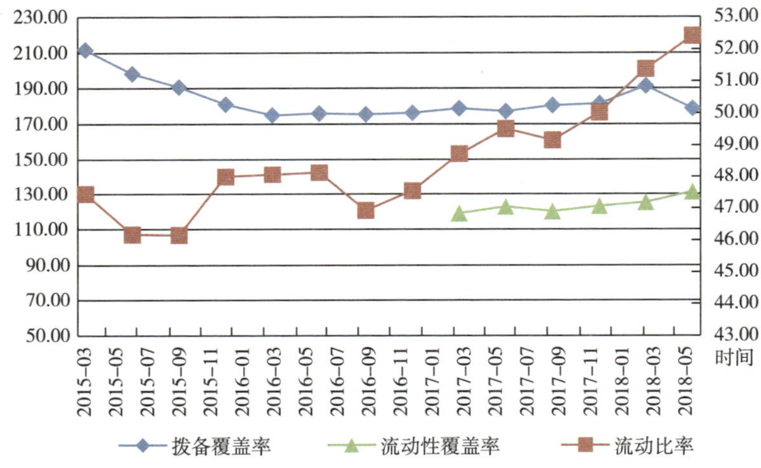

图5　中国银行业部分流动性指标状况（2015年3月至2018年6月）（%）

数据来源：银保监会网站公布数据。

从商业银行资本充足性看，截至2017年12月末，商业银行资本充足率、一级资本充足率以及核心一级资本充足率分别为：13.65%，11.35%，10.75%，较2016年末的13.28%，11.25%，10.75%，整体小幅上升。然而，随着资产回归表内，资本补充压力逐步加大，对资本特别是核心资本的需求仍较为迫切。2017年上市银行核心一级资本充足率10.10%，同比下降0.14个百分点，股份制银行和城商行的核心资本充足率更是处于较低水平，两类银行共16家，其中9家银行的核心

一级资本充足率低于9%，面临较大的资本补充压力。在此背景下，多数上市银行积极补充资本（见表1）。随着融资渠道的进一步放宽，预计2018年，上市融资、发行优先股、二级资本债券、增资扩股等多种方式补充资本将得到更为广泛的运用，商业银行资本充足水平有望得到小幅提升。

表1　2017年上市银行资本净额变动和资本补充情况（亿元人民币）

银行	核心一级资本净额变动	资本净额变动	内生性资本积累变动	外源性资本补充计划
工商银行	1 551	2 795	1 981	发行880二级资本债
建设银行	1415	2192	1 717	发行600优先股
中国银行	752	1 158	1 162	发行300二级资本债
农业银行	1 089	1 854	1 331	发行400二级资本债；拟非公开发行1000普通股
交通银行	413	664	474	发行300二级资本债
招商银行	369	974	515	发行275境内优先股+66境外优先股
中信银行	240	278	307	拟发行400可转债
民生银行	360	704	389	拟发行300二级资本债
光大银行	542	976	255	非公开发行309.57亿港元H股+400二级资本债+300可转债
平安银行	143	148	196	拟发行260可转债
宁波银行	68	172	77	发行100二级资本债+100可转债；拟非公开发行100补充资本
南京银行	51	55	77	拟非公开发行140

注：内生性资本积累变动=盈余公积+一般风险准备+未分配利润

资料来源：Wind咨询。

（四）银行杠杆率持续降低，脱虚向实回归实体

2017年银行业资金脱实向虚势头得到初步遏制，2017年全年和2018年上半年银行业资产负债率（负债总额与资产总额）持续降低，即杠杆率（核心资本与总资产的比值）上升（如图6所示）。商业银行

中有 100 多家银行主动缩表，2017 年全年和 2018 年上半年银行业资产增幅和负债增幅均持续下降，在 2017 年全年新增贷款 12.6% 的情况下，银行业总资产只增长 8.68%，增速同比下降 7.12 个百分点，相当于在向实体经济多投入的同时少扩张约 16 万亿元。2017 年上市银行同业资产和投资类资产增速大幅下降，特别是同业资产同比减少 13.81%，使得上市银行贷款规模占总资产的比重从 2016 年的 48.79% 升至 2017 年的 50.86%，这是自 2012 年以来贷款规模占比的最高值。需着重强调的是，银行理财因增速大幅下降而少增 5 万多亿元，银行通过"特殊目的载体"投资少增约 10 万亿元，交叉金融产品的野蛮生长趋于停止。银行风险合规经营意识得到加强，经营行为趋于理性规范，强监管、严监管的态势基本形成，监管的震慑作用明显提升。随着监管政策的逐步到位，预计 2018 年，非信贷资产业务将会出现较大变化，或将有利于银行回归正常、合理轨道。

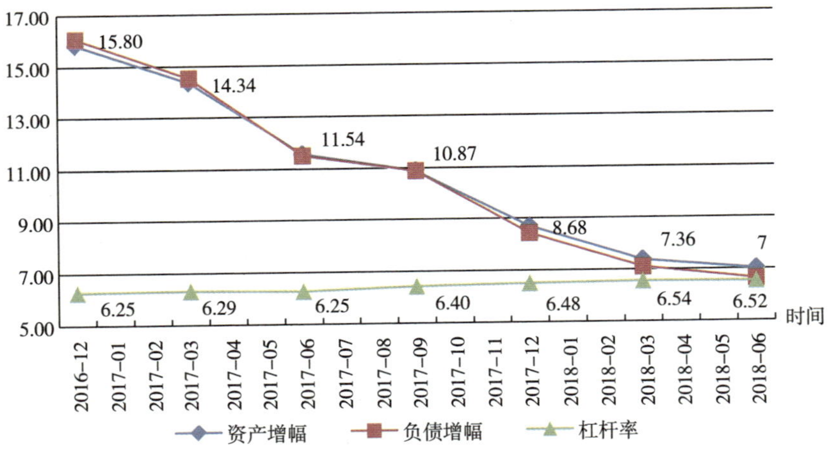

图 6　中国银行业资产负债及杠杆率情况（2016 年 12 月至 2018 年 6 月）（%）

数据来源：银保监会网站公布数据。

（五）个人购房杠杆率下行，降低房贷增量风险

党的十九大报告重新强调要坚持房子是用来住的，不是用来炒的定

位，让房地产回归“居住属性”，预计后续各类房地产新政将紧紧围绕“房住不炒”的政策导向；2017 年末召开的中央经济工作会议，把“促进金融和房地产良性循环”作为防控金融风险的重要内容；银保监会工作会议首次提出“抑制居民部门杠杆”。全国居民表内购房杠杆率从 2015 年三季度开始快速上升，2016 年四季度达到 2010 年以来最高位，为 44.1%。2017 年一季度，该指标小幅回落至 43.8%，此后三个季度连续下行，四季度回落至 34.5%。目前看，基本可以确认当前全国个人购房杠杆率处于下行通道。预计金融秩序整顿及违规放贷监管仍将持续，到 2018 年年底，全国居民购房杠杆率将进一步下降至 25% 左右。

2015 年 3 月起，居民购房杠杆率和房价指数同时出现大幅攀升态势，房价指数季度环比在 2016 年三季度见顶，居民住房杠杆率在 2017 年一季度见顶。居民住房杠杆率滞后于房价指数季度环比回落，反映了在“因城施策”的政策环境下，部分热点城市收紧信贷的同时，一些三四线城市信贷依旧宽松。2017 年 3 月，一部分三四线城市出台调控政策之后，居民购房杠杆率连续三个季度回落。进入 2018 年，全国房价涨幅仍将继续下行，二季度或将从正增长转变为负增长，预计随着居民购房杠杆率的进一步回落①，商业银行个人住房贷款增量风险将得到缓解。

2018 年，在楼市调控从严的大环境下，随着三四线城市商品房销售的冲高回落，整体商品房销售同比增速大概率负增长，个人住房贷款需求明显下降。目前商品房销售和个人购房贷款余额增速都已经从高点开始回落，参照以往经验，预计这两者都将在 2018 年达到底部。简单假设这一轮房地产周期的底部值和上一轮差不多，照此估算 2018 年新增个人住房贷款约 3.3 万亿元，较 2017 年约减少 8 000 亿 ~ 10 000 亿元。个人购房贷款需求显著回落将导致部分短期消费贷款增速趋缓，商业银行为提高资产收益将逐步加大对信用卡、消费金融等领域的投放力

① 易居研究院《2017—2018 年度全国房地产市场报告》，2017 年 12 月。

度，预计真正的个人短期消费贷款和小微信贷有望稳步发展。

三、潜在风险逐步释放

中央政治局在研究部署2018年经济工作的会议上指出，要推动经济增长从高速度向高质量转变，短期内经济工作仍将以深化供给侧结构性改革中的“降杠杆”“去产能”“调结构”为主，地方政府债务治理力度加大，产能过剩行业、僵尸企业的退出将进入攻坚阶段。未来随着降杠杆的逐步推进和新一轮“僵尸企业”处置工作的启动，部分潜在风险将逐步释放。尤其是一些生产技术落后、市场前景黯淡的高负债率企业，通过关停、破产重组等措施同步实现“去杠杆”和“去产能”目标后，将会对银行业资产质量信用风险造成一定压力。

（一）行业不良贷款特征如前

从26家上市银行中的14家年报披露的分行业贷款不良率数据情况看，批发与零售业、制造业、采矿业和农林牧渔业的不良贷款率较高，且2017年较2016年均呈上升趋势，其中农林牧渔业贷款不良率增长最快，租赁及商贸服务、教育、水利环境和公共设施管理业、金融业不良率较低（见图7）。从行业层面，中国商业银行的贷款质量问题主要集中在制造业、批发零售业、房地产业、建筑业等行业上，商业银行仍然应着力压减“两高一剩”行业的贷款投放，并且执行严格的准入标准，着力压缩重大风险客户和低端过剩产能客户，特别是涉及去产能、去杠杆和符合“僵尸企业”标准的客户。

大部分银行贷款的质量问题主要反映在制造业、批发零售业、房地产业、采矿业、建筑业和住宿餐饮业上。多数银行的制造业不良贷款率均远高于整体水平，如工行、建行、农行、中行和招商银行的制造业不良贷款率分别高达4.41%，6.18%，5.99%，4.18%，6.36%，而其整体不良贷款率分别仅为1.57%，1.51%，2.19%，1.38%，1.71%。城商行中，上海银行、青岛银行、郑州银行和盛京银行的制造业不良贷款率也分别高达3.88%，4.28%，5.15%，6.90%；很多银行的批发和零

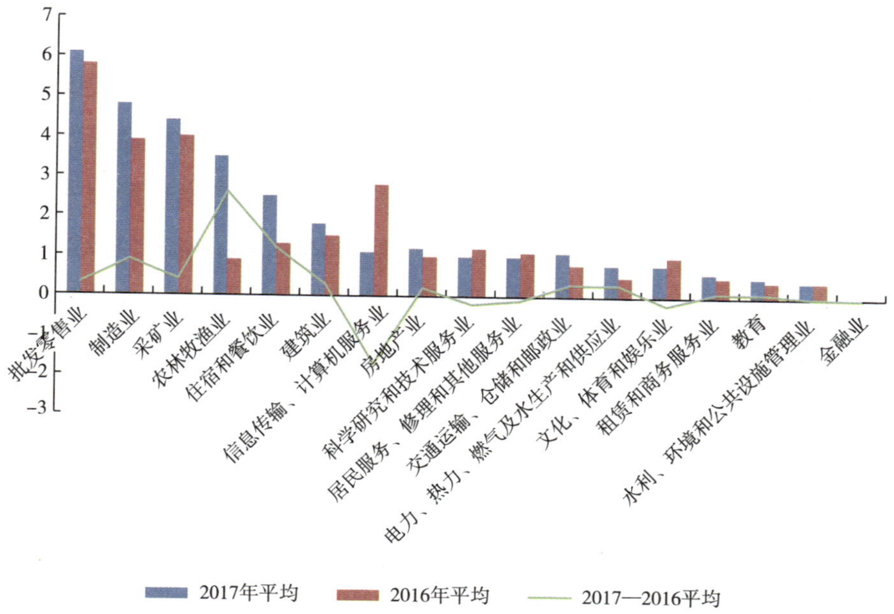

图7　2017 年和2016 年中国不同行业不良贷款率数据比较（%）

数据来源：Wind 资讯。

售业不良贷款率也比较高，甚至明显高于制造业。例如，农业银行批发零售业的不良贷款率高达 14.77%，工行也高达 9.04%，建行和浦发银行分别高达 7.54% 和 7.37%；房地产业的不良贷款率比较分化，中小银行平均水平比较低，但国有大行中工行、建行和农行较高，均在 2% 以上。

宏观经济波动，国内外需求下滑，以及 2017 年以来原材料价格大幅上涨，使实体经济和与其相关的上下游企业的生产经营成本提升，部分制造业企业信用风险加剧，特别是低端制造业、强周期性行业及部分产能过剩行业企业出现信用风险；而批发零售业进入壁垒相对较低，市场竞争激烈，小微企业数量多，叠加互联网对实体购物的冲击，部分批发零售企业经营出现困难，影响银行信用风险暴露。由于房地产市场 2017 年严调控升级，部分杠杆率居高不下的企业，融资成本上升，债务成本加剧，影响银行信用风险暴露，房地产行业 2017 年的不良贷款率也较 2016 年有所上升，但总体而言，各银行的房地产不良贷款率仍然处于较低水平，但是地产企业还有很多信托等非标准化融资，因此银行不良贷款率对地产行业不良贷款情况的反映可能会有所失真。

回顾 2017 年银行的贷款结构分布情况和未来重点关注的领域，可以进一步判断商业银行未来信贷的主要风险行业。国有五大行对公贷款中，制造业和交通运输、仓储和邮政业两个行业的贷款占比均在 15% 以上，而对租赁和商务服务业，中农工建四大行的贷款力度也较大，贷款占比基本均在 10% 以上，中行 2017 年对租赁和商务服务业的贷款占比高达 23.2%。相较于 2016 年，2017 年国有大行对公贷款中电力、热力、燃气及水生产和供应业，交通运输、仓储和邮政业，租赁和商贸服务业，水利、环境和公共设施管理业占比有所增加，而采矿业、制造业、批发和零售业占比有所下降。制造业贷款额度占比总体较高，但是呈现逐渐下降的趋势，国有大行降低了对过剩产能等风险点较多的行业的信贷投放，同时逐步加大了对水利、环境和公共设施，租赁和商务服务业等政府支持领域的信贷投放。股份制银行对公贷款中，制造业、批发和零售业、房地产业、租赁和商务服务业的占比较高，对制造业的贷款占比均在 15% 以上，对房地产业的贷款占比均在 10% 以上。相较于 2016 年，2017 年股份制银行对公贷款中电力、热力、燃气及水生产和供应业，租赁和商务服务业占比有所增加，而制造业、建筑业、批发和零售业占比有所下降。城商行对公贷款中，制造业、批发和零售业，水利、环境和公共设施管理业，租赁和商务服务业的占比较高。农商行对公贷款中，制造业，批发和零售业，租赁和商务服务业的占比较高，其中对制造业的贷款投放占比基本均在 35% 以上。

（二）区域不良贷款特征分化

由于不同区域的经营状况和风险处置状况开始调整的时间不同、调整速度不同，因而此轮不良贷款所集中的区域存在较大分化。东北和中西部内陆地区不良贷款运行状况仍存在不确定性。在不良贷款整体向好的同时，不良贷款区域分化较为严重，不良贷款增速呈现出东南沿海地区低，东北和西部内陆地区高的态势。从不良贷款率变动情况看，浙江、江苏等东部地区信用风险前期暴露相对充分，经过一段时间调整，目前不良贷款率已经开始明显下降。而在经济基础较为薄弱、落后产能相对较多、国企改革难度较大的东北地区信用风险释放仍将持续，不良贷款率上升压力较大。同时，受到煤炭等资源型产品价格波动的影响，对自然资源依赖度较高的西部地区而言，资产质量运行态势仍不明朗。2017 年末，浙江省不良贷款余额为 1 478 亿元，相比年初净减少 299 亿元，不良率下降 0.53 个百分点至 1.64 个百分点，不良贷款余额和不良率双降，在各区域中改善幅度较大；北京、上海、河南和厦门等地区的不良贷款余额和不良率也呈现双降；而吉林、山东、贵州、西藏不良贷款余额和不良率呈现双升趋势（见表 2）。

表 2　中国商业银行分地区不良贷款情况

地区	不良贷款余额（亿元）	较年初变化（亿元）	不良贷款率（%）	较年初变化（%）
北京	317.4	-136.2	0.37	-0.22
上海	380.3	-23.79	0.57	-0.11
浙江	1 478	-299	1.64	-0.53
河南	978.81	-86.69	2.3	-0.57
厦门	143.21	-17.07	1.47	-0.39
黑龙江	—	—	3.34	-0.1
江苏	1 299.06	36.99	1.25	-0.11
广东	—	—	1.68	-0.11
新疆	254.44	22.6	1.42	-0.07
青岛	280.4	23.4	1.94	-0.04
吉林	776	113	4.31	0.46
山东	1 813.2	416.2	2.56	0.42
贵州	550.66	218.62	2.63	0.78
西藏	13.28	3.47	0.33	0.01

数据来源：Wind 资讯。

2018年，中国经济保持平稳发展，但山西、内蒙古、黑龙江等资源依赖型省份经济增长乏力，上述地区商业银行仍面临一定下行压力，相关信用风险值得关注。从信贷投放的区域分布而言，国有五大行和股份行的贷款区域分布较为分散，但是整体而言，东北地区的贷款投放量相对较少，东北地区信贷投放额度占总额基本在5%左右，而长江三角洲、珠江三角洲、环渤海地区、中部地区、西部地区等基本都在10%以上，就城商行和农商行而言，其业务则相对集中在本省/市范围内。

不同区域和不同行业未来信用风险走势存在差异。从传导路径看，此轮风险从产业链自下而上蔓延的特征较为明显，下游行业集中的长三角、珠三角地区，因此成为风险暴露的起点。考虑到长三角、珠三角地区风险暴露时间较早（从2011年第四季度算起），加之这些地区的企业多以民营中小企业为主，行业市场化程度较高，过剩产能的调整较为充分，预计其已接近风险拐点，不良贷款率可能在短期内（2018年中）逐步见顶企稳。但以重化工和资源型行业为主的中游、上游行业，一方面因为其调整开始的时间相对较晚；另一方面因为这些行业多半为国有企业，行业市场化程度相对较低，仅仅依靠市场自发调整，难以在短期内有效出清过剩产能，而必须从国家层面的供给侧结构性改革加以推动。预计在过剩产能有效去除之前，这些行业以及这些行业所集中的地区将继续面临不良贷款上升的挑战，预计时间在3~5年。

（三）房地产信贷风险需监控

房地产市场缩量调整对商业银行资产质量平稳运行存在一定影响。2017年以来，监管部门对房地产的调控不断加码，随着房地产市场步入调整期，行业政策持续收紧，房地产市场销售步入下行通道，部分企业资金回笼速度开始减慢。同时，房企在国内的融资也受到了较为严格的限制，增量资金的来源受到限制，房地产行业2017年的不良贷款率也较2016年有所上升，房地产行业的风险值得高度警惕。

总体上看，2017年房地产相关贷款（尤其是个人按揭贷款）的不良率较平均水平相对较低，但在过去几年中，由于企业有效信贷需求不足，导致商业银行将大量的信贷资源投向了房地产相关领域，占全部新增贷款的比重迅速上升，2016 年以来甚至超过了 50%，房地产贷款的存量资金规模仍居于高位。截至 2017 年 9 月末，中国商业银行按揭贷款余额估计在 18 万亿元左右，加上 4 万亿元上下的公积金贷款，居民部门的按揭贷款存量约在 22 万亿元左右，占全社会未清偿债务（社会融资存量扣除股权类融资）的比重约为 15%。而且地产企业还有很多信托等非标准化融资，因此银行不良贷款率对地产行业不良贷款情况的反映可能会有所失真，对于非标融资过于依赖，表外隐性负债规模较大的房企的风险仍然需要给予重点关注。

从全球经验看，房地产价格波动对金融体系稳定有着至关重要的影响。从防控风险考虑，商业银行的确需要适度提高房地产相关贷款的准入条件，加强对借款人资质审核，从之前单纯追求业务规模扩张，逐步转向质、量并重。多数银行均做出相应的风控部署，工行提出要加强房地产行业风险管理，审慎把握库存、消化周期较长的三四线城市新增住宅开发融资，从严控制商用房开发融资；农行则提出要严格落实房地产调控政策及各项监管要求，坚持“一城一策”的差异化管理策略，从严控制高库存城市的住房项目及地价过高的高成本项目。

（四）债券类资产风险仍蔓延

受国内外政策、经济多种因素影响，2017 年，中国债券发行和交易规模同比增幅下降，推迟或取消发行债券的企业数量和规模创下新高。截至 2017 年年底，从商业银行所持有的不同类型债券投资类资产的分布看，较 2016 年相比投资规模增幅最大的是资产支持证券（增幅 50.23%）和地方政府债券（增幅 36.23%），资产支持证券由于基数较小其高增长下的余额仍然最小，而地方政府债券在高增长下成为 2017 年年底商业银行持有数量最多的债券投资类型，记账式国债和政策性银行债的规模分居第二位、第三位，企业债券投资在信用环境恶化的情况下有所收缩，增幅下降 0.12 个百分点（见图 8）。

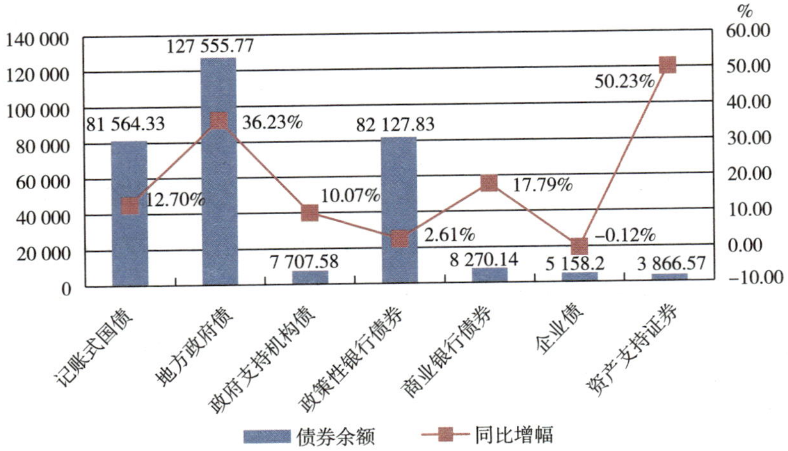

图 8　中国商业银行所持有的不同类型债券投资余额及增幅（截至 2017 年 12 月）

数据来源：银保监会网站公布数据。

结合当前信用环境和商业银行持有的债券类型占比，商业银行的债券类资产投资的风险点仍应关注地方政府债券和企业债券风险。据统计，2017 年，中国债券市场有 47 只债券发生违约，违约规模合计 368.32 亿元。债券违约企业的融资渠道是多元化的，大都通过银行贷款，债券违约会加剧贷款偿还压力，造成信用风险交叉传染。信用债违约规模减小。根据 Wind 资讯数据，全年债市违约事件共涉及 20 家发行企业的 44 只债券，违约规模为 384.95 亿元，违约企业数量同比下降 41.18%，违约债券只数同比下降 43.59%，违约规模同比微降 2.11%。2017 年信用违约事件相较上年有所下降，但呈现出一家机构多债违约的密集化特征，尤其是中城建、丹东港等债券连续违约，体现出企业主体风险对债市的连环影响，对于此类风险应引起高度重视。

为强化地方债务管理规范，2017 年，国家有关部委先后推出多项政策法规，防范地方政府债券风险。在规范地方政府举债行为方面，2017 年 3 月，财政部发布《新增地方政府债务限额分配管理暂行办法》，对新增地方政府债务限额分配管理做出明确规定，防范财政金融风险；5 月，财政部牵头发布《关于进一步规范地方政府举债融资行为的通知》，从清理整改地方政府违规担保，强化城投企业融资管理，规范 PPP 运作模式，健全地方政府融资机制，建立跨部门联合监测机制，推进地方政府信息公开六方面规范地方政府举债融资行为；6 月，财政部发布《关于坚决制止地方以政府购买服务名义违法违规融资的通知》，规范政府购买服务管理，制止地方政府违法违规举债融资，防范化解财政金融风险。在防范地方政府债务风险方面，8 月，国家发展改革委发布《关于在企业债券领域进一步防范风险加强监管和服务实体经济有关工作的通知》，明确提出要积极防范企业债券领域地方政府债务风险，做好存量债务排查工作，实现发债企业与政府信用严格隔离。在完善地方政府专项债券管理方面，6 月，财政部发布《地方政府土地储备专项债券管理办法（试行）》；7 月，财政部发布《地方政府收费公路专项债券管理办法（试行）》和《关于试点发展项目收益与融资自求平衡的地方政府专项债券品种的通知》，对地方政府专项债券的额度管理、预算编制、预算执行和决算、监督管理、职责分工等方面提出了管理规范。

预计 2018 年，一方面是表外转表内、非标转标的需求进一步上升；另一方面，预计债券市场整体仍较为低迷，难有明显起色，债券市场利率居高难下。在此情况下，银行配置公司类信用债券的动力不强。2018 年地方债置换的压力依然不小，考虑到地方债的免税因素，以及央行将其纳入质押债券范围，银行投资地方债的吸引力上升，这将进一步挤压银行投资公司类信用债的空间，而部分信用债违约事件的发生，将会进一步降低银行配置公司类债券的意愿。

（五）持续关注小微企业信贷

在宏观经济运行稳中向好的背景下，2017 年，中国中小微企业发展平稳并呈现向好的态势，但是整体生存环境和发展状况仍处低位，小微企业信贷风险需持续关注。从中国中小企业发展指数（SMEDI）看（见图 9），2017 年四个季度指数整体缓升，但是仍处于景气临界值 100

以下。

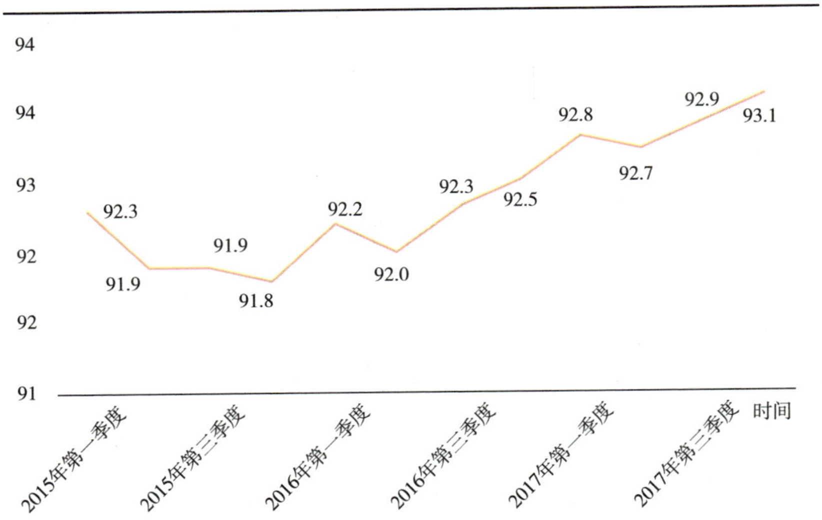

图 9　中国中小企业协会“中国中小企业发展指数”（2015—2017 年）

数据来源：中国中小企业协会《中国中小企业发展指数》。

从“经济日报—中国邮政储蓄银行小微企业运行指数”看（见图10），小微企业运行指数从 2017 年 1 月的 46.2 上升至 12 月的 46.7，运行状况有所好转但尚处于 50 以下的较差水平。

从渣打银行公布的中小企业信心指数的数据看（见图 11），2017 年第一季度中小企业信心指数增长明显，第二季度有所下降，后半年基本保持平稳，全年指数都在一般水平（50）以上，发展态势略强于 2016 年。

在《中国制造 2025》激发中小微企业创业创新活力，促进中小微企业转型升级，提升中小微企业产业集群发展的指引和扶持下，中小微企业创业兴业环境日趋改善。然而，根据《中国中小企业金融服务发展报告 2018》中对抽样中小微企业的调查显示，经济下行、盲目扩张、关联企业风险传递仍是当前小微企业不良贷款恶化的主要原因。

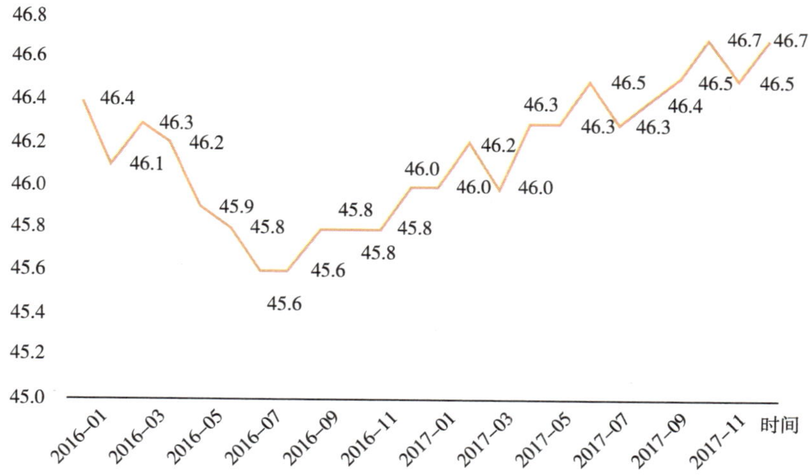

图 10　经济日报—中国邮政储蓄银行“小微企业运行指数”（2016—2017 年）

数据来源：经济日报，中国邮政储蓄银行《小微企业运行指数》。

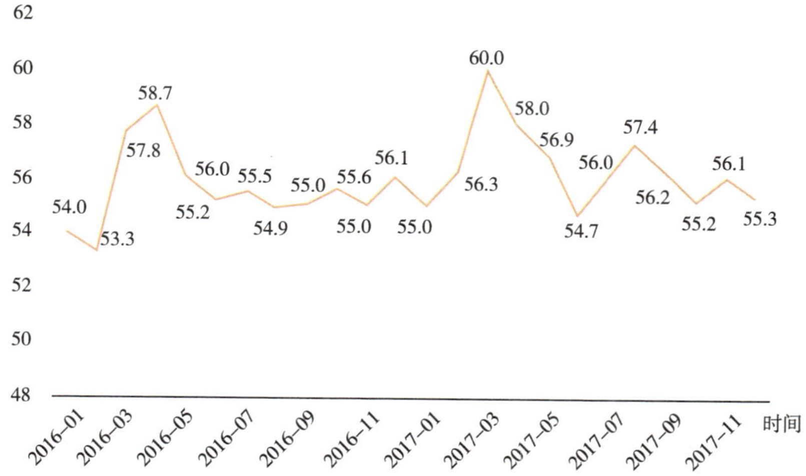

图 11　渣打银行“中国中小企业信心指数报告”（2016—2017 年）

资料来源：渣打银行《中国中小企业信心指数报告》。

四、商业银行资产质量风险的展望及预判

（一）盈利水平稳步回暖，内部抵御能力增强

有所出乎预料，在“最强金融监管年”“乱象整治”“资管新规”“存款难拉”等一系列现实的重压之下，银行业交出了一份不错的成绩单——净利润增速加快，连续两年净利润增幅上升，净利润总额提升明显（见图12）。从根本上说，在金融去杠杆背景下，银行在资产规模扩张的道路上遭遇紧急刹车，但净息差和资产质量边际改善成功补位，保障银行业盈利增长。盈利增速稳步提升，指标总体有所回暖，成为未来银行业抵御风险的强大内生力量。

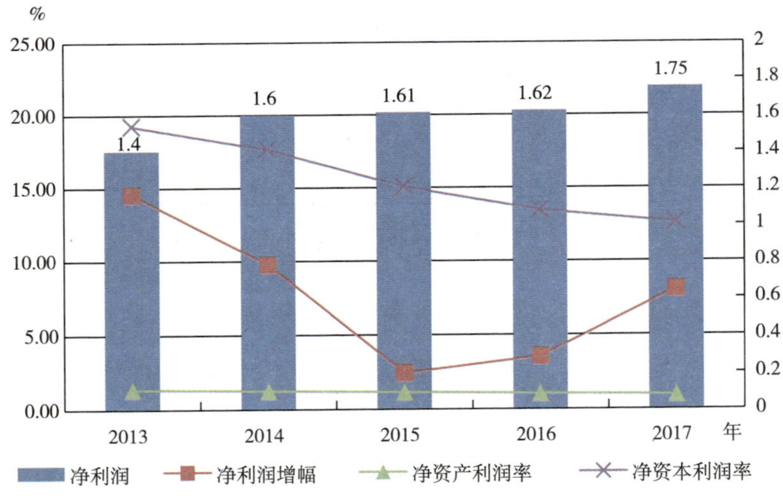

图12　中国商业银行部分盈利指标情况（2013—2017年）（万亿元，%）

数据来源：2013年至2017年银监会《商业银行主要监管指标情况表》。

从上市银行年报看，2017年上市银行净利润同比增长4.46%，连续两年净利润增速提升，业绩改善明显。但不同类别银行的业绩增长差异较大，2017年净利润增速改善最为明显的是农商行，扭转业绩负增长，增势强劲；五大行业绩也有明显回升，在连续两年净利润增长基本

停滞后，2017 年增速回升至 3% 以上；而股份制银行净利润增速与 2016 年基本持平，增势稍显乏力。预计 2018 年银行营利能力的改善有望持续，中国商业银行经营进一步好转，多数指标回暖，主要驱动力源于净息差小幅回升，非利息收入增速可能企稳。

2018 年，商业银行业净利息收入将有所回升。金融强监管特别是即将正式实施的“资管新规”在限制期限错配、禁止资金池等方面，对理财非标投资进行了十分严格的限制，新增非标投资困难重重，预计银行理财的非标债权余额将会以更快的速度下降。这些融资需求中的大部分将依靠表内信贷来对接，预计信贷资产在其他存款性公司总资产中的占比可能进一步上升 2 ~3 个百分点，贷款利率也很可能延续 2018 年以来的上行趋势，预计净息差企稳并小幅回升。

2018 年，商业银行业非息收入将有所改善。预计略增 2. 3% 左右，占营业收入比重略有下降，为 28% ，相较 2017 年减少 1 个百分点。虽然 2018 年资管业务在非息收入中的占比将进一步下降，投行业务方面与债券承销、非标业务相关的收入仍面临显著压力，但资产证券化、企业走出去、国企混改、市场化债转股等相关业务需求较旺。传统类中间业务收入占比有所提升。信用卡收入作为消费金融的重要载体仍将保持快速增长，占比进一步提高；结算收入受益于进出口贸易的回暖以及银行加快布局电子支付领域保持较快增长。作为金融加杠杆以及风险点较为集中的领域，在金融监管部门持续保持高压状态下，2018 年银行业“创新型”（过去层级多、嵌套多）的业务仍将持续收缩，但在 2017 年已经大幅压缩的情况下，其下降的幅度将会有所放缓。

（二） 负债压力依然不减，流动管理面临考验

表外资产继续回表，负债压力依然不减。2017 年，在经济运行逐渐企稳、货币政策从宽松转向中性、金融去杠杆持续推进、金融监管趋严等外部环境显著变化下，商业银行经历了从“资产荒”到“负债荒”的转变。从银行业年报数据看，2017 年，银行业存款流失问题更为严峻。除四大行稳健增长之外，中小银行存款压力巨大。截至 2017 年末，

25 家 A 股上市银行及邮储银行存款总计新增 6.27 万亿元，同比少增近 2 万亿元。8 家上市股份制银行平均存款增速比率仅为 2%，远低于 2016 年 7.8% 的全年平均增速。同时，2017 年上市银行主动负债增速明显放缓，同业负债首年出现负增长，债券发行（同业存单为主）增速也同比大幅下降 28.69 个百分点，商业银行资金来源负债端压力巨大。

存款增长依然乏力，负债期限趋于拉长。2018 年，继续受总体流动性可能偏紧、金融去杠杆继续、存款分流压力不减等因素的影响，商业银行存款增速依然乏力。但考虑到政策不会进一步收紧，2017 年存款基数已经较低，加之新的流动性管理办法引导银行发展稳定负债，2018 年存款增速不会继续显著放缓。从长期看，在强监管成为常态、限制期限错配、强调防范流动性风险的推动下，特别是新流动性管理办法引导银行加大对长期稳定负债的配置，预计商业银行负债期限有逐渐拉长的趋势。

部分城市商业银行对同业资金依赖较高，将面临较大资金成本压力。相比于大型商业银行，城市商业银行吸收存款的能力并不占优势，为了支持资产端业务规模的快速扩张，部分城市商业银行过度依赖同业业务。央行已经将同业负债纳入 MPA 考核，针对同业业务监管政策密集出台，尤其是央行提出从 2018 年第一季度开始，将资产规模 5 000 亿元以上的银行发行的 1 年期以内同业存单纳入 MPA 同业负债指标考核中，同业业务有望回归商业银行短期流动性管理工具的本质。而同业负债占比较高的城市商业银行负债端无疑将面临较大的资金压力，如包商银行、锦州银行、天津银行、盛京银行等，一方面要压缩同业业务；一方面又要寻找新的资金源替代同业资金以支持长期资产。预计 2018 年，监管政策不会放松，市场资金成本仍将维持高位，部分城市商业银行可能还要经历一段阵痛。

（三） 强监管将持续推进， 资产质量稳中转好

1. 展望 2018 年穿透式、全覆盖的金融监管体制

2017 年至 2018 年，中国金融业“归本质、促实体；严监管、防风

险”的政策基调未改，并且银行业监管环境有所趋严。2017 年以来，银监会密集出台了多个监管文件，包括银行业市场乱象整治、银行业风险防控、弥补监管短板，以及开展“三违反”“三套利”“四不当”专项治理等。2018 年穿透式、全覆盖的金融监管体制，继续拉紧风险监管的大网，也延续了 2017 年“史上最严监管年”的政策基调。2018 年，同业业务、理财业务以及表外业务等方面监管进一步加强，违规乱纪现象得到进一步整治。同时，流动性风险和信用风险成为重点监管领域。相关业内人士认为，2018 年银行业已然进入升级版强监管时代，穿透式、全覆盖的金融监管已初具雏形并得到体现。金融严监管、去杠杆仍将持续，叠加通胀上行压力和美联储加息，货币政策存在趋紧压力，所幸宏观经济回暖、消费升级等给了银行业宝贵的时间窗口，“白银时代”由此启幕。

2. 期待资产质量在稳中转好的趋势下稳步前行

2017 年，风险化解成效显现，商业银行不良贷款规模增长放缓，不良贷款率连续多个季度持平，拨备水平稳中有升，风险抵补能力有所提高，全年不良贷款率在 1.74% 左右，基本维持在年初水平，资产质量呈现企稳趋势。随着宏观环境稳中向好以及经济结构调整效果进一步显现，商业银行资产质量企稳向好态势仍将延续。但部分领域的潜在风险仍不容忽视，并将在一定程度上限制资产质量改善空间。预计 2018 年，在内外部因素的共同作用下，随着中国经济转型升级中的积极因素不断累积，以及潜在信用风险释放压力减缓，宏观经济平稳运行有助于资产质量保持稳定，商业银行不良贷款占比有望保持平稳，甚至可能会有所下降。

2018 年，在经济工作加大力度“做减法”，坚定不移推进去产能、去库存的同时，根据需求“做加法”，将有助于多个层面的新动能形成。在这一减一增的过程中，全年经济增速将更加稳定，经济增长的质量和效益也将有明显提高，经济增长方式的转变将在多个层面得以体现。这些都将显著改善企业生产经营状况，推动企业有效信贷需求增加，增强企业营利能力和债务偿付能力，进而助推商业银行资产质量保持稳定。商业银行潜在风险释放压力减缓以及较强的内部处置能力有助于保持不良资产平稳。一方面，2018 年，商业银行逾期和关注类贷款下迁趋势有望继续好转，潜在信用风险释放压力有所缓解；另一方面，商业银行适当的营利能力、较高的拨备水平及不断拓宽的处置不良资产的措施，为保持资产质量平稳向好提供了保障。

但中国仍处于结构调整和转型的关键时期，商业银行资产质量仍将面临压力。中国经济由高速度向高质量转变，深化供给侧结构性改革将促使部分企业信用风险有所释放。中央政治局在研究部署 2018 年经济工作的会议上指出，要推动经济增长从高速度向高质量转变。短期内，经济工作仍将以深化供给侧结构性改革中的“降杠杆”“去产能”“调结构”为主。未来随着降杠杆的逐步推进和新一轮“僵尸企业”处置工作的启动，部分潜在风险将逐步释放。尤其是一些生产技术落后、市场前景黯淡的高负债率企业，通过关停、破产重组等措施同步实现“去杠杆”和“去产能”目标后，将会对银行信用风险造成一定压力。

参考文献

[1]中国人民银行.2018 年第二季度银行家问卷调查报告[R]. 北京:中国人民银行网站发布,2018 - 06.

[2]中国人民银行. 中国货币政策执行报告(2018 年第二季度)[M]. 北京:中国金融出版社,2018.

[3]中国人民银行. 中国金融稳定报告[M]. 北京:中国金融出版社,2017.

[4]史建平. 中国中小微企业金融服务发展[M]. 北京:中国金融出版社,2018.

[5]贾壮. 把银行业风险锁进笼子[N]. 人民日报,2018 - 01 - 18.

中国上市银行系统性风险报告：2017—2018

廉永辉

摘要： 本报告采用 ΔCoVaR，MES，SRISK 等系统性风险指标和网络分析法，分析了2017 年以来中国上市银行的系统性风险状况。研究发现：①从时间序列上看，中国上市银行整体的系统性风险贡献和敞口水平并不高，均处于历史合理水平。②从银行类型看，股份制银行和国有大型商业银行系统性贡献较高，而城市及农村商业银行表现出较为明显的系统性风险敞口高而系统性风险贡献低的特点。③中国上市银行信息溢出网络具有一定的小世界现象和无标度特征，不容易发生系统性危机，而一旦发生会波及很多银行。

关键词： 商业银行；系统性风险；网络分析

基金项目：首都经济贸易大学2016 年入职青年教师科研启动基金项目“中国实业企业金融化的现状、动因和后果研究”；2018 年北京市青年社科项目“京津冀银行业对外开放：发展趋势、经济效应和提升策略”（18YJC021）资助。

注：报告写作过程中得到张成同学的协助，特此感谢。

作者简介：首都经济贸易大学金融学院、金融风险研究院讲师，经济学博士。

一、 报告背景

2008 年全球性金融危机之后，系统性风险成为各国监管机构及相关学者关注的焦点。究其原因，主要在于系统性风险的传播速度、牵连范围、破坏力度均远超单个机构的个体性风险。金融市场是由无数单个金融机构组成的，所以整个金融市场的风险水平全部由单个金融机构分担，一旦金融危机爆发，所有金融机构都会被波及，因此各个金融机构都要时时关注整体金融市场风险水平的变化与趋势，以便合理应对风险。全球金融危机也提示我们单个金融机构的稳定不代表整个金融市场的稳定，由于系统性金融风险的传染性，单个金融机构的风险会传播到整个金融市场，进而传染到市场中的其他金融机构。

党的十九大报告提出，要健全货币政策和宏观审慎政策双支柱调控框架，健全金融监管体系，守住不发生系统性金融风险的底线。2017 年 7 月 14—15 日，全国金融工作会议在北京召开，习近平提出防止发生系统性金融风险是金融工作的永恒主题，要把主动防范、化解系统性金融风险放在更加重要的位置，着力防范化解重点领域风险。在此背景下，研究中国银行业系统性金融风险的总量和结构特征，对于提升监管效力、防范系统性金融风险具有重要意义。

本报告意在分析 2017 年初至 2018 年上半年中国上市银行的系统性风险情况，以期为货币政策与金融监管政策的制定提供科学的参考依据。本报告分为三个部分，第一部分对系统性风险的概念和度量方式进行介绍；第二部分应用中国上市银行数据计算、描述各类系统性风险指标，分析银行系统性风险状况，第三部分是结论和建议。

二、 系统性风险： 概念和度量

（一） 系统性风险的定义

学术界对银行业系统性风险含义的讨论始于 20 世纪 90 年代，代表性文献包括巴塞洛缪和惠伦（Bartholomew and Whalen，1995），考夫曼

（Kaufman，1996）和包全永（2005）的文章。惠伦等（1995）将银行业系统性风险定义为某个事件或者宏观冲击对整个银行体系造成负面影响的可能性。考夫曼（Kaufman，1996）认为，银行业系统性风险是在事件发生后银行系统中发生连续损失的可能性。包全永（2005）对银行业系统性风险给出了广义和狭义两种定义，广义的银行业系统性风险是指银行体系资金融通等基本功能丧失的可能性；狭义的银行业系统性风险是指主要银行失败的负外部性造成其他银行经营受到影响，进而导致银行体系丧失基本功能的可能性。总体来看，以上研究均认为银行体系受到负面冲击的可能性是银行业系统性风险的表现。

本次危机的爆发使得各界人士对系统性风险的认识不断加深，对其定义、内涵和特征有了较为统一的认识，认为系统性风险是可能导致金融系统部分或者全部受损进而使其金融服务功能中断，并对实体经济产生严重危害的风险。施瓦茨（Schwarcz，2008）从金融体系的内在联系和相关性度，定义系统性风险是指一家或一部分金融机构的危机引起一连串的金融机构危机，使整个金融市场或系统崩溃的可能性。他认为，系统性风险的诱因可能是经济冲击或市场失效，触发了机构之间的传导链，引起金融市场价格剧烈波动，造成金融机构的重大损失；国际清算银行（2009）定义系统性风险为：金融体系内部一些或者全部机构出现损失后导致金融服务被破坏的可能性，而且该风险可能会对实体经济产生严重的负面影响。欧洲中央银行（2010）对系统性风险的定义则为：普遍存在的、损害金融体系功能的风险。总的来说，现有对银行业系统性风险的定义均是偏重于某一方面，缺乏全面界定，不利于对银行业系统性风险的准确刻画和深入研究。

综合以上不同学者、机构给出的定义，可以拼出系统性风险的大致全貌，这类风险损害的是整个金融体系或其中的重要部分，且风险具有传染和溢出到其他行业和实体经济的危险，它的特性是宏观系统性、外部性、传染性和损失性。具体到银行业的系统性风险，可以将其描述为银行体系外部或内部的风险因素，给银行个体或多家银行带来的流动性冲击，在传染效应和连锁效应的催化下，可能导致整个银行体系动荡和损失的一种风险。

因此，我们将银行业系统性风险定义为：整个银行体系受到内部或者外部冲击后，其资金融通等基本功能丧失的可能性，而且该可能性会对实体经济产生严重的负面影响。这里的内部冲击包括单个或多个银行失败、违约；外部冲击包括本国宏观经济周期波动、政策变动冲击以及国际经济、金融波动冲击等。该定义强调了三点：银行业系统性风险的表现，即整个银行体系资金融通等基本功能丧失的可能性；风险来源，即银行体系资金融通等基本功能丧失源于内部或者外部的冲击；风险暴露带来的后果，即严重影响实体经济。

（二）系统性风险的特征

范小云等（2006）总结归纳系统性风险主要具有外部性、风险收益不对称性、传染性、损害实体经济和投资者信息有关的五个方面特征；张晓朴（2010）则认为，系统性风险有突发性、复杂性、传染快、波及广、危害大几个特征；于蓓（2015）认为，系统性风险的特征主要在于危机爆发前的积累性、机构间的共振性，以及风险与实体经济之间的相互作用。此外金融体系的结构还与系统性风险的大小有关。总结来说，不同学者思考角度的不同，对特征的描述也不一样。如果从风险防范的角度看，系统性风险的主要特征可以归纳为四个方面。

一是积累性。主要体现在危机爆发前风险在金融体系内部的长时间积累。从金融机构个体角度看，外部市场因素和其他机构的风险外溢可以通过各种途径影响到某家金融机构，给该机构的正常经营造成一定困难，并在机构内部累积直到该机构破产或倒闭；从整个金融体系角度看，系统性风险会随着单个机构风险暴露的增加以及市场结构的变化而累积，在达到一定程度后造成全面性的金融系统危机并造成严重损失。

二是外部性。外部性影响可以看作是系统性风险的基本特征之一。经济学中的“外部性”是指生产者或消费者的某项经济活动给同一社会环境中其他成员造成的收益（正外部性）或损失（负外部性），而自己却没有补偿或支付成本。系统性风险的负外部性特征是金融机构个体的市场行为给其他金融机构或金融体系带来的风险溢出，并在系统危机爆发以前不必为此付出代价。而当危机来临，金融体系的崩溃会让每个金融机构都付出巨大代价。因此，如何将金融市场中参与者的风险溢出问题内部化也是防范系统性风险的重要部分。

三是传染性。系统性风险的传染和扩散是其主要的特征之一。风险从一家金融机构通过多种渠道传染到其他机构或其他行业体系，这种系统性风险负外部性的传递正是对实体经济和金融系统造成破坏力的源头。系统性风险防范和控制的关键就在于准确把握和及时切断其传播的渠道和路径。

四是与实体经济关联性。系统性风险与实体经济之间的关联性在于相互的作用。金融体系的危机和风险会通过信贷、资本市场等多种渠道给实体经济带来负面打击，而实体经济中出现的问题也会成为金融机构或行业系统性风险的触发因素。这种实体与金融机构之间的互相影响和传染有可能成为阻碍经济增长的不稳定因素。

（三）系统性风险的度量

目前，银行业系统性风险度量方面的研究主要包括四类。

第一类，卡明斯等和史建平等采用预测模型度量银行业系统性风险水平，即将现有研究中识别的银行危机事件转换为 0－1 变量作为银行业系统性风险的代理变量，构建银行业系统性风险与经济、金融指标间的关系模型，包括 Logit 模型、Probit 模型以及其他模型（Kaminsky et al. 1999；史建平和高宇，2009），希望通过经济、金融指标估计和预测银行业系统性风险发生的概率。

第二类，伍志文、陈守东等的研究通过选取宏观经济金融和银行体系指标构建加权指数，根据加权指数偏离均值加特定倍数标准差的程度对银行业系统性风险或者银行体系脆弱性进行度量（伍志文，2002；陈守东和王淼，2011），其不足在于并未对指数度量银行业系统性风险的有效性进行验证。冯·哈根等（Von Hagen，et al. 2007）以及荆等（Jing et al.，2015）从银行机构资金融通等基本功能丧失的角度出发，选择货币市场利率和中央银行对商业银行再贷款两个指标构建货币市场压力指数（MMP），以 98.5% 的分位数和 5% 的增长率为阈值度量银行业系统性风险水平。

第三类，研究基于银行间网络拓扑结构分析风险传染特征。网络分析法关注的是机构之间相互关联所构成的网络结构。这种关联既可以由资产负债表相互敞口构成，也可由支付结算体系内的对手方关系构成，还可以由某种信息层面的关系构成。由于这些关联性的存在，当一家或多家银行遭遇冲击事件而无法正常运营时，传染机制会将这种倒闭风险传播给银行的对手方，甚至逐步扩大至整个金融系统。使用网络分析法来描述和模拟这种传染机制是非常自然的选择。它兼具直观与贴合实际的优点，能够有效反映出银行间风险暴露的情况，从而测算出银行网络中积累的系统性风险。运用网络分析法对系统性风险进行度量，关键在于确定网络结构。这也是为什么使用网络分析法时通常都需要明确金融风险的传播渠道，因为在不同传播渠道下，各个金融机构之间相互关联的方式和程度是不一样的，如不加以界定，则无法准确刻画出金融体系的网络结构。一旦网络结构得以确定，就可以使用模拟的方式考察单个机构倒闭所带来的信用风险或流动性风险在网络中传导的情况，通过假设违约损失率和破产条件，计算网络中破产银行数量，以得到总体系统性风险的度量。

第四类，基于金融市场数据的系统性风险度量方法①。在本次国际金融危机发生后，此类方法得到极大的发展，大量新方法、新技术不断涌现。其大体可分为三类：一是 ΔCoVaR，SES，MES，SRISK 和 DIP 等尾部依赖方法；二是 SCCA，JPoD，SII 和 VI 等联合违约方法；三是相关系数、主成分、格兰杰（Granger）因果网络、基于方差分解的网络

① 本报告主要用到 ΔCoVaR，MES，SRISK 等指标，这些指标的计算下文有详细说明。

分析等关联性度量方法。

需要说明的是，每类度量方法都有其优势和不足之处。比如，尾部依赖法中的SRISK，MES和DIP等研究金融系统处于困境条件下单个机构的表现，ΔCoVaR则以单个机构的状态为条件研究金融系统的表现，它们都试图通过个体机构与金融系统的尾部依赖度量其系统性风险，没有考虑金融机构间的关联结构，无法捕捉系统性风险溢出的网络效应。以SCCA，JPoD，SII和VI等为代表的联合违约法，均采用多元极值理论和Copula函数从单个机构的违约概率分布，推导出机构联合违约概率分布和条件分布，在没有限制性假设的情况下，这类方法在统计上是复杂的，具有较高的模型风险。相关系数、主成分、格兰杰因果网络、基于方差分解的网络分析等方法重在测度金融机构的平均关联性，但系统性风险更关注极端条件下的尾部关联性。而且格兰杰因果网络采用二元格兰杰因果关系检验，在孤立的环境下考察两两机构间的关联水平；基于方差分解的网络分析虽然在一个关联系统中测度金融机构的关联性，但是该方法基于VAR分析，不能应用于机构数量较多的金融系统。

（四）系统性风险贡献和敞口及相关指标的度量方式

金融机构的系统性风险包括两个方面：一是机构对金融系统的风险贡献（contribution to systemic risk）；二是机构对金融系统的风险敞口（exposure to systemic risk），两者的风险传导方向恰好相反，前者是机构对系统的影响，后者是系统对机构的影响。其中，系统性风险贡献测度则是系统性风险中与某一特定机构相关的部分，评估哪些金融机构陷入困境对整个金融系统最为危险、风险贡献最高，代表性的度量方法如ΔCoVaR。相比之下，系统性风险敞口测度是在危机条件下对单个金融机构表现的预测，评估如果危机发生哪些机构将受到严重威胁、面临的风险最大，其思想与金融监管当局所做的压力测试相同，代表性的度量方法如MES。可见，系统性风险贡献度量了机构的系统传染性，而系统性风险敞口度量了机构的系统脆弱性。因此，需要综合考虑机构的系统性风险贡献和敞口，才能更为全面地度量机构的系统性风险状况。

本报告主要基于 ΔCoVaR 分析中国上市银行系统性风险贡献，基于 MES，SRISK 分析中国上市银行系统性风险敞口，并借助网络关联分析法测度系统性风险，此处重点介绍这些指标的计算方法。

1. 测度系统性风险的简化方法（ΔCoVaR）

阿德里安等（Adrian et al. 2016）指出，金融机构最常用的风险测度指标 VaR，只是专注于孤立的单个机构的风险。比如，$q\% - \mathrm{VaR}^i$ 表示机构 i 在 $1 - q\%$ 置信水平下的最大可能损失。但是，单个机构的风险测度并不一定反映其与系统性风险的关系。为捕捉金融系统和单个机构的尾部依赖性，两位学者提出一种新的测度系统性风险的简化方法——CoVaR。

CoVaR 方法在度量金融机构的系统性风险时采用的是一种“自下而上”的分析方法，即以单个金融机构的破产倒闭为条件来估计整个金融体系的系统性风险。此时，系统性风险被定义为：当单个金融机构出现极端事件时，其他金融机构或整个金融体系所面临的最大可能风险或损失。在该方法中，单个金融机构的系统性风险可由 ΔCoVaR 来衡量，ΔCoVaR 等于金融机构处于危机状态下的 CoVaR 和常态下的 CoVaR 之差，它表示单个金融机构对整个金融体系的风险负外部溢出，反映了处于危机状态下的金融机构对其他金融机构或金融体系的边际风险贡献。显然，ΔCoVaR 的绝对值越大，其系统性风险也越大。具体而言：

VaR 表示在正常的市场条件和给定的置信度内，某一金融资产或者证券组合在未来特定一段持有期内的最大可能损失。VaR_q^i 表示机构在未来特定时期 T 内，它的损失为 VaR^i 的概率为 q，即：

$$P(R_i \leqslant \mathrm{VaR}_q^i) = q \tag{1.1}$$

其中，R 表示收益率。VaR_q^i 也可以理解为机构 i 资产收益率 R_i 的 q 分位数。一般来说，VaR 的值为负。$\mathrm{CoVaR}_q^{s|i}$ 表示当机构 i 处于危机时，即机构 i 的损失位于 VaR_q^i 水平，整个金融系统 s 所面临的风险，$\mathrm{CoVaR}_q^{s|i}$ 是下面条件概率分布的 q 分位数：

$$P(R^s \leqslant \mathrm{CoVaR}_q^{s|i} \mid R^i = \mathrm{VaR}_q^i) = q \tag{1.2}$$

以 $\mathrm{CoVaR}_q^{s|i,\mathrm{median}}$ 表示机构 i 处于正常状态时（收益率处于中位数水平），整个金融系统的条件风险价值，即：

$$P(R^s \leqslant \mathrm{CoVaR}_q^{s|i,\mathrm{median}} \mid R^i = \mathrm{median}^i) = q \tag{1.3}$$

机构 i 对系统性风险的贡献度可以由机构 i 处于危机时和机构 i 处于正常水平下，整个金融系统的条件风险价值的差额表示：

$$\Delta\mathrm{CoVaR}_q^i = \mathrm{CoVaR}_q^{s|i} - \mathrm{CoVaR}_q^{s|i,\mathrm{median}} \tag{1.4}$$

2. 边际预期损失法（MES）和系统性风险测算方法（SRISK）

阿查里亚等（Acharya et al.，2017）基于预期损失（ES）提出了边际预期损失法（MES）的概念。MES 在度量金融机构系统性风险时采用了一种“自上而下”的分析方法。此时，系统性风险被定义为当金融体系处于系统性事件（通常是指危机状态）时，单个金融机构所面临的最大可能风险或损失，因此体现的是机构的系统脆弱性。

边际预期损失法的核心观点是单个金融机构市值和整个市场指数之间活跃的双边关系。MES 被定义为当一天中整个市场下降超过临界值时，股票持有者的预期损失。公司 i 和市场在 t 天的情况可表示为：

$$\mathrm{MES}_{i,t} = E_{t-1}(r_{i,t} \mid r_{m,t} < C) \tag{1.5}$$

$$ES_{m,t} = E_{t-1}(r_{m,t} \mid r_{m,t} < C) = \sum_{i=1}^{N} w_{i,t}\mathrm{MES}_{i,t} \tag{1.6}$$

其中，$ES_{m,t}$为整个市场的条件期望损失。$r_{i,t}$为银行 i 在时间 t 的回报率，相应的，市场回报率 $r_{m,t}$为各银行回报率的加权平均，其中 $w_{i,t}$为银行 i 市值在整个市场的权重。

阿查里亚等（Acharya et al.，2017）和恩格尔等（Engle et al. 2017）在 MES 的基础上，进一步考虑了银行规模和杠杆率特征，得到了新的系统性风险指标 SRISK。SRISK 是指金融系统陷入危机时单个机构的预期资本缺口。对于银行 i 来说，其在 t 期的 $\mathrm{SRISK}_{it} = E_{t-1}(\mathrm{capitalshortfall}_i \mid \mathrm{Crisis})$。这里的关键是如何根据金融系统股票指数的变化界定系统性金融危机。根据考察期长短，可以将系统性危机分为两种：①如果银行业整体指数在1天内下降2%或者低于一段时间内市场指数回报率的5%分位数，则认为金融系统面临的是短期系统性危机，而此时单个机构的股票下跌比例被称为其短期边际期望损失 MES；②如果市场指数在未来6个月内下降40%，那么金融系统面临的是长期系统性危机，此时机构股票的下跌幅度被称为其长期边际期望损失 LRMES，且其数值近似等于1 - exp（-18MES）。

恩格尔等（Engle，2017）建议采用长期 MES 构建 SRISK。依据阿查里亚等（Acharya et al.，2017）的概念，假定债务的账面价值在未来6个月内是相对不变的，而权益资本的价值下跌的幅度为长期边际预期损失法，那么资本短缺的缺口为：

$$\begin{aligned} SRISK_{i,t} &= \max[0, E(k(Debt + Equity) - Equity) \mid Crisis] \\ &= \max[0, kDebt_{i,t} - (1-k)(1-LRMES_{i,t})Equity_{i,t}] \end{aligned} \tag{1.7}$$

其中，Debt 和 Equity 分别为金融机构在 t 时期的账面负债和市场权益价值，k 为金融机构的审慎权益资产比率。

3. 统一的计量框架：DCC - GARCH

根据前述分析可知，MES，SRISK，ΔCoVaR 三大指标中，SRISK 是基于 MES 进行计算的，因此关键在于如何计算 MES 和 ΔCoVaR。既有文献中，阿德里安等（Adrian et al.，2011）同时使用了分位数回归法和 DCC - GARCH 模型计算了 ΔCoVaR；恩格尔等（Engle et al. 2017）使用 DCC - GARCH 模型计算了 MES，LRMES 和 SRISK。如果使用分位数回归法计算 ΔCoVaR，而使用 DCC - GARCH 计算 MES 和 SRISK，由于方法的差异，得到的结论可能不具有可比性。因此，本报告借鉴班诺特等（Benoit et al.，2016）的处理方式，统一采用 DCC - GARCH 计算 MES，SRISK，ΔCoVaR。具体而言，以如下二元 DCC - GARCH 模型刻画银行 i 回报率 $r_{i,t}$ 和市场回报率 $r_{m,t}$ 的动态特征：

$$\begin{pmatrix} r_{it} \\ r_{mt} \end{pmatrix} = \begin{pmatrix} \sigma_{i,t}^2 & \sigma_{i,t}\sigma_{m,t}\rho_{i,m,t} \\ \sigma_{i,t}\sigma_{m,t}\rho_{i,m,t} & \sigma_{m,t}^2 \end{pmatrix}^{1/2} \begin{pmatrix} \varepsilon_{i,t} \\ \xi_{i,t} \end{pmatrix} \tag{1.8}$$

其中 $E(\varepsilon)=E(\xi)=0$，且 $\sigma^2(\varepsilon)=\sigma^2(\xi)=1$。$\rho_{i,m,t}$ 为银行 i 和市场之间的动态条件相关系数，并认为其可以完全捕捉二者之间的相依性。

通过估计 DCC - GARCH 获得了动态条件相关系数 ρ 以及标准差 $\sigma_{i,t}$，$\sigma_{m,t}$ 的估计值以后，就可以计算 MES（以及 SRISK）和 ΔCoVaR，具体见班诺特等（Benoit et al.，2016）的文献。

4. 基于网络关联性的系统性风险度量方法

部分学者采用市场数据从金融机构关联性（connectedness）的视角测度系统性风险。班诺特等（Benoit et al.，2016）通过二元格兰杰因果关系检验构建金融机构间的格兰杰因果网络，进而采用网络分析的中心性（centrality）指标度量金融机构的关联性和系统性风险。迪博尔德等（Diebold et al.，2014）则基于 VAR 模型的广义方差分解构建加权有向网络，捕捉其网络关联结构，提出了多个关联性度量指标，并考察这些指标与网络关联性（network connectedness）指标以及 CoVaR，MES 等系统性风险度量指标的关系。他们认为，输入度（from - degrees）指标度量了单个机构对系统性冲击的敞口，输出度（to - degrees）指标度量了单个机构对系统事件的贡献，在思想上前者类似于 MES，后者类似于 ΔCoVaR。

三、中国上市银行的系统性风险分析

（一）样本选择和数据描述

本报告将研究样本限定为在 A 股上市的银行，主要原因在于：计算 ΔCoVaR 和 MES 需要使用银行股票收益率数据，因此无法考察非上市银行。同时，之所以不考察港股上市银行，是因为难以为港股上市和 A 股上市银行找到一个共同的市场指数。另一方面，目前上市的银行在银行业中属于规模较大者，根据 2017 年年报计算，可知上市银行总资产占银行业总资产比重高达 70% 以上，因此考察上市银行即可把握住中国银行业系统性风险的主要部分。

具体而言，本报告包含的银行共26家，按上市先后排序为：平安银行、浦发银行、民生银行、招商银行、华夏银行、中国银行、工商银行、兴业银行、中信银行、交通银行、宁波银行、南京银行、北京银行、建设银行、农业银行、光大银行、江苏银行、贵阳银行、江阴银行、无锡银行、常熟银行、杭州银行、上海银行、吴江银行、张家港银行、成都银行。其中，已于2010年7月上市的农业银行和2010年8月上市的光大银行为分界，此前的银行上市时间均早于2008年12月，此后的银行上市时间均晚于2016年1月，上市时间较短。

一般来说，应用时间序列模型时，样本量越大越好，因为这样可以得到更为精确的参数估计。但另一方面，时间序列模型常常存在结构变化，太久远的数据对于分析近期情况可能并无太大的应用价值。综合而言，我们将研究时间段的起始时间定位于2010年1月1日，对于2010年前上市的银行损失了部分数据，对于2010年以后上市的银行来说，起始时间即为上市时间。本报告研究时间段的截止日期为2018年9月1日，此时全部样本银行均已公布了2018年中报。

为计算ΔCoVaR和MES，SRISK，需要准备的数据包括：银行个体日度收益率r_i，按后复权收盘价计算①；银行业日度收益率（市场日度收益率）r_m，基于Wind行业指数中的商业银行指数进行计算，这是一种流通A股加权的银行业指数，使用沪深300银行指数得到的结果与之相近②。商业银行股票总市值Equity，对于一家多地上市银行，区分不同类型的股份价格和股份数量分别计算类别市值后加总，具体计算方式为：A股收盘价×A股合计+B股收盘价×B股合计×人民币外汇牌

① 一些研究区分了股票收益率和总资产收益率，其中总资产收益率考虑了银行杠杆率的变动，基于账面价值的杠杆率乘以权益市值表示资产市值，进而计算资产收益率。两种收益率下得到的各指标差异不大，简单起见我们使用股票收益率进行计算。

② 我们还计算了基于股票总市值加权和资产市值加权的银行业指数，在此基础上计算MES等指标，结果与基于Wind商业银行指数的计算结果基本一致。

价 + H 股收盘价 × H 股合计 × 人民币外汇牌价 + 海外上市股收盘价 × 海外上市股合计 × 人民币外汇牌价。商业银行负债账面价值 Debt，由于上市银行的财务数据为季频，而本报告计算所需频率为日频，因此我们通过线性插值法将季度负债转化为日度负债。

计算 SRISK 还需要设定审慎权益资产比率 k，恩格尔等（Engle et al.，2017）将审慎的权益资产比率固定在某一合理水平，不仅可以保证计算结果可靠，也可以简化计算的复杂程度。借鉴巴塞尔协议关于最低资本充足率的要求，他们建议将 8% 作为审慎权益资产比率参考值。本报告采取两种处理方式，一种是直接设定 $k = 8\%$，另一种是设定 $k = \max(k_{ave}, 0.08)$，其中，k_{ave}是银行股票市值占负债和股票市值比例的历史均值，这种设定实际上对银行的审慎权益资产比率提出了更高的要求。两种处理方式下后一种计算得到的 SRISK 较高，不过为方便与既有文献对比，报告正文主要汇报基于 $k = 8\%$ 时得到的结果。此外，在计算 ΔCoVaR 时需要设定其置信水平，与班诺特等（Benoit et al.，2016）一致，我们设定置信水平为 5%。

（二）中国上市银行的系统性风险贡献——ΔCoVaR 分析

1. 上市银行整体 ΔCoVaR 的时间序列

图 1 绘制了样本银行 ΔCoVaR 均值的时间序列。可见，2010 年以来，中国上市银行系统性风险贡献最高的时候是在 2015 年，而 2017 年至今 ΔCoVaR 水平并不高。从 ΔCoVaR 的计算公式 $\Delta CoVaR_{i,t}(\alpha) = \rho_{i,t}\frac{\sigma_{m,t}}{\sigma_{i,t}}[VaR_{i,t}(\alpha) - VaR_{i,t}(0.5)]$ 可知①，当前较低的 ΔCoVaR 可能缘于两方面因素，一是各银行自身的 VaR 值较低；二是各银行收益率与市场收益率的相关性较低。

为明确具体原因，我们计算了各银行 VaR 的均值和各银行与市场动态条件相关系数 ρ 的均值并将二者统一绘制于图 2。不难发现，2017

① 具体推导见班诺特等文献。

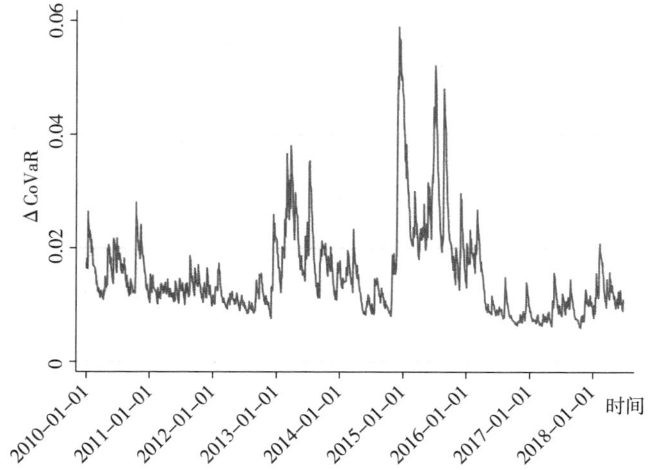

图 1　ΔCoVaR 时间序列

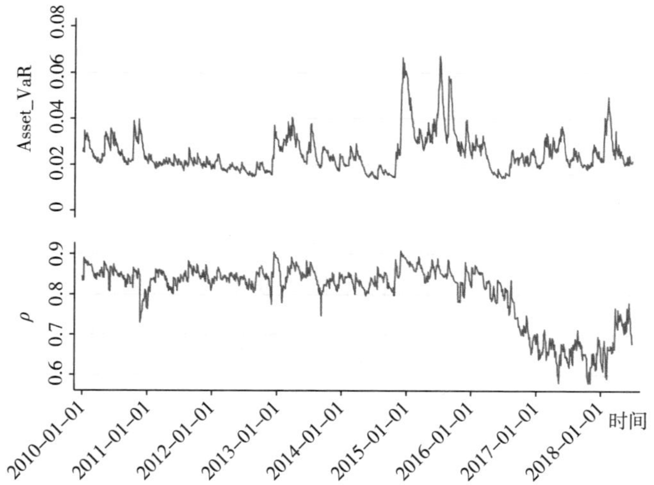

图 2　银行在险价值 VaR 和动态条件相关系数 ρ 时间序列

年以来，各上市银行 VaR 并不算低，反映出银行存在较高的个体风险，但较高的个体风险之所以未能转变为较高系统性风险，原因在于银行个体与银行业的相关性趋于降低。这意味着，银行业作为一个整体，越来越难以受到单个银行太强的影响，相反，各银行对银行业整体的影响力趋于弱化。事实上，单家银行与银行业整体相关性降低的趋势始于

2016 年，而正是从 2016 年起出现了新一轮银行登陆 A 股的浪潮，这个过程中，由于上市银行数量快速上升，每家银行对银行业系统的影响自然相应有所降低。不过，需要注意的是，2018 年以来，动态条件相关系数 ρ 呈上升趋势，未来是否会引致较高的 ΔCoVaR 尚待观察。

2. 不同类型银行 ΔCoVaR 的时间序列

随着银行业市场化改革进程的推进，目前，中国已形成一个多层次的银行体系。如果不考虑占银行业总资产比重较小（小于 2%）的外资银行，所有内资银行可按照银监会的规模口径划分为四大梯队：①大型国有银行；②全国性股份制银行；③城市商业银行；④农村商业银行、农村合作银行和城市及农村信用社。不同梯队的银行除了在资产规模、产权属性、业务范围、经营区域和政策扶持力度方面存在差异，在系统性风险贡献方面也存在差异，因此，我们将 26 家银行按所属梯队分为 3 类：一是中、农、工、建、交 5 大行，二是中信银行、光大银行、兴业银行、华夏银行、平安银行、招商银行、民生银行、浦发银行 8 家全国性股份制银行，三是余下的 13 家城商及农商行。

图 3 绘制了 2016 年以来三类银行 ΔCoVaR 均值的时间序列。不难发现，国有银行和全国性股份制银行的 ΔCoVaR 重叠度非常高，说明尽管股份制银行的规模平均而言小于国有银行，但其对系统性风险的贡献并不弱；另一方面，国有银行和全国性股份制银行的 ΔCoVaR 均高于城市及农村商业银行，尤其是上市较晚的城市及农村商业银行的 ΔCoVaR，说明国有和股份制银行对系统性风险的贡献高于城市及农村商业银行。

图 4 进一步分银行类型绘制了驱动 ΔCoVaR 的两项因素——VaR 和 ρ 的时间序列。显然，三类银行中，城市及农村商业银行的 VaR 最高，股份制银行次之，国有大行最低，意味着城市及农村商业银行的个体风险最高。事实上，2017 年以来，在严监管背景下，不同类型银行感受的压力并不相同，城市及农村商业银行和农商行等中小银行由于业务模式等原因，感受到的监管压力更大。既然城市及农村商业银行的个体风

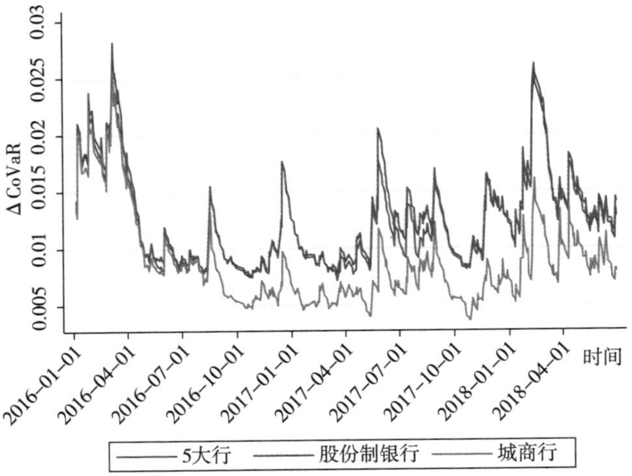

图 3　分银行类型的 ΔCoVaR 时间序列

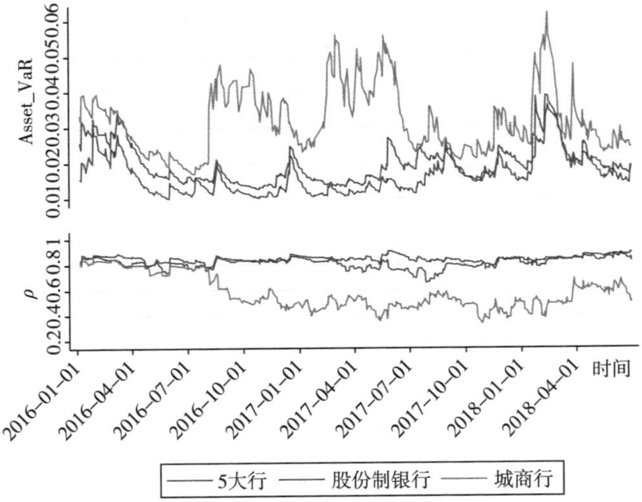

图 4　分类型的银行在险价值 VaR 和动态条件相关系数 ρ 时间序列

险最高，为何其系统性风险贡献反而较低？原因在于，城市及农村商业银行收益率和银行业整体收益率之间的相关性弱于国有和股份制银行。这既有银行业收益率计算方式方面的原因（流通市值加权法下，市值高的银行对市场指数的贡献更大），也有深层次经济原因：城市及农村商业银行规模远小于国有和股份制银行，同时限于业务结构，其与银行业其他银行的联系密切程度要弱于国有银行和股份制银行，从规模和关联性两方面可知，城市及农村商业银行对银行业系统性风险的贡献理应小于国有及股份制银行。不过，需要注意两点：一是2018年以来城市及农村商业银行与银行业的动态相关系数有上升趋势，并导致其ΔCoVaR与国有及股份制银行趋近；二是随着越来越多的城市及农村商业银行上市，虽然任何城市及农村商业银行的系统性风险贡献可能都不高，但作为一个群体，城市及农村商业银行仍然可能会对银行业整体和金融系统造成较大的系统性风险。

3.26家上市银行ΔCoVaR的截面分布

分析银行ΔCoVaR的时间序列有助于把握银行业整体或某一类银行系统性风险贡献的变动趋势，但却无法具体回答哪家银行系统性风险最高。因此，我们转而分析26家上市银行ΔCoVaR的截面分布，以判断谁的系统性风险贡献最大。

图5绘制了2017年以来各家银行ΔCoVaR的箱线图，各银行按ΔCoVaR中位数高低从左到右排列。不难发现，全国性股份制商业银行ΔCoVaR中位数排名整体较为靠前，在ΔCoVaR中位数前十名中，有6家股份制银行。相比之下，城市及农村商业银行ΔCoVaR中位数排名整体较为靠后，在CoVaR中位数后十名中，有9家城市及农村商业银行。中农工建交5家大型银行ΔCoVaR中位数分别为第5，第12，第14，第6，第7名，排名整体较为靠前。总体而言，2017年以来，股份制银行对于银行业系统性风险的贡献不容小觑。

图6和图7进一步绘制了2017年以来各银行VaR和ρ的箱线图。图6显示城市及农村商业银行个体风险较高，在VaR中位数前十名中，有8家城市及农村商业银行；图7则显示，城市及农村商业银行与银行业整体的动态相关系数ρ较低，在ρ中位数后十名中全部为城市及农村商业银行。相比之下，国有大型商业银行和股份制银行个体风险较低，但与银行业整体的相关性较高，这与图4的发现是一致的。

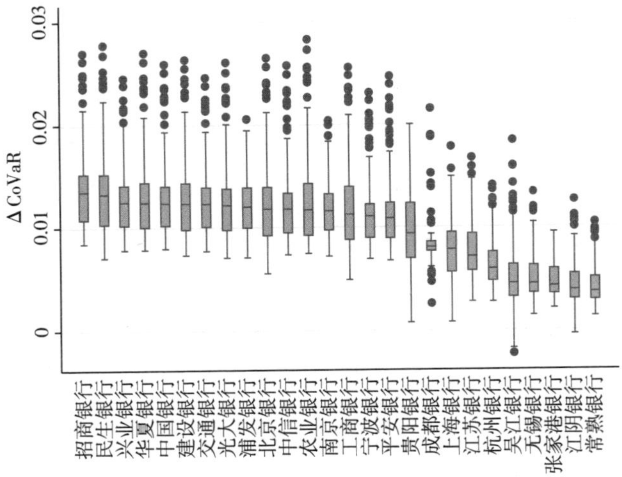

图 5　2017 年以来各银行 ΔCoVaR 的分布情况

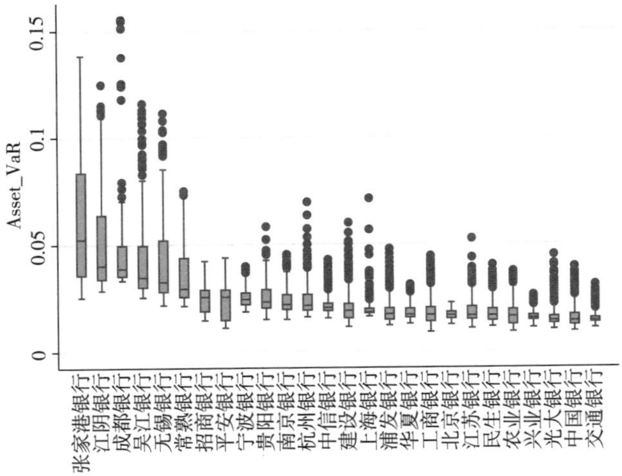

图 6　2017 年以来各银行 VaR 的分布情况

总之，图 1 ~ 图 6 显示：①从时间序列上看，2017 年以来，中国上市银行 ΔCoVaR 水平并不高，其原因主要在于各银行与银行业整体相关性降低；②分银行类型看，股份制银行和国有大型商业银行系统性风险贡献较高，城市及农村商业银行相对较低。③城市及农村商业银行个体

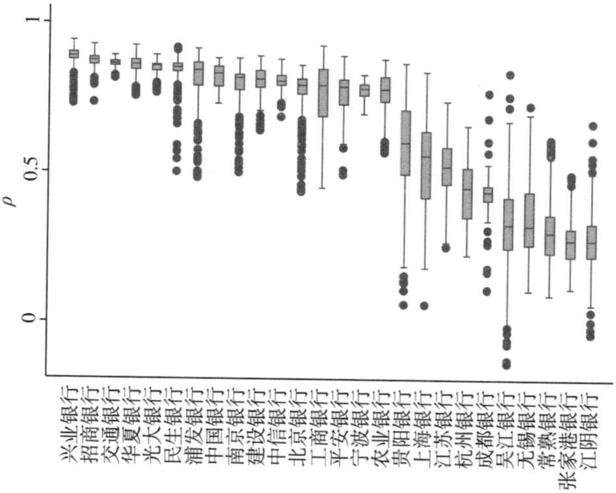

图 7　2017 年以来各银行 ρ 的分布情况

风险较高，但与银行系统的相关性较低；国有大型商业银行和股份制银行个体风险较低，但与银行系统相关性较高。

（三） 中国上市银行的系统性风险敞口分析 I ——MES 分析

1. 上市银行整体 MES 时间序列

为从整体上把握中国上市银行系统性风险敞口的变化情况，并对比分析银行的系统性风险敞口和系统性风险贡献，图 8 同时绘制了样本银行 MES 均值和 ΔCoVaR 的时间序列。一方面，除了 2017 年末和 2018 年初银行业整体系统性风险敞口（和贡献）有所上升外，2017 年以后中国上市银行的系统性风险呈较为平稳态势；另一方面，显而易见的是，MES 和 ΔCoVaR 时间序列走势高度一致。商业银行的系统性风险敞口和系统性风险贡献虽然是两个不同的概念，前者对应银行的脆弱性（即受其他银行影响的倾向），后者对应银行的重要性或者传染性（即影响其他银行的能力），但是当一些银行的传染性增强时，往往另一些银行的脆弱性同时增强。从银行业整体看，传染性越强的时候也就越脆弱，因此，系统性风险敞口和系统性风险贡献具有相同的走势不足为怪[①]。

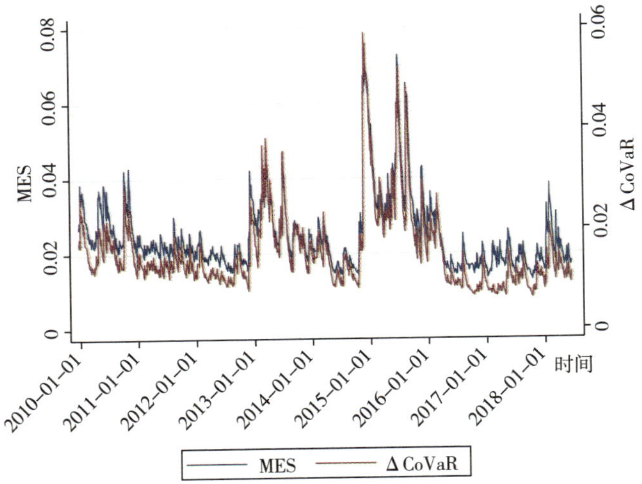

图 8　MES 和 ΔCoVaR 时间序列

2. 分银行类型 MES 时间序列

图 9 绘制了 2016 年以来三类银行 MES 均值和中位数的时间序列。与图 3 中三类银行的 ΔCoVaR 均值时间序列中国有和股份制银行重叠较高且明显高于城市及农村商业银行相比，一方面，图 9 中国有和股份制银行的 MES 均值和中位数并未明显高于城市及农村商业银行的 MES，反而是城市及农村商业银行的 MES 略高（尤其在 2016 年 1 月到 2017 年 5 月时段）；另一方面，国有银行的 MES 均值（中位数）曲线与股份制银行的 MES 均值（中位数）曲线并非高度重合，而是前者大多时间处于后者之下。综合两方面的观察结果可知，城市及农村商业银行的系统性风险敞口较高，其次是股份制银行，最后是国有银行，这与系统性风险贡献在三类银行中的排序（国有银行的系统性风险贡献≈股份制银行的系统性风险贡献 > 城市及农村商业银行的系统性风险贡献）有

① 从计算方法上看，班诺特等发现，MES 和 ΔCoVaR 都是商业银行市场风险 Beta 系数的某种变换。

明显差异。这意味着，当银行业出现危机事件时，城市及农村商业银行最容易陷入困境、脆弱性较高，而股份制银行和国有银行的抗风险能力较强。不过也应注意到，2017 年 9 月以来，三类银行的 MES 均值（中位数）排序屡次变化，上述规律似乎不再明显。

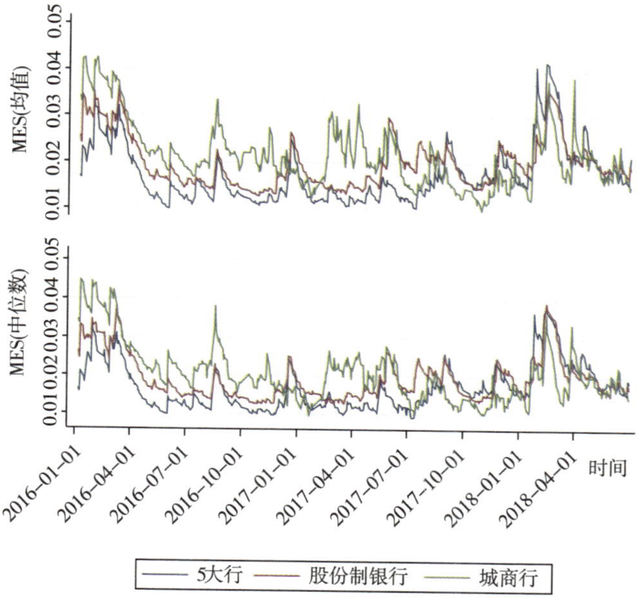

图 9　分银行类型的 MES 时间序列

3. 上市银行 MES 的截面分布

为明确 2017 年以来各家银行 MES 的变动情况，尤其是判断三类银行 MES 的相对高低，我们在图 10 中绘制了 2017 年以来各家银行 MES 的箱线图，各银行按 MES 中位数高低从左到右排列。在 MES 中位数前十名中，有 1 家国有大型商业银行，5 家股份制银行，4 家城市及农村商业银行；在 MES 中位数后十名中，有两家国有大型商业银行，3 家股份制银行，5 家城市及农村商业银行。因此，各银行类别内部 MES 具有较高的差异性，尤其是城市及农村商业银行内部，一些城市及农村商业银行如宁波银行、南京银行的 MES 较高，而另一些银行如江苏银行和杭州银行的 MES 较低。因此，就系统性风险敞口来说，不能简单说哪一类银行的系统性风险敞口较高，而应该具体到银行机构层面，更为精准地明确各银行的系统脆弱性。

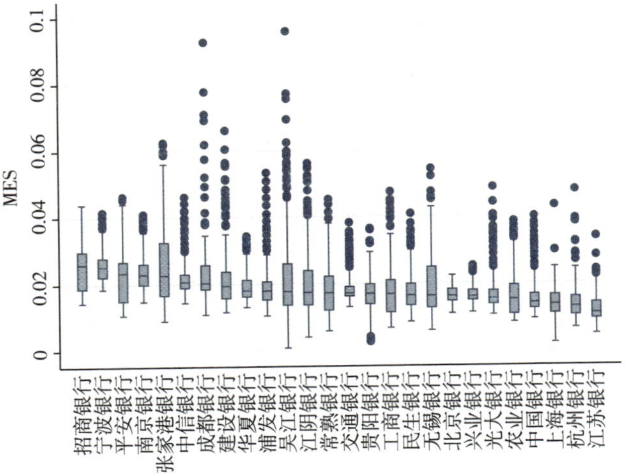

图 10　2017 年以来各银行 MES 的分布情况

图 10 也说明银行层面 MES 的排序和 ΔCoVaR 的排序存在较大差异。表 1 列示了各银行 MES 中位数和 ΔCoVaR 中位数的排名（由高到低）以及二者的排名差（绝对值），可见，除招商银行的 MES 中位数和 ΔCoVaR 中位数的排名一致外，其余所有银行系统性风险敞口和系统性风险贡献上的排名均存在差异，差异达 10 位的银行包括农业银行、成都银行、吴江银行、常熟银行、江阴银行、平安银行、光大银行、宁波银行、民生银行、兴业银行、中国银行、张家港银行。以张家港银行为例，其系统性风险敞口排名第 5，但系统性风险贡献排名第 24，说明其容易受到其他银行影响，但对其他银行的影响力不足。

表 1　2017 年以来各银行 MES 和 ΔCoVaR 的排名

银行	MES	ΔCoVaR	排名差	银行	MES	ΔCoVaR	排名差
招商银行	1	1	0	交通银行	14	7	7
宁波银行	2	15	13	贵阳银行	15	17	2
平安银行	3	16	13	工商银行	16	14	2

续表

银行	MES	ΔCoVaR	排名差	银行	MES	ΔCoVaR	排名差
南京银行	4	13	9	民生银行	17	2	15
张家港银行	5	24	19	无锡银行	18	23	5
中信银行	6	11	5	北京银行	19	10	9
成都银行	7	18	11	兴业银行	20	3	17
建设银行	8	6	2	光大银行	21	8	13
华夏银行	9	4	5	农业银行	22	12	10
浦发银行	10	9	1	中国银行	23	5	18
吴江银行	11	22	11	上海银行	24	19	5
江阴银行	12	25	13	杭州银行	25	21	4
常熟银行	13	26	13	江苏银行	26	20	6

总之，上述分析显示：①从上市银行整体看，系统性风险敞口和系统性风险贡献走势基本一致，2017 年以来两者均处于历史合理水平。②从上市银行个体看，系统性风险敞口和系统性风险贡献存在较大差异，尤其是城市及农村商业银行表现出较为明显的系统性风险敞口高而系统性风险贡献低的特点。

（四）中国上市银行的系统性风险敞口分析Ⅱ——SRISK 分析

1. 上市银行整体 SRISK 时间序列

图 11 绘制了样本银行 SIRSK 均值的时间序列，为方便对比，还将 MES 均值时间序列一并绘制于图中。首先，SRISK 和 MES 二者走势存在如下差异：在 2015 年之前，MES 大约在 0.02 和 0.04 的区间内波动，而 SRISK 则呈现出明显的上升趋势；2015 年以后，二者走势较为接近，尤其是几个明显的尖峰位置均可以对应。事实上，2015 年之前 MES 和 SRISK 的皮尔逊相关系数为 -0.185，而 2015 年以后（包括 2015 年）二者相关系数为 0.032。

SRISK 和 MES 均为银行系统性风险敞口指标，并且 SRISK 是在 MES 的基础上得到，为何二者走势存在较大差异？这是因为 SRISK 除

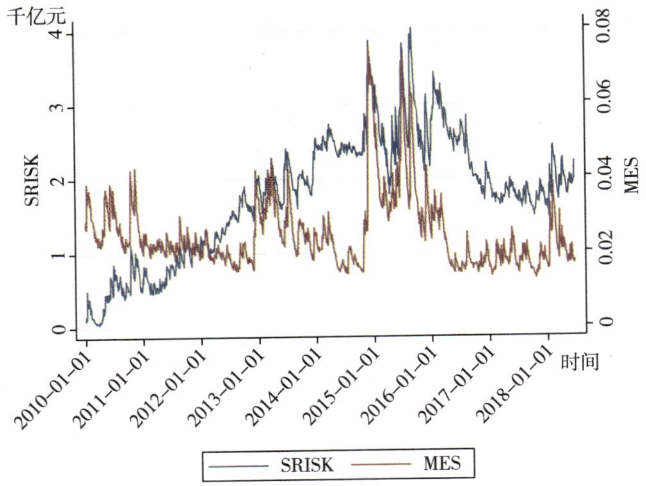

图 11　SRISK 和 MES 时间序列

受到 MES 影响外，还与银行的杠杆率、规模等因素有关。由 SRISK = max［0，kDebt－（1－k）（1－LRMES）×Equity］（其中 k 为审慎资本充足率，Debt 为账面负债，Equity 为市值权益）可知：

$$\Delta SRISK = k \times \Delta Debt - (1-k) \times (1 - LRMES) \times \Delta Equity + (1-k) \times Equity \times \Delta LRMES$$

如果固定 $k=8\%$ 不变，则 SRISK 的变化由三部分组成：一是与负债变动相关的项目 $k \times \Delta$Debt，即其他条件不变的情况下，商业银行账面负债上升，则危机来临时该银行的资本缺口也会上升；二是与市值权益相关的项目（1－LRMES）×ΔEquity，即其他条件不变的情况下，商业银行权益市值下降也会增加商业银行的资本缺口；三是与 MES 变动相关的项目，由于 LRMES 与 MES 正相关，MES 上升时 LRMES 也会上升，商业银行对系统性危机更敏感，SRISK 随之增加。

为明确负债、权益和风险敏感性三部分内容对 SRISK 变化的贡献，我们分别绘制了样本银行账面负债 Debt 均值、权益市值 Equity 均值和 LRMES 均值的时间序列图。图 12 中，样本银行平均市值在 2015 年之前波动较小，而 2015 年则经历了大涨大跌，这是当年股市从狂升到暴跌的一个侧影。2016 年至今，上市银行平均市值则呈下降—上升—再下降的波动态势，这也与股市整体运行状况基本一致。由于账面负债为季频数据，样本银行平均账面负债呈现出阶梯状。具体而言，在 2016 年 10 月之前，平均负债一直呈上升趋势，反映出上市银行平均规模不断扩张；2016 年 10 月之后开始陡然下降，这与 2016 年多家规模较小的城市及农村商业银行开始陆续上市拉低了上市银行平均规模有关。

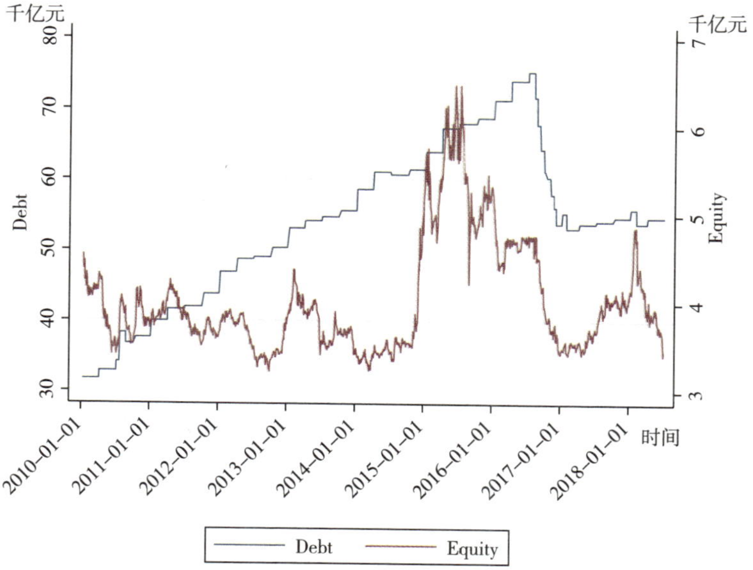

图 12　账面负债和市值权益时间序列

图 13 则绘制了 LRMES 和 MES 的时间序列，尽管水平值有所不同，但二者走势高度一致。事实上，本报告中取 LRMES = 1 - exp （ - 18 × MES），二者存在一一对应关系，走势理应一致。

综合图 12 和图 13 的信息，并对比 Debt，Equity，LRMES 各自的走势与 SRISK 的走势，可知，SRISK 的变动情况与 Debt 的变动情况最为一致，均呈现出在 2015 年之前上升，2016 年以后下降并逐渐平稳的态势，可以说，银行的账面负债或者杠杆率是决定 SRISK 的中枢性变量。而 SRISK 在 2015 年的大幅波动不能为账面负债的变动所解释，因为银

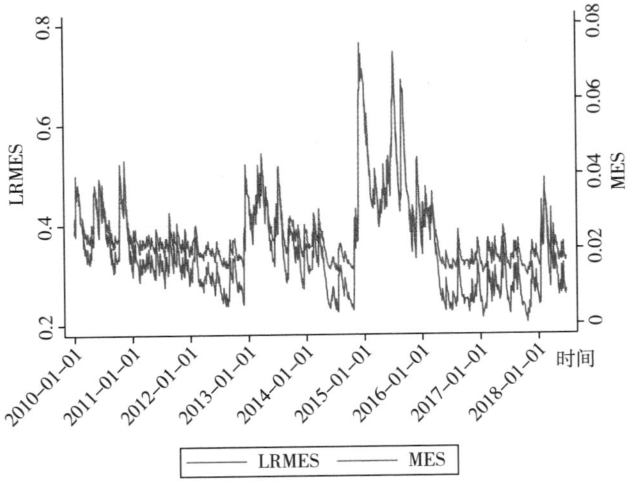

图 13　LRMES 和 MES 时间序列

行负债变动属于慢变量，只能由权益市值的变动和长期边际预期损失这两个快变量所解释。那么，权益市值的变动和长期边际预期损失的变动，哪个更能解释 2015 年 SRISK 的大幅波动呢？我们将时间限定为 2015 年，在同一张图内绘制了 SIRSK，LRMES，MV。

图 14 显示，2015 年内 SRISK 的尖峰和低谷正好与 LRMES 的尖峰和低谷相对应，但与 MV 并无明显对应关系，因此 LRMES 是解释 SRISK 短期变动的主要变量。综合起来，SRISK 的长期、趋势性变化受到银行负债影响，短期、波动性变化受 LRMES（MES）影响。

2. 分银行类型 SRISK 时间序列

图 15 分别绘制了 2016 年以来三类银行 SRISK 均值的时间序列。首先，需要注意的是，三类银行 SRISK 水平值差异较大，五大行在 4 千亿 ~ 9 千亿元，股份制银行在 1.4 千亿 ~ 2.2 千亿元，而城市及农村商业银行在 0.1 千亿 ~ 0.6 千亿元。显然，这一差异主要源于三类银行规模或者说账面负债规模的差异。其次，2018 年以来，三类银行的 SIRSK 均呈波动上升趋势，而 MES 并未表现出明显的上升趋势（图 9）。因此，这里的上升趋势主要来自银行账面负债规模的扩张。最后，城市及农村

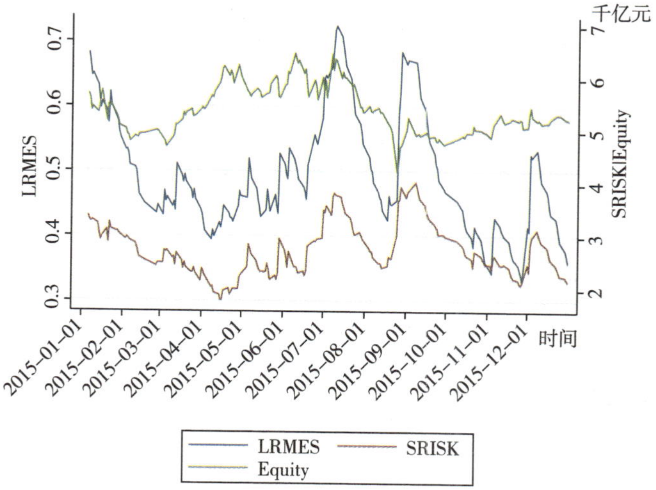

图 14　2015 年 SRISK，LRMES，Equity 的变动情况

商业银行在 2016 年 10 月左右 SRISK 有明显下降，主要原因也是因为新上市城市及农村商业银行规模较小，拉低了上市城市及农村商业银行的平均负债。总之，图 15 中的几点发现，均与商业银行的负债规模

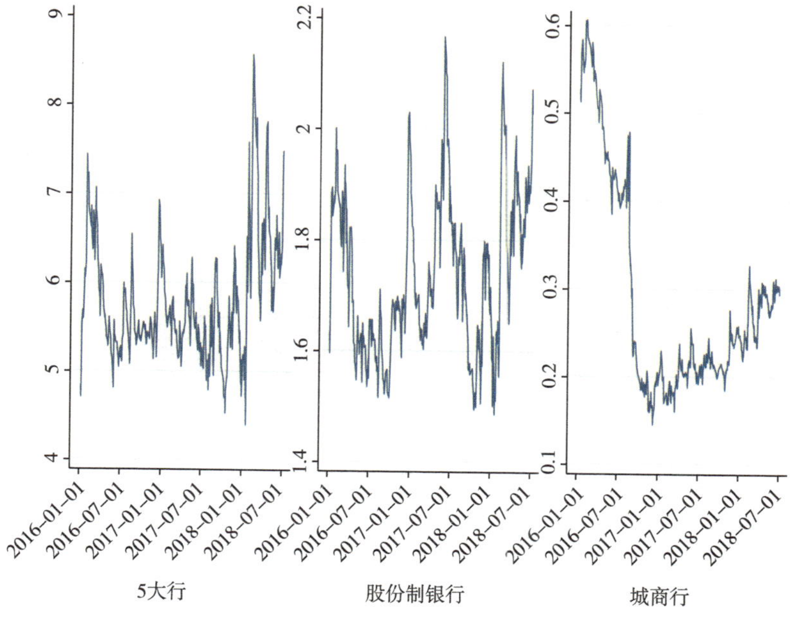

图 15　分银行类型的 SRISK 时间序列

有关。这也凸显出 SRISK 作为系统性风险敞口指标，比 MES 具有更为丰富的内涵。

3. 基于 SRISK% 的商业银行系统重要性排名

SRISK% 是指单家银行 i 相对于银行业整体的资本短缺程度，即银行 i 的 SRISK 占银行业整体 SRISK 的百分比。商业银行拥有越高的 SRISK%，表示其暴露在系统性冲击下的资产越多，因此一方面其将受到的系统性风险冲击越大；另一方面其对系统性风险发生和发展的贡献也越大，因而具有越高的系统重要性。

图 16 绘制了各银行 2017 年以来 SRISK% 的分布情况，各银行按 SRISK% 中位数高低从左到右排列。5 家大型国有商业银行位居前列，其后为 8 家股份制商业银行，最后为 13 家城市及农村商业银行，尤其是中农工建四家银行的 SRISK% 远高于其他商业银行，说明它们具有最高的系统重要性。

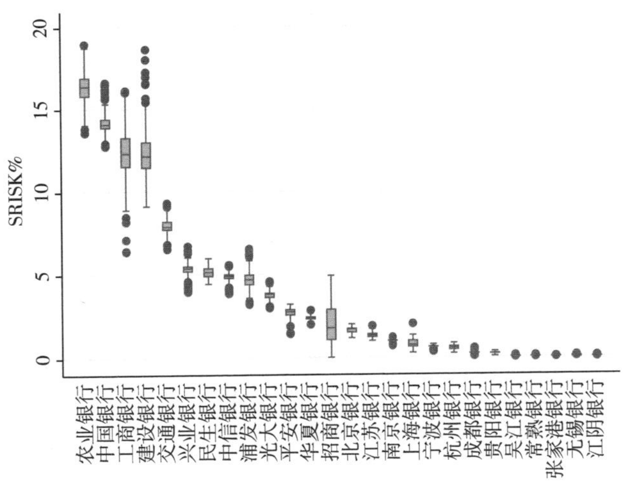

图 16　2017 年以来各银行 SRISK% 的分布情况

4. 基于 Equity/SRISK 的系统性风险覆盖能力分析

根据 SRISK 的计算公式可知，Debt 越高，SRISK 越大，这也为前述分析所证实；另一方面，Equity 越高，SRISK 越低。鉴于 SRISK 衡量了系统性冲击下商业银行的资本短缺程度，而 Equity 度量了商业银行的资本数量，因此可以用 Equity 与 SRISK 之比度量商业银行使用自身资本覆盖系统性风险冲击不良影响的能力。

我们将每一类银行的总市值权益加总后除以该类银行的 SRISK 总和，以此得到三类银行 Equity/SRISK 的情况（图 17 和表 2）。可见，三类银行的 Equity/SRISK 均高于 1，说明整体来看各类银行抵御系统性风险的能力较强。不过，具体到银行个体，情况可能有所不同。我们分银行类型统计了 2017 年以来各银行 Equity/SRISK 的情况，在股份制银行和城市及农村商业银行中，各银行的系统性风险抵补能力标准差较大，并且部分商业银行的 Equity/SRISK 小于 1，这些银行需要及时补充资本以增强系统性风险抵补能力或采取其他方式降低系统性风险敞口。

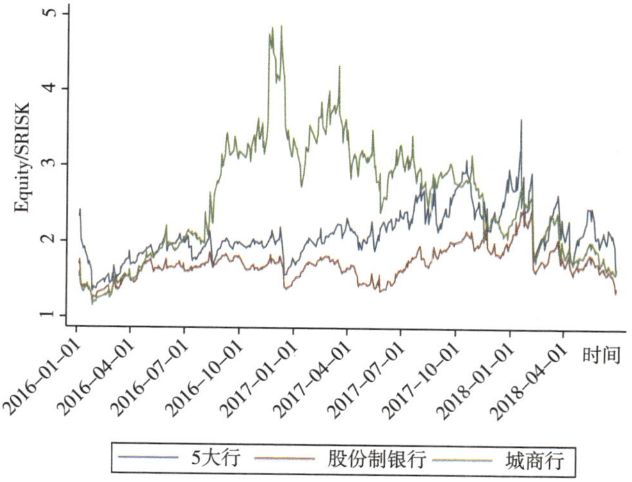

图 17　三类银行系统性风险抵补能力情况

表 2　2017 年以来三类银行 Equity/SRISK 的分布情况

银行类型	观测值	均值	标准差	最小值	1/4 分位	中位数	3/4 分位	最大值
国有银行	1 430	1. 11	2. 3	1. 01	1. 47	1. 79	3	10. 85
股份制银行	2 272	10. 39	2. 81	0. 75	1. 2	1. 39	1. 66	347. 9
城商及农商行	2 360	93. 98	7. 65	0. 87	1. 73	2. 51	4. 17	4 457. 16

总之，上述分析显示：①SRISK 的趋势性变动主要体现了银行账面负债的变动，短期波动则受到 MES 的影响。②根据 SRISK% 评估银行的系统重要性，五大行和股份制银行的系统重要性较高。③根据 Equity/SRISK 分析银行对系统性风险的抵补能力，一些股份制银行和城市及农村商业银行系统性风险抵补能力较弱。

（五）网络视角下中国上市银行的系统性风险——格兰杰因果网络分析

此处借鉴比利奥等（Billio et al.，2012）的研究进一步通过二元格兰杰因果关系检验构建金融机构间的格兰杰因果网络。我们首先对各银行日度收益率的时间序列建立加奇（garch）（1，1）模型获得其条件方差，将原始收益率序列除以条件方差得到变换后的收益率序列从而减轻原始收益率序列的波动集聚性程度；然后对各银行变换后的序列建立单因子模型（因子为银行业收益率），获得相应残差项，从而得到仅反映银行异质性风险而不包括共同风险的收益率序列。在此基础上，针对样本银行中的任意两家银行 i 和 j 建立二元 VAR 系统（基于 AIC 准则确定模型的最优滞后阶数）并进行格兰杰非因果检验，由此判断银行 i 是否影响银行 j 以及银行 i 是否受到银行 j 的影响。上述检验流程能够确定任意两个金融机构之间的信息溢出关系，对于包含 N 家金融机构的系统，通过 $N\times(N-1)$ 次检验即可得到整个金融系统的信息溢出网络。基于格兰杰因果关系检验定义的信息溢出网络为无权有向网络（unweighted directed network），各金融机构是网络中的“点”，机构间的信息溢出关系是网络中的“线”，这些点和线构成了中国上市银行的关联网络。

需要注意的是，上市银行的关联网络具有动态变化的特点，因此采用不同时段样本得到的关联网络有所不同。本报告主要关注 2017 年以来中国上市银行的关联网络（图 18）。直观上看，图 18 中各银行的关联较为密切，并且处于外围的商业银行和其他银行联系较少，而处于中心的银行则与其他银行建立了较多联系。不过，要想精确刻画银行关联网络的整体联系情况和银行个体的重要性程度，还需采用社交网络分析方法。

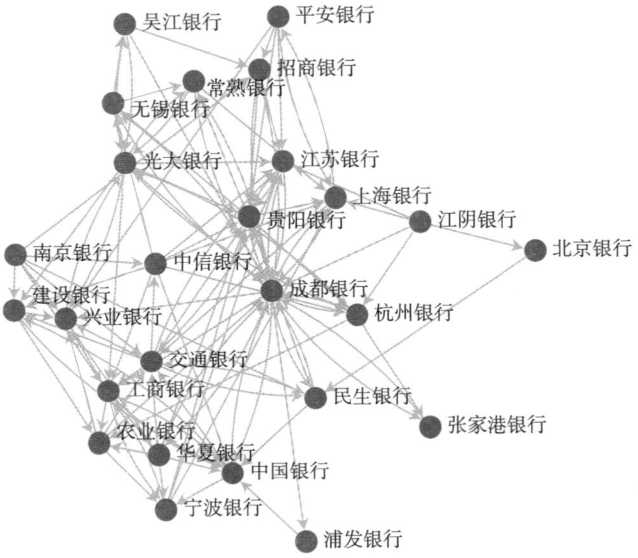

图 18　2017 年以来中国上市银行关联网络图

对于银行网络的总体关联性，采取以下四类指标。

（1）网络的直径和平均路径长度。对任意两个节点 i 和 j，如果通过若干条边可以从 i 到达 j，则表明从 i 到 j 有路径相连，路径的长度为路径中边的数目，且从 i 到 j 的最短路径长度称为 i 到 j 的距离。各距离中最大者为网络的直径，各距离的均值为网络的平均路径长度。图 18 网络的直径为 5，平均路径长度为 2.252。

（2）网络密度。网络密度可以用于刻画网络中各金融机构之间直接关联关系的疏密情况，它等于网络中实际的有向边数与有向边最大可能数之比。对包含 N 家机构的金融网络，其有向边的最大可能数目为 $N\times(N-1)$，如果实际的有向边数为 L，则网络密度 $D=L/N(N-1)$，其取值范围在 0 到 1 之间，数值越大，整个网络的关联水平越高。本文样本银行为 26 家，故最大可能连接数为 $26\times25=650$。图 18 各银行之间共建立了 120 条连线，因此网络密度 $D=120/650\approx0.185$。

（3）网络的总体关联水平还可以通过衡量节点之间可达性（reachability）的指标关联度来刻画。与网络密度只考虑直接关联不同，关联度考虑了直接关联和间接关联。如果网络中没有路径相连的点对数为 M，对包含 N 个节点的无权有向网络来说，关联度 $C=1-M/(N\times(N-1))$。其取值同样在 0 到 1 之间，数值越大表示整个网络的一体化水平越高。图 18 中并未出现信息孤岛，即所有银行均存在直接或间接关联，所以关联度为 1。

（4）整个网络的一体化水平还可以采用平均集聚系数和全局集聚系数衡量。前者先计算出单个节点的集聚系数，然后取所有节点集聚系数的平均值作为网络的集聚系数；后者则直接计算网络的集聚系数。集聚系数的取值范围为［0，1］，一般来说，网络的集聚系数数值越大，网络的关联水平越高。图 18 银行网络的平均集聚系数为 0.096，全局集聚系数为 0.173。

综合上述四类指标，一方面，中国上市银行信息溢出网络的平均路径长度和直径均远低于网络中的节点数，具有一定的“小世界现象”；另一方面，网络集聚系数并不太高，“小世界”特征的程度有限。

对于网络中的单个节点的重要性，采用如下两类中心性指标进行分析。

（1）相对度数中心性（degree centrality）。相对度数中心性是最简单的中心性度量指标，在网络中一个节点与其他节点直接相连的数目越多，该节点也就越重要。对于有向网络，节点 i 的出度（out-degree）是节点 i 指向其他节点的连线数，入度（in-degree）是其他节点指向节点 i 的连线数。对包含 N 个机构的金融网络，节点度的最大可能值是 $N-1$，因此，定义节点 i 的出度中心性 DC_i^{out} = 节点 i 的出度/$N-1$，节点 i 的入度中心性 DC_i^{in} = 节点 i 的入度/$N-1$。显然，出度中心性高的银行是信息的主要发送者，具有较高的系统性风险贡献；而入度中心性高的银行是信息的主要接收者，具有较高的系统性风险暴露。

（2）特征向量中心性（eigenvector centrality）。该中心性指标的基本思想是：一个节点的重要性不仅取决于与其直接相连节点的数量（即节点的度），还取决于与之直接相连的节点的重要性，即节点的“质量”①。分析表明，中国上市银行的关联网络具有高度的异质性，虽然大部分节点只与很少节点连接，但有极少数关键节点与非常多的节点相连，说明关联网络具有“无标度特性”。这种无标度特性会使得金融系统具有稳健且脆弱（robust - yet - fragile）的倾向，即传染性违约的概率较低，但问题一旦发生其影响是广泛且巨大的。也就是说，由于大部分节点连通性较低，随机冲击影响低连通节点的概率就高，传染性违约实际发生的可能性就低，此时系统是稳健的。但是，一旦冲击影响了一个或几个高关联节点，整个网络就会遭受到严重破坏，系统是脆弱的。

四、 报告结论

本报告通过采用 ΔCoVaR，MES，SRISK 等系统性风险指标和网络分析法，分析了中国上市银行的系统性风险状况。

第一，基于 ΔCoVaR 的系统性风险贡献方面。从时间序列上看，2017 年以来，中国上市银行 ΔCoVaR 水平并不高，其原因主要在于各银行与银行业整体相关性降低；分银行类型看，股份制银行和国有大型商业银行系统性贡献较高，城市及农村商业银行相对较低；城市及农村商业银行个体风险较高，但与银行系统的相关性较低，国有大型商业银行和股份制银行个体风险较低，但与银行系统相关性较高。

第二，基于 MES 的系统性风险敞口方面。从上市银行整体看，系统性风险敞口和系统性风险贡献走势基本一致，2017 年以来两者均处于历史合理水平；从上市银行个体看，系统性风险敞口和系统性风险贡献存在较大差异，尤其是城市及农村商业银行表现出较为明显的系统性

① 集聚系数和特征向量中心性的定义相对复杂，篇幅所限，此处不予详细介绍，具体情况请参考社交网络分析相关专业书籍。

风险敞口高而系统性风险贡献低的特点。

第三，基于 SRISK 的系统性风险敞口方面。SRISK 的趋势性变动主要体现了银行账面负债的变动，短期波动则受到 MES 的影响。根据 SRISK% 评估银行的系统重要性，五大行和股份制银行的系统重要性较高。根据 Equity/SRISK 分析银行对系统性风险的抵补能力，一些股份制银行和城市及农村商业银行系统性风险抵补能力较弱。

第四，基于银行网络分析的系统性风险方面。中国上市银行信息溢出网络的平均路径长度和直径均远低于网络中的节点数，具有一定的“小世界现象”。中国上市银行的关联网络具有高度的异质性，虽然大部分节点只与很少节点连接，但有极少数关键节点与非常多的节点相连，说明关联网络具有“无标度特性”。

总之，在当前中国宏观经济“稳中有变”的大背景，“严监管”“去杠杆”的金融政策导向下，一方面，中国上市银行统性风险整体可控；另一方面，部分银行需要加强对系统性风险的抵补能力。

参考文献

[1] Bartholomew P F, Whalen G W. Fundamentals of systemic risk[C]. In: Kaufman G G, Ed. Research in financial services: private and public policy: Vol. 7[M], JAI Press, Greenwich, 1995:3 - 17.

[2] Kaufman G G. Bank failures, systemic risk, and bank regulation1[J]. The CATO Journal, 1996(16):17 - 45.

[3] Schwarcz S. Systemic risk[J]. Georgetown law Journal, 2008(97): 193 - 249.

[4] Acharya V V, Pedersen L H, et al. Measuring systemic risk[J]. Review of Financial Studies, 2017, 30(1):2 - 47.

[5] Adrian T, Brunnermeier M K. CoVaR[J]. American Economic Review, 2016, 106(7): 1705 - 1741.

[6] Benoit S, Colliard J, et al. Where the risks lie: a survey on systemic risk[M]. Review of Finance, 2016: 26.

[7] Brownlees C, Engle R F. SRISK: a conditional capital shortfall measure of systemic risk

[J]. Review of Financial Studies, 2017, 30(1): 48 – 79.

[8]包全永. 银行系统性风险的传染模型研究[J]. 金融研究,2005(8):72 – 84.

[9]范小云, 曹元涛, 胡博态. 银行系统性风险测度最新研究比较[J]. 金融博览,2006(3):32 – 33.

[10]张晓朴. 系统性金融风险研究:演进、成因与监管[J]. 国际金融研究,2010(7):58 – 67.

[11]于蓓. 宏观审慎框架下中国上市银行系统性风险监测研究[J]. 财经理论与实践,2015(3):29 – 33.

[12]Kaminsky Graciela L, C M Reinhart, et al. The unholy trinity of financial contagion[J]. Journal of Economic Perspectives, 2003, 17(4):51 – 74.

[13]史建平, 高宇. KLR金融危机预警模型研究——对现阶段新兴市场国家金融危机的实证检验[J]. 数量经济技术经济研究,2009(3):106 – 117.

[14]伍志文. 中国银行体系脆弱性状况及其成因实证分析(1978—2000)[J]. 金融研究,2002(12):21 – 37.

[15]陈守东,王淼. 中国银行体系的稳健性研究——基于面板VAR的实证分析[J]. 数量经济技术经济研究,2011(10):64 – 77.

[16]Von Hagen J, T K Ho, 何泰宽. Money markets pressure and the determinants of banking crises[J]. Journal of Money Credit & Banking, 2007, 39(5):1037 – 1066.

[17]Jing Zhongbo, et al. Identifying banking crises using money market pressure: new evidence for a large set of countries[J]. Journal of Macroeconomics, 2015(43):1 – 20.

中国国际资本流动风险研究报告（2018—2019）

陈奉先　薛　伟

摘要： 当下国际金融环境日益复杂、国际资本流动日趋频繁，基于此背景，本报告对中国面临的国际资本流动风险程度进行重点评估并给予相应建议。通过对国际资本流动历史与现状的描绘总结，本报告特别针对中国在未来一年内面临的国际资本流动“突然停止”风险进行了评估。报告认为：在2018—2019年里，预计流向新兴市场经济体的国际资本数量将会明显下降，发展中经济体总体面临的国际资本“突然停止”风险大幅上升；作为新兴市场经济体代表的中国，经济下行风险依旧，但外部环境趋于稳定，从而使自身面临的国际资本“突然停止”风险降低。

关键词： 国际资本流动；“突然停止”风险；最优外汇储备

2018年9月，美联储继7次加息后再次宣布加息25个基点，美国

基金项目：国家社会科学基金（15CJY081）；北京市教委社科一般项目（SM201610038004）资助。

作者简介：陈奉先，首都经济贸易大学金融学院，金融风险研究院副教授，经济学博士。
薛伟，首都经济贸易大学金融学院，在读硕士研究生。

货币政策持续收紧，欧盟、日本央行又逐步退出量化宽松的货币政策，而以中国为代表的新兴市场经济体[①]走势较弱，这必将对全球市场利率、汇率和国际资本流动带来冲击。与此同时，中国在2014—2016年经历了国际资本外流的冲击，从2014年第一季度至2016年第四季度，国际资本累计流出约1.5万亿美元，其中2016年第三和第四季度平均流出规模超过2 000亿美元。直到2017年第一季度，中国面临的国际资本流出局面开始好转，但资本流入规模仍然较小。因此，我们不得不思考以下几个问题：国际资本流动的驱动因素有哪些？其对新兴市场经济体产生的负面冲击是如何形成的？未来中国面临的国际资本流动冲击形势如何？这些是本报告的关注点。

一、 国际资本流动的历史回顾与现状评估

布雷顿森林体系崩溃后全球进入浮动汇率时代，资本流动日趋频繁和剧烈。1980年以来，无论是高收入经济体还是中低收入经济体所面临的国际资本流入、流出的规模不断膨胀，资本流动的波动性（标准差）不断增强（见表1）。以新兴市场经济体（Emerging Market Economies，EMs）为例，从20世纪80—90年代资本净流入量不足1 000亿美元，增至2010年的7 140亿美元。不过，流向新兴市场经济体的国际资本也经历了波澜壮阔的演变。迄今为止，流向新兴市场经济体的国际资本呈现四次周期性变化（图1）。

第一个周期是1980年至1990年，此间国际资本大多以借贷方式涌向拉美经济体。伴随1983年拉美债务危机陆续爆发，国际资本流入状况迅速减少，直到1990年才恢复到200亿美元左右。

第二个周期是1991年至2000年，国际资本再度大幅涌入新兴市场经济体，在1996年达到2 010亿美元的历史峰值，其中近半数国际资本

① 新兴市场经济体包括除发达经济体外的所有经济体。报告用的发达经济概念是指IMF所界定的36个国家和地区，余下153个经济体都是本报告所说的新兴市场经济体。

涌入亚洲新兴市场经济体。但这种涌入伴随着亚洲金融危机爆发而趋于减少，至2000年新兴市场经济体整体国际资本流入数量萎缩至294亿美元。

表1　国际资本流动概况

分类	年	全部经济体		高收入经济体		中上收入经济体		中低收入经济体	
		中位数	标准差	中位数	标准差	中位数	标准差	中位数	标准差
净资本流动（CIF－COD）	全样本	1.39	5.07	0.64	3.92	1.29	5.62	2.08	5.51
	1970s	2.06	3.01	1.64	2.41	3.37	3.94	3.54	3.09
	1980s	1.59	3.93	1.42	2.71	0.39	5.56	2.71	4.11
	1990s	0.98	3.68	0.87	2.79	0.82	4.23	1.28	4.18
	2000s	1.09	3.97	－0.18	3.6	1.90	3.94	0.56	4.37
总资本流动（CIF＋COD）	全样本	11.31	10.54	17.67	15.49	9.31	10.01	6.97	7.17
	1970s	7.78	3.39	9.50	3.62	7.01	5.27	7.92	2.75
	1980s	5.83	5.20	9.10	6.16	1.96	5.95	4.86	3.90
	1990s	8.94	7.21	13.56	9.39	7.80	5.60	7.21	5.56
	2000s	15.15	9.34	32.65	16.70	15.06	8.48	8.41	6.21
国外投资者的资本流入（CIF）	全样本	6.21	6.39	8.89	7.81	4.83	6.06	4.07	5.21
	1970s	5.10	2.56	4.73	2.66	5.08	3.07	5.62	2.29
	1980s	3.89	3.49	4.79	3.47	0.83	4.03	3.99	3.37
	1990s	4.97	4.58	7.00	5.54	3.96	4.12	4.43	4.16
	2000s	7.59	5.26	15.16	9.16	5.58	4.96	4.22	3.93
国内投资者的资本流出（COD）	全样本	4.36	5.37	8.33	8.05	3.78	5.1	2.87	3.87
	1970s	2.52	2.16	3.43	2.29	3.34	2.96	2.07	1.77
	1980s	1.57	2.56	3.78	3.09	1.40	2.71	0.54	2.06
	1990s	3.75	3.65	6.56	5.32	2.80	3.32	2.54	3.03
	2000s	6.74	5.31	17.71	8.13	6.44	4.86	3.73	3.35
观测个数		103		39		26		38	

注：表中CIF表示国外投资者，COD表示国内投资者；（CIF－COD）表示净资本流入，（CIF＋COD）表示总资本流动；资本流动皆以GDP相除表示；样本覆盖全球88个经济体1979—2009年的资本流动数据。

资料来源：Broner F，Didier T，et al. Gross capital flows：dynamics and crises［J］. Journal of Monetary Economics，2013，60（1）：113－133.

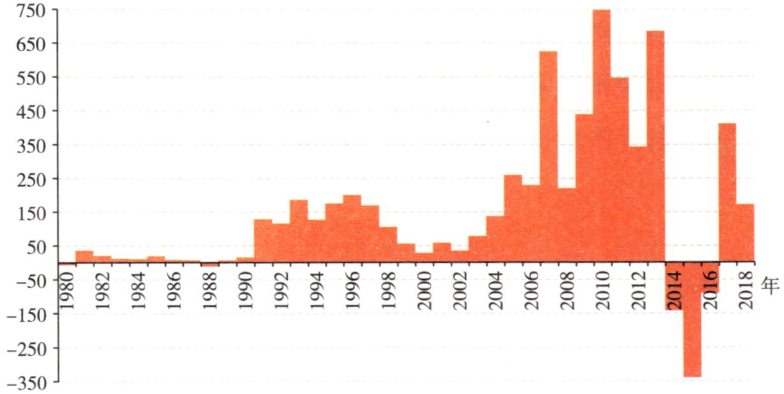

图 1　1980—2018 年涌入新兴市场经济体的国际资本变化（10 亿美元）

资料来源：IMF 世界经济展望数据库（World Economic Outlook Data Base）并经作者处理。2018 年的数据截至第一季度。

第三个周期是 2002 年至 2016 年，在此期间，伴随着金融全球化的发展，新兴市场经济体国际资本流动的波动性巨大。涌入新兴市场经济体的国际资本数量从 2002 年的 350 亿美元上升至 2007 年的 6 258 亿美元。在美国次贷危机和欧洲主权债务危机的影响下，国际资本数量在 2008 年、2009 年有所下降，但于 2010 年回升并达到最高值 7 480 亿美元。直到 2014 年，新兴市场经济体国际资本一直保持净流入状态，且在此期间国际资本涌入地域不仅涵盖亚洲、欧洲，还有传统的拉美及加勒比海地区（图 2）。但自 2014 年开始，国际资本加速从新兴市场经济体抽逃，2014 年净流入新兴市场经济体的国际资本数量为 -1 420 亿美元，2015 年恶化为 -3 394 亿美元，至 2016 年仍有 905 亿美元从新兴市场经济体净流出。

第四个周期是 2017 年至今，国际资本开始新一轮涌入新兴市场经济体，2017 年新兴市场经济体资本净流入高达 4 116 亿美元，2018 年仅第一季度国际资本涌入量就达 1 720 亿美元。在此轮国际资本流动周期初始，亚洲、拉美和加勒比地区成为主要资本涌入地。

从图 2 可以看出，在国际资本四次周期性变化中，各区域的新兴市场经济体资本流入是不均衡的。国际资本在 20 世纪 80 年代初对拉美和加勒比海地区流入较多，90 年代初国际资本流入亚洲居多，2000 年以来，国际资本在亚洲、欧洲、拉美和加勒比地区的流入占据主要地位。这说明国际资本在不同区域的流动存在显著的“地域偏好”。这种偏好可能与区域内的经济增长、贸易结构、资本管制和金融开放度等因素密切相关。

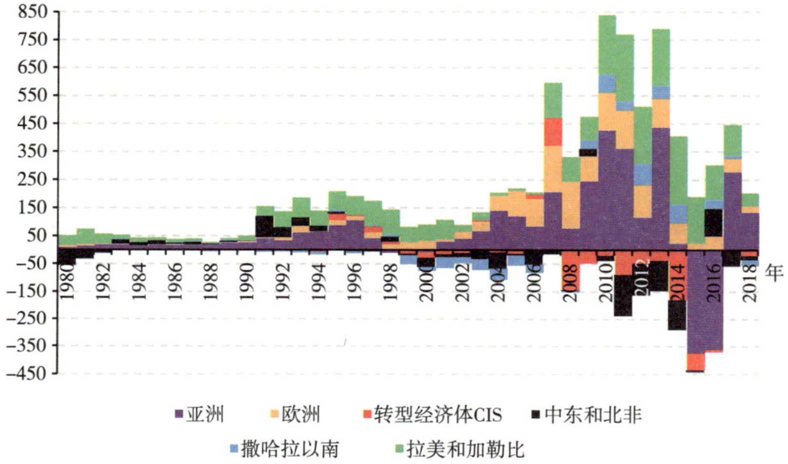

图 2　1980—2018 年国际资本在新兴市场经济体的区域分布（10 亿美元）

资料来源：IMF 世界经济展望数据库（World Economic Outlook Data Base）并经作者处理。

另外，国际资本在涌入部分新兴市场经济体地区的同时还从其他地区流出，而且这种流出有时非常剧烈。如转型经济体（CIS）地区，2007 年尚有 1 000 亿美元流入，但在 2008 年该地区出现近 1 400 亿美元的净流出。中东和北非地区在 2009 年还存在正的资本流入，但此后连续五年均存在国际资本流出。亚洲地区特别是中国在 2014 年至 2015 年也经历了大规模的国际资本净流出，一年内资本净流出超过 1 万亿美元。学界将这种国际资本流动的现象称为“突然停止（Sudden Stops，SS）”。国际资本“突然停止”会对东道国经济产生系统性的冲击，往往成为新兴市场经济体货币金融危机的直接诱因（关于国际资本流动“突然停止”冲击的形成机制、影响的详细讨论见第三部分）。

（一）新兴市场经济体国际资本流动的结构

通常而言，国际资本分为直接投资（Foreign Direct Investment）、证券投资（Security Investment）、其他投资（Other Investment）三类。不同类型的国际资本在稳定性上存在显著差异。根据已有研究，直接投资通常稳定性最强，证券资本次之，其他类型资本稳定性最差。因此在考察国际资本流动风险时，不仅要关注数量上的变化，还有必要关注资本构成问题。从图 3 中可以看出，1990 年以前流入新兴市场经济体的各类国际资本数量较小且比较均匀。自 1994 年开始，更多的国际资本以直接投资形式流入新兴市场经济体，而且十分稳定，而其他资本则逐渐开始呈现流出局面，尤其是在亚洲金融危机之后。自 2010 年开始到 2014 年，除直接投资外，证券资本成为流入新兴市场经济体的重要部分，占据资本流入额的半壁江山。与之形成鲜明对比的是，其他投资大部分年份呈现资本流出的态势，而且波动性巨大。

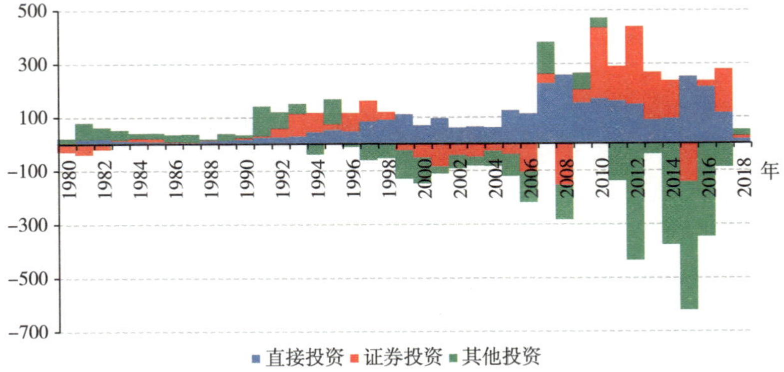

图 3　1980—2018 年流向新兴市场经济体的资本结构（10 亿美元）

注：直接投资、证券投资、其他投资本分别对应 BOP 账户中的直接投资、证券投资、其他投资。

资料来源：IMF 世界经济展望数据库（World Economic Outlook Data Base）并经作者处理。

（二）新兴市场经济体国际资本流动的地域分布

除资本结构存在差异，国际资本在新兴市场经济体中的地域分布情况也不尽相同。图 4 至图 6 展示的是不同类型国际资本在新兴市场经济体的分布变化情况。从三张图可以看出，不同类型国际资本的地域分布迥异。以图 4 为例，自 1990 年开始国际资本中直接投资在亚洲区域中平均为 990 亿美元，约占同类资本的 65%。不过，自 2002 年开始流向亚洲地区的直接投资不断攀升，在 2011 年达到 2 773 亿美元。与之相比，自 1990 年以来，拉美和加勒比海地区的直接投资数量与亚洲新兴市场经济体不相上下。但在 2004—2007 年，随中东和北非地区、欧洲地区、撒哈拉以南地区的直接投资数量交替上升，拉美和加勒比海地区的直接投资份额相较于亚洲新兴市场经济体有所减少。但金融危机后，拉美和加勒比海新兴市场经济体地区的直接投资数量又开始增加。因此，直接投资的区域分布表明，亚洲新兴市场经济体、拉美和加勒比海地区新兴市场经济体在全球经济成长中的潜力和优势最为明显。

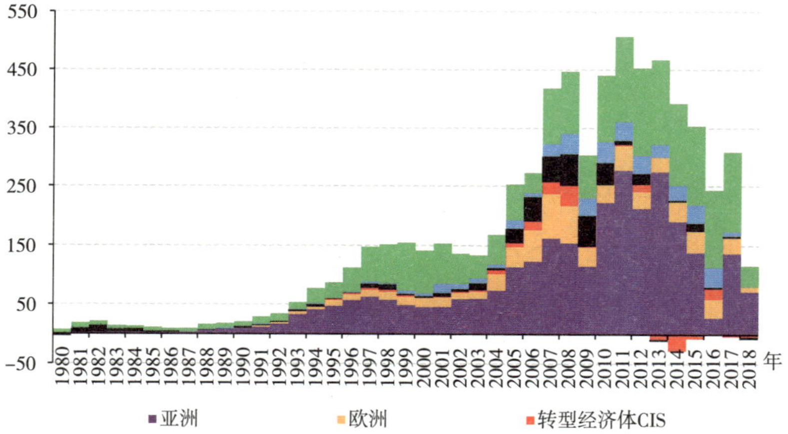

图 4　1980—2018 年的直接投资在新兴市场经济体中的分布

资料来源：IMF 世界经济展望数据库（World Economic Outlook Data Base）并经作者处理。

较之于直接投资，证券投资在新兴市场经济体中呈现周期性变化，但区域分布比较杂乱。1980—1990 年，证券资本在新兴市场经济体中的流入、流出大致相抵，净流入量较小，甚至在 20 世纪 80 年代初期中东和北非地区呈现证券资本的净流出局面。1991—1998 年，证券资本主要呈现净流入局面，且主要流向拉美和加勒比海地区。1999—2008 年，证券资本主要呈现净流出局面，以撒哈拉以南新兴市场经济体地区最为严重。而 2009 年至今，证券资本在新兴市场经济体中主要呈现净流入局面，主要流向亚洲、欧洲、拉美和加勒比海地区，且以拉美和加勒比海地区最为明显。主要原因在于金融危机后，欧美等资本国家经济低迷而新兴市场经济体迅速发展。但此期间，2014—2016 年证券资本流出严重，特别是 2015 年证券投资净流出额达到 1 476 亿美元，这与 2014 年大量资本迅速抽离亚洲有关。（见图 5）。

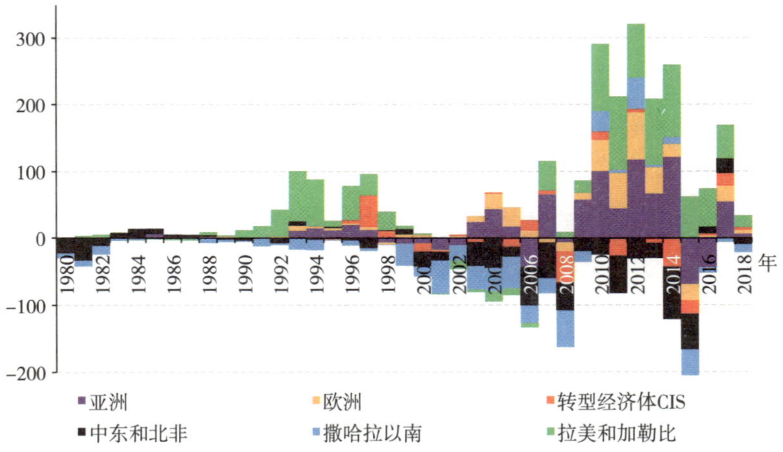

图 5　1980—2018 年证券投资在新兴市场经济体中的分布

其他投资涵盖了直接投资、证券投资以外的其他资本类型。其他投资在新兴市场经济体地域分布上呈现一定的周期性，且资本流动的波动性巨大：第一阶段为 1980—1990 年，此时其他投资规模较小，资本的流入流出在各地区分布上较均匀；第二阶段是 1991—2006 年，此时其他投资从新兴市场经济体净流入转为大幅流出，其中以拉美和加勒比海地区为代表；第三阶段是 2007 年至今，涌入新兴市场经济体的其他投资在初期呈上升趋势且以欧洲新兴市场经济体地区为代表，但从 2012 年开始其他投资开始大幅流出。通常认为其他投资对金融危机、经济形势的敏感性最高，稳定性差、伪装性强。在当前新兴市场经济体经济下行压力增加、美国货币政策收紧的背景下，2014 年以来大量国际资本（甚至 FDI）借助其他投资渠道从亚洲新兴市场经济体抽逃，直到 2017 年，才开始有其他投资回流亚洲（见图 6）。

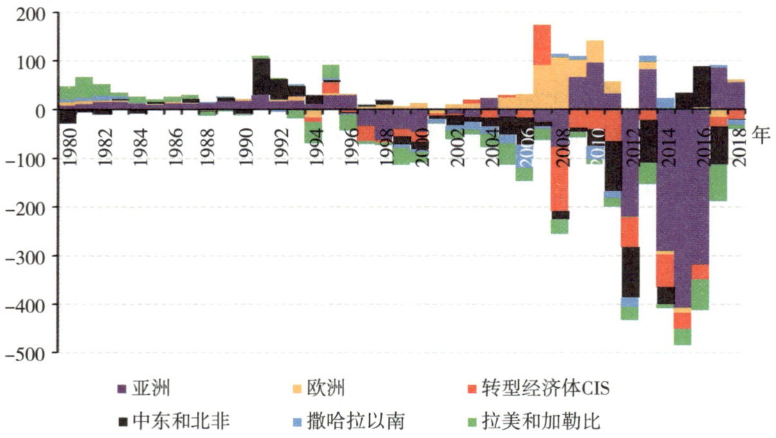

图 6　1980—2018 年其他投资在新兴市场经济体中的分布

（三） 预测

本报告预测，2018—2019 年流向新兴市场经济体的国际资本将会总体下降，新兴市场经济体面临着国际资本流出压力不断增加的局面，主要原因有三点。

1. 美国经济增长强劲，美联储加息局势明朗

2018 年以来，在特朗普减税政策的影响下，美国房地产经济大热，带动美国经济强劲复苏。整体层面，美国第二季度 GDP 环比折年率增长 4.1%，增速较一季度和上年同期分别增加 1.9% 和 1.1%。从同比角度看，美国经济增长 2.8%，增速较一季度和上年同期分别增加 0.2% 和 0.7%。在房地产方面，受特朗普减税政策的刺激，美国 8 月独立住宅销售量经季节调整，按年率计算为 475 万套，与 7 月持平。且 8 月所有住房类型的现房价中位数为 264 800 美元，较 2017 年 8 月（253 100 美元）上涨 4.6%，同时 8 月的价格涨幅连续 78 个月同比上涨。在就

业方面，根据美国劳工部公开信息，2018 年 9 月美国失业率为 3.7%，较 1 月下降了 0.4 个百分点，并持续保持降低趋势（6 月为 4%，7 月为 3.9%，8 月为 3.9%）。此外数据还显示，9 月非农部门新增就业岗位 13.4 万个，员工时薪较上月增加 0.08 美元至 27.24 美元。在消费方面，二季度美国居民消费增长 4.0%，比一季度增加 3.5 个百分点，其中耐用品消费增长 9.3%。此外，根据美国私营研究机构——世界大型企业研究会（Conference Board）公布的信息可知，9 月美国消费者信心指数从 8 月的 134.7 攀升至 138.4，达到 2000 年 9 月以来的最高水平。在制造业方面，尽管受中美贸易战影响，美国 8 月 ISM 制造业指数仍然高达 61.3，创 2004 年 5 月以来新高。环比涨幅最大的新订单指数 8 月达到 65.1，较 7 月高出 4.9 个百分点，且连续 16 个月高于 60，显示出美国经济需求强劲。

9 月 27 日，美联储议息会议再次宣布加息 25 个基点，上调联邦基金利率至 2% ~2.25%。此次加息是 2015 年年底开启加息周期后的第 12 次加息，也是 2018 年以来的第 3 次加息，而且预计 2018 年 12 月还会加息一次。自 8 月加息以来，美国劳动力市场保持强劲，失业率维持低位，通胀水平接近 2%，总体可控。美联储对 2018 年 GDP 增速预测从 7 月的 2.8% 调高到 3.1%，失业率、通胀预测变化很小，这说明美联储认为经济增长的基础较为稳固。尽管在 9 月议息会议的声明中，美联储删除了对“货币政策立场仍然宽松”的表述，或许意味着美联储加息周期已近尾声，但美联储再次提高了对美国今明两年的经济预期，上调 2019 年经济预期 0.1 个百分点至 2.5%，添加 2021 年经济增长预期，为 1.8%。美联储对美国经济预期的乐观态度，以及加息预期的增强，将吸引更多资本回流美国，同时也加剧了新兴市场经济体跨境资本外流的压力。

2. 欧元区经济增长稳健，日本走势增强

根据国际货币基金组织《世界经济展望》（WEO），自 2017 年以来欧元区经济稳健增长，2017 年全年 GDP 增长率为 2.5%，达到金融危机以来的最高点。虽然受全球贸易不确定性的影响，欧元区2018年初期经济增速较2017年有所减缓，但仍然保持平稳运行。据欧盟统计局公布的数据显示，2018年第二季度欧元区GDP环比增长0.3%，与去年同期相比增长2.1%；而第一季度GDP环比增长0.4%，虽然二季度较一季度略有下降，但基本持平。且自欧债危机以来，劳动力市场改革效果显现，就业率增加。与第一季度相比，2018年第二季度，欧元区就业人数增长了0.4%，与上年同期相比，增加了1.5%。据欧盟统计局测算，2018年第二季度，欧盟28国总就业人口约2.38亿人，其中1.58亿位于欧元区，两个数据均创历史最高纪录。此外，消费和市场信心仍处于高位水平，根据欧盟委员会发布的欧元区消费者信心指数，欧元区9月的消费者信心指数为-2.9，虽较前期有所下跌，但仍然处于历史高位。

与此同时，日本经济转好，走势渐强。2017年以来，日本经济在各种因素的影响下总体保持温和复苏趋势。根据日本内阁府公布的数据，受内需不振的影响，日本2018年第一季度GDP增速环比下降0.2个百分点，同比下降0.6个百分点。在经历了一季度短暂的经济下滑后，二季度日本国内生产总值剔除物价变动因素后较上季度增长0.5个百分点，环比折年增长率达到3%，创2016年第一季度以来的增长新高。其中出口环比增长0.2个百分点，进口上升1.0个百分点，居民消费环比增长0.7个百分点。日本第三季度制造业采购经理人指数（PMI）为52.4，失业率小幅上升，由上季度的2.4%上升至2.5%，但仍处于较充分的就业状态。7—8月季调有效求人倍率均值1.63，较第二季度1.60有所上升，日本劳动力市场上职位供过于求的情况有所上升。物价涨幅回升，三季度消费者物价指数（CPI）同比增长率由上季度0.6%上升至7—8月的1.1%，核心消费者物价指数同比增长率也由上季度的0.77%上升至0.85%。9月19日结束的日本银行货币政策会议决定，维持超宽松货币政策不变，将把短期利率维持在-0.1%，并通过购买长期国债，使长期利率维持在0左右。日本银行还重申了7月的表态，承诺提高10年期国债收益率灵活性，以激活目前沉闷的国债市场。然而到2月底，央行再次削减了对超长期政府债券的买盘。日本政府宣誓，日本国内只有在通胀率达到2%后，才会放弃大规模的刺激计划。

3. 新兴市场经济体增速下滑，金融市场不稳定性增强

2018年以来，一方面受石油等大宗商品价格走低以及贸易保护主义抬头等因素的影响，新兴市场经济体经济增速有所降低。根据国际金融学会编制的新兴市场增长追踪指标（EM Growth Tracker），8月该指标降至4.1%，较7月下降0.2%，降至2016年4月以来的最低水平。另一方面，受美联储持续加息，美元走强的影响，部分新兴市场经济体的金融市场动荡加剧。阿根廷首当其冲，2018年年初至今，比索频遭抛售，短短半年，贬了近70%，为此阿根廷政府五次加息将指标利率上调至60%，给国内经济带来重创。紧随其后的是土耳其，受土美政治冲突影响，土耳其里拉接连贬值近40%，并于8月10日一度跌破6.8。巴西、印度尼西亚等新兴市场经济体接连受到影响，金融不稳定性显著增强。此外，作为新兴市场经济体代表的中国，在中美贸易战的影响下，经济增速放缓，资本流动的不确定极大。

通常而言，新兴市场经济体的资本流入状况受到美联储货币政策走势、发达经济体经济走向以及自身经济增长三重因素的影响。前已论及美联储接连加息且持续性操作预期增强，美国、欧元区以及日本的经济稳健复苏，同时相较于发达经济体好转的经济局势而言，新兴市场经济体经济增长低迷，金融市场不稳定性增强，因此，本报告预计新兴市场经济体在未来一年里大概率会发生国际资本外流。

二、国际资本流动的驱动因素与风险

（一）国际资本流动的驱动因素

面对愈发频繁的国际资本流动，其背后的驱动因素日益成为学者关

注的焦点。早期学者认为，国际资本突然涌入主要原因在于资本流入国的资本收益率高于其他国家，同时资本流动还能实现资本的“分散化（diversification）”，起到一定的风险规避作用。莫迪（Mody，2005）等通过对1979—1999年60个经济体资本流动的实证考察，证实了资本流入的“分散化”动机强于“收益”动机①。

目前对于国际资本流动的分析主要是从国际资本的供求角度展开的。学者普遍认为，国际发达经济体是国际资本的供给方，它们的因素（国际因素）构成了国际资本流向新兴市场经济体的推动因素，这些因素主要包括发达经济体的金融创新活动、投资收益和资本管制政策②。而新兴市场经济体是国际资本的需求方，其自身状况构成了国际资本流向新兴市场经济体的拉动因素，诸如经济体自身的国内信贷、经济成长、贸易状况、经济开放度、金融抑制程度、汇率制度等方面③。

在国际资本流动方面，是推动因素更加重要，还是拉动因素略胜一筹？阿里亚斯（Fernandez - Arias，1996）等学者认为，推动因素（国际因素）是资本流向新兴市场经济体的主要原因。但也有学者认为，“拉动”因素（内部因素）对于资本流动的影响更大（Taylor和Sarno，1997；Mody et al.，2001；Alfaro et al.，2005；Ali Aşkın Çulha，2006）。此外，基于不同类型国际资本在稳定性上的显著差异，学者们注意到国际资本流动的构成与驱动因素之间存在着微妙的关系。国外学者科佩克（Koepke）根据前人的实证研究梳理了不同类型的国际资本与不同类型“推动”“拉动”影响因素的相关系数表（见表2）。

① Mody A, Murshid A P. Growing up with capital flows [J]. Journal of International Economics, 2005, 65 (1): 249 - 266.

② Levy Yeyati E. Global moral hazard, capital account liberalization and the "Over - lending Syndrome" [R]. IMF Working Papers, 1999, No. 99/100

③ McKinnon R I, Pill H. Exchange - rate regimes for emerging markets: moral hazard and international over - borrowing [J]. Oxford Review of Economic Policy, 1999, 15 (3): 19 - 38.

表 2　各类影响因素与不同类型国际资本的相关性

类型	驱动因素	股权资本	债权资本	银行资本	直接投资
推动因素 push factors	全球风险规避程度	强负相关	强负相关	强负相关	关系不明
	成熟经济体利率水平	强负相关	强负相关	弱负相关	关系不明
	成熟经济体产出增长率	弱正相关	弱正相关	关系不明	关系不明
拉动因素 pull factors	本国国内产出增长	强正相关	强正相关	强正相关	强正相关
	本国资产收益率	强正相关	强正相关	强正相关	关系不明
	本国国别风险	弱负相关	弱负相关	强负相关	弱负相关

资料来源：Robin Koepke. What drives capital flows to emerging markets?［R］. A Survey of the Empirical Literature. IIF Working Paper，2015.

通过表 2 可知，“推动”因素中“全球风险规避程度”对除直接投资以外的股权资本、债券资本以及银行资本流动的影响具有强烈的负向关系。“成熟经济体的利率水平”对债券资本的影响较大，对银行资本影响较弱，对直接投资则并不明确。而“成熟经济体的经济增长率”对不同类型的国际资本影响均比较弱。站在“拉动”因素的角度分析，东道国的“国内产出水平”“国内资产收益率”对国际资本的影响最大，而本国的“国别风险”影响则呈现较弱的负向关系。此外，“直接投资”与东道国经济增长率密切相关，受其他因素影响较少。可以从侧面说明直接投资的稳定性。

对于新兴市场经济体而言，不同经济体、不同区间内“推动”因素与“拉动”因素的重要性不尽相同。哪个起的作用大学界尚无定论。戈什等（Ghosh et al.，2012）认为，决定国际资本从发达经济体流向新兴市场经济体的主要因素是“推动”因素，而决定国际资本最终流入哪些特定新兴市场经济体的主要因素是“拉动”因素。在每一轮大规模的资本流动过程中，并非所有新兴市场经济体都是资本流入国，这恰好反映出“推动”因素与“拉动”因素都对国际资本流动产生重要影响。2011 年，国际货币基金组织在区分“推动”因素与“拉动”因素的基础上，进一步区分了“结构性”因素和“周期性”因素。“结构性”因素与全球和国别经济中的制度性因素或中长期因素有关，这些因素主要包括发达经济体的人口老龄化、新兴市场经济体与发达经济体在潜在增长率方面的持续差异、全球金融市场的信息技术改进以及投资者本国偏好的下降等。而“周期性”因素与全球经济和国别经济的周期性变动有关，主要包括全球流动性以及国际机构投资者风险偏好的变化等。张明、肖立晟（2014）综合了上述两种分类方法，将国际资本流动的驱动因素划分为四大类（参见表3）。

表3　各类因素与不同类类型国际资本的相关性

	“周期性”因素	“结构性”因素
“拉动”因素	资本流入国利率水平较高 资本流入国通货膨胀率较低	资本流入国资产负债表改善 资本流入国经济增长率较高 资本流入国贸易开放度较高
“推动”因素	美元利率水平较低 国际投资者风险偏好较高	国际资本组合多元化程度较高 发达经济体经济增长率较低

资料来源：张明，肖立晟．国际资本流动的驱动因素：新兴市场与发达经济体的比较［J］．世界经济，2014（8）：151－172.

进一步，张明、肖立晟利用52个经济体数据（30个新兴市场经济体，22个发达经济体）通过GMM估计，考察了短期资本流动、净资本流动、总资本流动的驱动因素，总结得出表4。

表4　不同类型经济体国际资本流动的驱动因素比较

变量		新兴市场经济体			发达经济体		
		短期资本流动	净资本流动	总资本流动	短期资本流动	净资本流动	总资本流动
“拉动”因素	经济增长率	+	+	+			
	利率						–
	汇率变动率				+	+	+
“推动”因素	美国经济增长率	–	–	–	+	+	+
	美国利率		+	+			+
	VIX风险指数	–	–	–		+	

资料来源：同表3。

注：①短期资本流动规模等于各国国际收支表中金融账户余额减去直接投资项目余额，也即组合投资余额与其他投资余额之和。净资本流动规模等于金融账户余额。总资本流动则等于直接投资流入额、组合投资流入额和其他投资流入额之和。

②“+”代表两者存在显著正相关，“–”代表两者存在显著负相关。

通过表 4 不难看出，新兴市场经济体与发达经济体各类资本流动的驱动因素明显不同。对新兴市场经济体而言，本国经济增长率是资本流动最重要的“拉动”因素，且与各类资本类型呈显著正相关。而全球风险偏好变动与美国经济增长率的变化是最重要的“推动”因素，呈负向相关关系。对发达经济体而言，汇率变动率是资本流动最重要的“拉动”因素，而美国经济增长率是最重要的“推动”因素，且两个因素与各类资本均呈现显著的正相关关系。张明、肖立晟的非线性面板回归结果显示，在金融市场平静时期，汇率变动率与经济增长率是新兴市场经济体短期资本流动的重要驱动因素，但这些因素在金融市场动荡时期不再显著；在金融市场平静时期，发达经济体短期资本流动对利差与经济增长率差异并不敏感，但在金融市场动荡时期，利差与经济增长率差异会显著影响发达经济体资本流动占该季度 GDP 的比率。

（二）国际资本流动产生的风险

国际资本流动有何潜在风险？又是如何冲击东道国的经济系统？既有研究表明，资本流动最大的风险在于短期内大量资本流入后又迅速流出，即资本流动“突然停止”。那么何为“突然停止”？其对东道国经济的冲击机制如何形成？通常而言，国际资本大规模涌入新兴市场经济体会导致东道国货币升值、经济过热、通货膨胀、经常项目赤字、金融机构货币错配等一系列问题，并加剧新兴市场经济体的脆弱性，从而使新兴市场经济体遭遇资本流动“突然停止”并进一步引发货币危机、银行危机的可能性上升。

国际资本流动“突然停止”又是如何导致经济危机的？加洛等（Calvo & Reinhart，2000）认为①，资本流动“突然停止”主要是通过“凯恩斯渠道（Keynesian Channel）”和“费雪渠道（Fisherian Channel）”对实体经济产生冲击的。当资本流动“突然停止”时，一

① Calvo G A，Reihart C M. When Capital Inflows Come to a Sudden Stop：Consequences and Policy Options［R］. MPRA Paper，No. 6982，2000.

国通常借助减少外汇储备或汇率贬值加以应对，这会导致出口上升/总需求下降。凯恩斯效应是在工资价格黏性的背景下，总需求下降引起一国经济衰退。费雪效应是国内需求下降引致非贸易品相对于贸易品的价格下降，这会使非贸易品厂商的库存/抵押品的价值下降，进而增加了其融资困难。对于银行而言，抵押品价值下降也会导致其不良贷款率上升，甚至出现资不抵债的现象，从而引发银行危机。为规避风险，银行会减少公众信贷，这会进一步加剧凯恩斯渠道下的紧缩问题。当面临银行危机和经济衰退，一国政府通常会采用财政政策救市。但在资源错配的情形下，这不仅会使救援效果甚微，还会加重一国的财政负担，为信贷危机埋下伏笔。在上述危机的叠加效应下，资本外逃加剧，进而导致货币危机。

（三） 国际资本“突然停止”风险的识别和概率测度

资本流动“突然停止”会引发一系列金融危机，因此对其进行识别以及概率测度就显得极为重要。目前学术界对资本流动“突然停止”的识别方法主要有两种：一是拉德莱特等（Radelet & Sachs，1998；Rodrik & Velasco，1999；Sula，2010）提出的界定方法，若 $\Delta FA<0$ 且 $\Delta FA/\mathrm{GDP}\leqslant\tau$，则认为该经济体发生了突然停止；二是加洛等（Calvo et al.，2004；Bordo et al.，2010；Rothenberg & Warnock，2011）为代表的界定方法：$\Delta FA\leqslant\mu_{\Delta FA}-\beta\delta_{\Delta FA}$，其中 FA 代表资本金融余额，μ 是 ΔFA 的滚动均值，δ 是 ΔFA 的滚动标准差。第一类方法的不足之处在于 $\Delta FA<0$ 只考虑到出现资本流出时的 SS，但 FA 可以为一个较高的正值，变成较低的正值也意味着发生了“突然停止”。因而本报告使用第二类方法。同时考虑到中国资本管制比较严格的事实，本报告在第二类方法的基础上增加了一个条件，即 $\Delta FA\leqslant\mu_{\Delta FA}-\beta\delta_{\Delta FA}$，且 $|\Delta FA|/\mathrm{GDP}\geqslant2\%$。相反，如果 $\Delta FA\geqslant\mu_{\Delta FA}+\beta\delta_{\Delta FA}$ 则表示该国遭遇了国际资本流动“突然涌入”。由于“突然停止”对一国经济的危险性高于“突然涌入”，因而本报告以“突然停止”测度国际资本流动的风险。

对于测度“突然停止”危机发生的概率，经典的套路有两类：一类是“间接法”，选择与危机高度相关的变量（如利差、外汇市场压力指数等）作为被解释变量，通过构建模型以测度危机概率。如费德尔等（Feder & Just，1977；Ben - Bassat & Gottlieb，1992；Ozyildirim & Yaman，2005；Prabheesh，2013）的研究以国内外利差作为危机发生概率的代理变量，以短期外债、储备、进口作为解释变量，通过构建Logit 回归模型间接测算危机概率。这类模型内在假定国内外利差升高，国内面临资本流出的压力大，爆发危机的概率上升，但它忽视了发展中经济体普遍存在的利率非市场化、资本管制的事实，因而难以用其直接测度中国面临的“突然停止”危机概率。另外一类是“直接法”，直接假定危机概率的某种分布形式，通过现实数据进行拟合、修正。以珍妮等（Jeanne，2007；Čeh & Krznar，2008）为代表的学者直接构建危机概率模型，形如：$\pi_\rho = F(a - b\rho)$。其中 π 为危机发生概率，ρ 为实际外汇储备与 GDP 之比，$F(\cdot)$ 是标准正态分布变量的累积分布函数。参数 a 体现一国对危机的“脆弱性（fragility）”，当 b 为 0 时，a 为一国遭遇危机的“外生”概率。如以中国总体遭遇的“突然停止”概率 x 为外生概率，则有 $a = F^{-1}(x)$。参数 b 可以理解为危机发生概率对外汇储备的弹性，体现外汇储备在降低危机发生概率方面的“效率”。加西亚等（Garcia & Soto，2004；Jeanne，2007）在研究中将参数 b 设定为 0.15。从 π_ρ 的表达式可以看出，如果 b 趋近于 0，则危机概率均为外生概率，就忽略了储备降低危机概率方面的作用。对此，克尔纳尔等（Čeh & Krznar，2008）引入参数 c 将原概率模型改造为 $\pi_\rho = F(a - b\rho + c/\rho)$。同时他们建议，$c$ 的取值应尽量小以凸显外汇储备 ρ 减少时对危机概率上升的作用。

三、中国国际资本流动的现状与风险评估

（一）中国国际资本流动概况

1998 年至今，中国的资本和金融账户余额整体为正且规模不断扩大，这表明中国作为新兴市场经济体的代表在吸收全球金融资本方面的

能力不断增强。但在后金融危机的背景下，中国的资本和金融账户余额多次出现显著负值，即表明中国出现净国际资本流出。特别是从 2014 年第二季度开始，中国的资本和金融账户净余额持续为负值，直到 2017 年第一季度才开始由负转正。这表明中国在 2014—2016 年资本外流严重。但 2017 年至今，中国资本流出日益减少，资本流入开始占据主导地位，资本和金融账户余额呈现增加趋势，表明中国处于资本净流入局面（见图 7）。

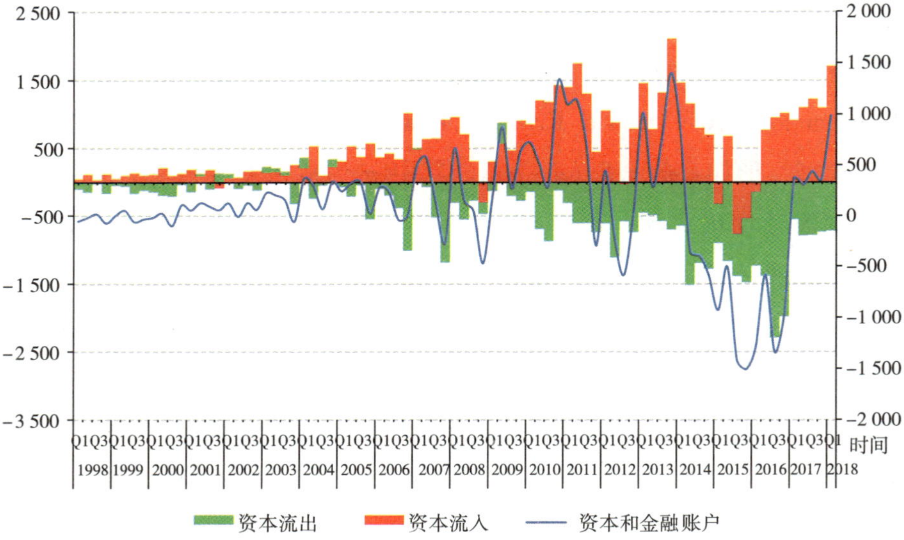

图 7　中国 1998 年至今的国际资本流动情况（亿美元）

注：资本和金融账户为非储备性质的金融账户和资本账户之和。

资料来源：国家外汇管理局。

那么国际资本是以何种形式流入中国的呢？为此，本报告进一步将资本和金融账户余额分解为资本账户余额、金融账户直接投资余额、证券投资余额和其他投资余额进行分析（图 8）。分析发现直接投资是中国资本和金融账户长期盈余的中流砥柱，其平均可占中国资本和金融账户盈余的 50% 以上（图 9）。其次是其他投资、证券投资呈明显的周期性波动，而资本账户所占比重甚微，甚至可以忽略。这与中国长期以来资本账户未完全放开有关。通过各类型资本的变化可知，其受到的影响因素存在差异：直接投资长期呈现上升态势，但从 2014 年开始直接投资占比开始下降，甚至在 2015 年二季度，2016 年一到三季度接连呈现负值。但 2016 年第四季度，直接投资余额由负转正，但波动性仍然较大，呈现 V 型特征。证券投资在 2010 年以后持续为正，但 2014 年四季度之后由正转负，仅在 2016 年二季度，2017 年三季度，2018 年一季度三个季度余额为正。值得注意的是其他投资波动性剧烈，自 2008 年开始其他投资呈现周期变动且波幅不断扩大，成为左右中国资本流动方向的最强力量。特别是在 2007 年四季度，2008 年四季度，2011 年四季度，2014 年二季度到四季度几个时点，以及 2014 年二季度至 2016 年四季度相继遭遇了大规模的国际资本流出局面。可以说，控制其他投资的流向及波幅直接决定着中国所面临的资本流动格局。

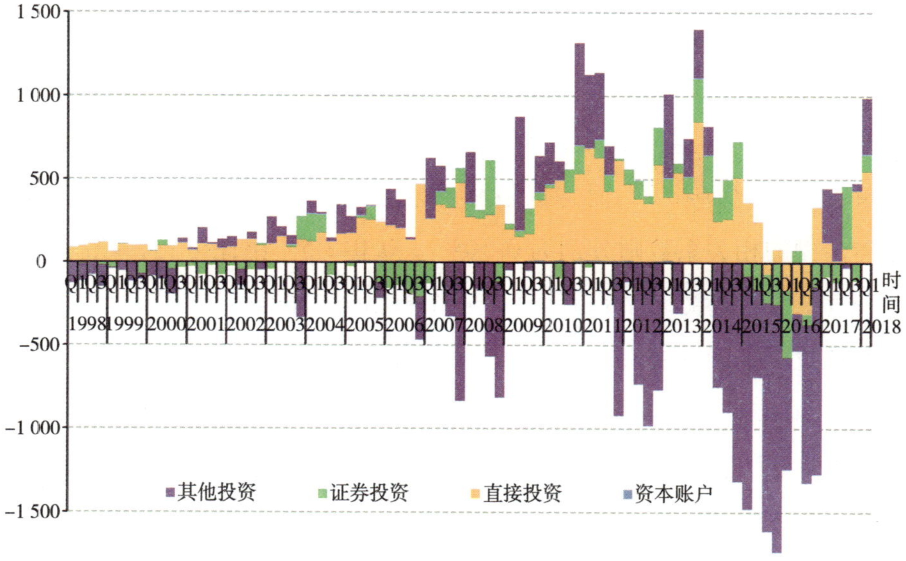

图 8　中国资本和金融账户各子项变化示意（亿美元）

资料来源：国家外汇管理局。

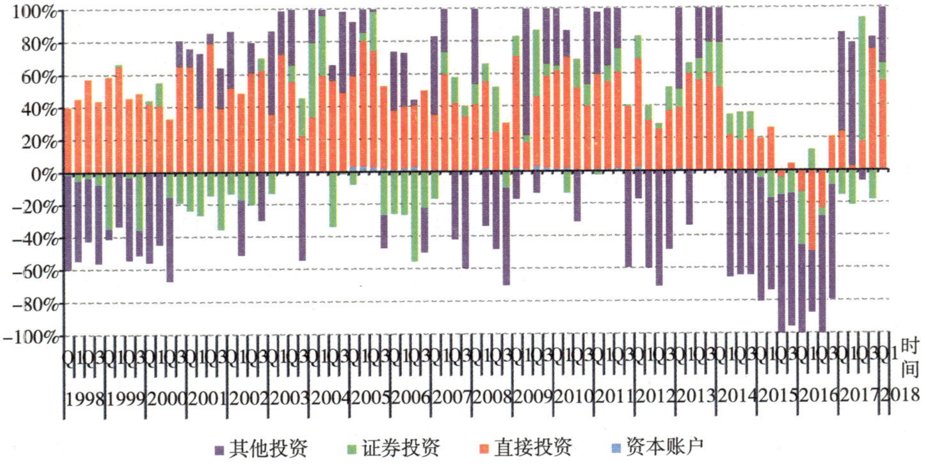

图 9　中国资本和金融账户各子项占比变化示意

资料来源：国家外汇管理局。

那么其他投资各子科目对其净余额的影响如何？一般来说，其他投资科目下分“货币和存款”“贷款”“保险和养老金”“贸易信贷”“其他”五个四级科目。从图 9、图 10 可以看出，“贷款”余额、“货币和存款”余额、“贸易信贷”余额对“其他投资”总体余额的影响最大。通过计算可知，这三者余额与其他投资总体余额的相关系数分别为 0.74，0.71，0.648 2，而“保险和养老金”“其他”与“其他投资”总体余额的相关系数则分别为 0.104 7，0.042 5。由此可见，控制“货币和存款”“贷款”“贸易信贷”三个科目下的国际资本流动，对于稳定其他投资余额，实现整体资本流动平稳、有序具有重要的现实意义。

（二）中国国际资本流动“突然停止”风险的识别与测度

根据第二部分的计算方法“$\Delta FA \leqslant \mu_{\Delta FA} - \beta\delta_{\Delta FA}$，且 $|\Delta FA|/GDP \geqslant 2\%$”，报告测算了中国遭遇到的国际资本“突然停止”和“突然涌入”的时点和频率。从图 11a 可以看出，2006 年以后中国的资本和金融项目余额变动在不断放大并频繁突破“突然涌入”上限，比如，在 2007 年一季度、2008 年一季度、2009 年一季度、2010 年四季度、2012 年一

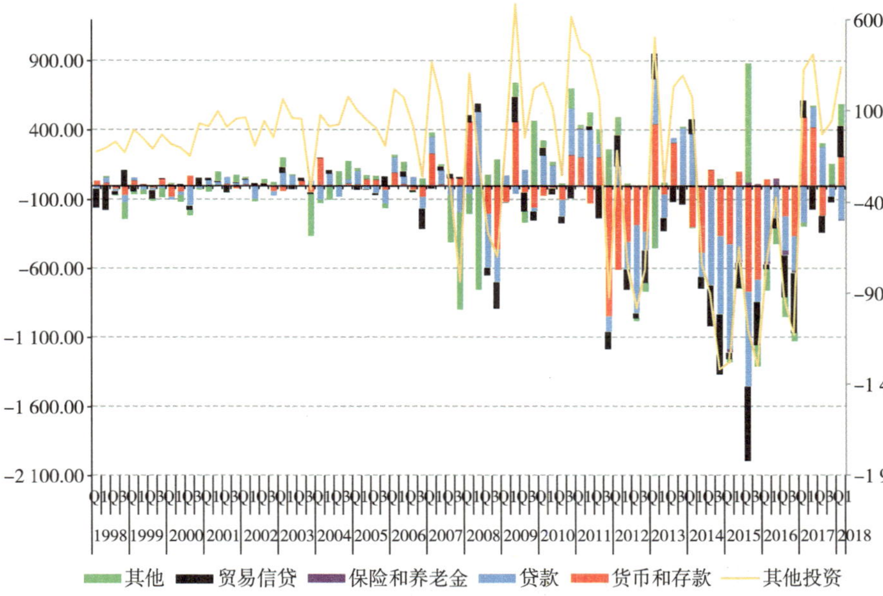

图 10　中国其他投资各子项变化示意

季度、2013 年一季度、2015 年二季度、2016 年二季度、2017 年一季度、2018 年一季度时点上。同时也在 2007 年三季度，2011 年四季度，2013 年二季度，2014 年二季度，2015 年三季度，2016 年三季度时点上突破“突然停止”下限；从图 11b 可以看出，2008 年以前国际资本流动交替发生着“突然停止”和“突然涌入”，但 2008 年至 2011 年三季度，中国未发生“突然停止”，反而发生了多次国际资本“突然涌入”。这与当时欧美发达国家深陷经济危机，而中国在 4 万亿资金刺激下经济一枝独秀有关。由此可见，资本流动的永恒动力在于趋利避害。

从图 11 中还可看出，2011 年四季度之后中国又开始遭遇“突然停止”问题，特别是 2014 年第二季度，流入中国的资本数量较上一季减少 1 100 亿美元。且自 2014 年二季度至 2016 年四季度，中国的资本和金融项目余额（除储备外）连续 11 个季度出现资本净流出，其中最严峻的是 2015 年三季度，2015 年四季度，2016 年一季度三个季度平均净流出 1 400 亿美元。进入 2017 年资本净流出局面好转，开始由负转正。即便如此，2014 年二季度至今累积净流出高达 7 366 亿美元，这种情况是以前从未有过的，包括在亚洲金融危机期间，中国金融项目也仅两个季度呈现净流出局面。国际资本累积净流出额度与中国储备降幅相吻合。2013 年年底，中国外汇储备高达 3.99 万亿美元，而目前只有 2.21 万亿美元，锐减幅度很大。由此可见，控制资本流动对于稳定外汇储备规模意义显著。

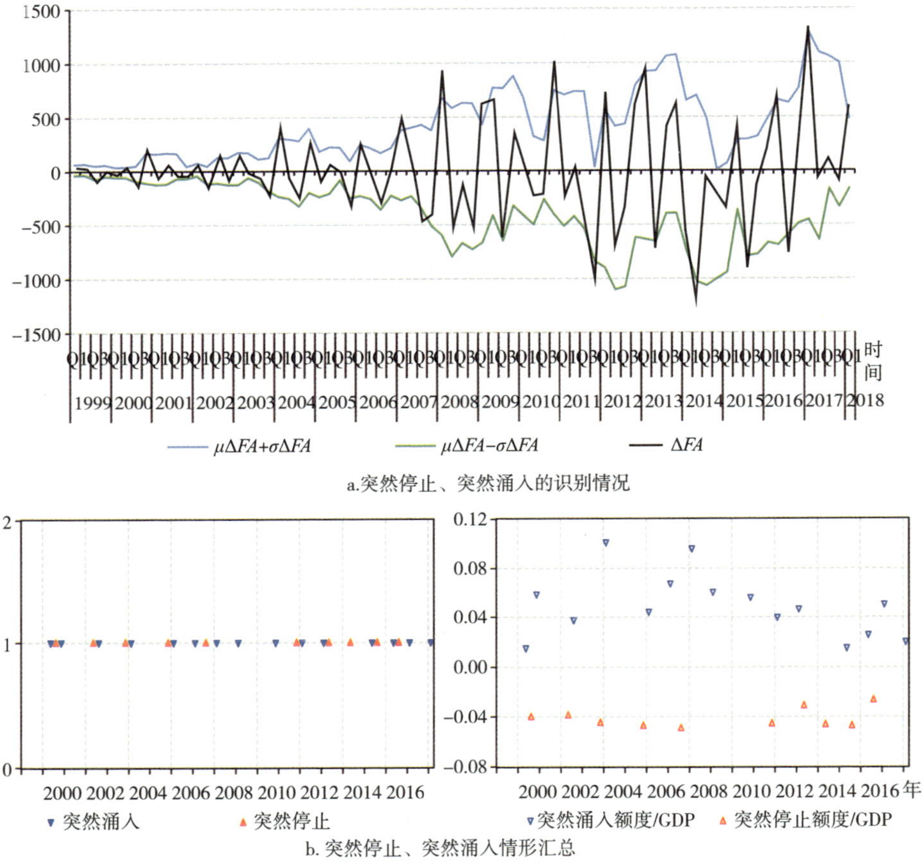

图 11　中国面临的“突然涌入”和“突然停止”示意图

注：ΔFA 表示除去储备资产外的资本金融账户余额的变动值；μ 为 ΔFA 的滚动均值（以 4 个季度为 1 周期）；σ 为滚动标准差；$\mu\Delta FA+\sigma\Delta FA$ 表示以变化值的滚动均值为中心，减去 1 个变化均值为标准差，作为识别突然停止的临界值，一旦 ΔFA 超过该值，则被认定发生了突然停止；同样 $\mu\Delta FA-\sigma\Delta FA$ 则是为了识别国际资本突然涌入，一旦 ΔFA 超过此限，则会被认为发生了资本涌入；图 b 是根据图 a 统计出来的，一旦在图 a 中被识别，则表现在图 b 中；GDP% 表示 ΔFA 与产出之比。

数据来源：IMF 国际金融统计（International Financial Statistics），并经作者计算整理。

（三）中国国际资本流动“突然停止”发生的概率测度

一般而言，持有外汇储备能够通过“信号显示”的方式遏制国际资本的投机行为，降低资本流动“突然停止”发生的概率 π，因此 π 是 ρ 的减函数。那么如何刻画这一函数关系？本报告首先界定和识别出中国遭遇的国际资本流动“突然停止”危机，然后拟合出外汇储备与危机发生概率之间的函数关系。根据 $\Delta FA \leqslant \mu_{\Delta FA} - \sigma_{\Delta FA}$，并且 $|\Delta FA|/GDP \geqslant 2\%$ 这一标准，利用 2000 年一季度至 2018 年一季度中国国际收支数据识别出的“突然停止”情况如图 12 所示。

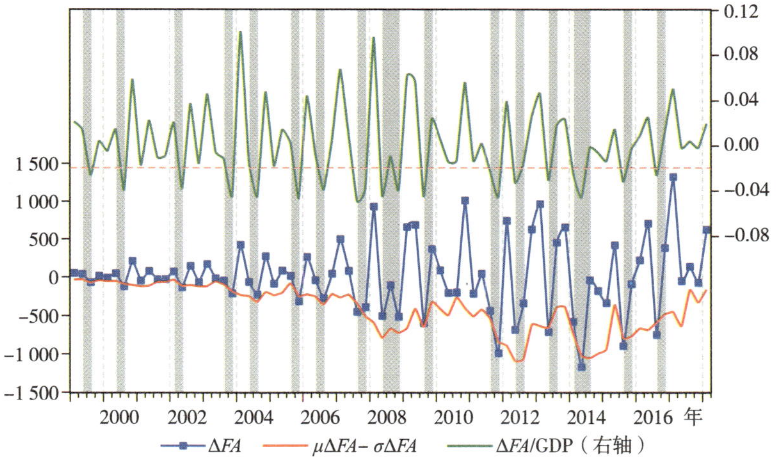

图 12　中国国际资本流动“突然停止”的识别和测度

数据来源：国家外汇管理局，经作者计算。

从图 12 中可以看出，中国分别在 1999 年三季度，2000 年三季度，2002 年二季度，2003 年四季度，2005 年四季度，2007 年四季度，2011 年四季度，2013 年二季度，2014 年二季度，2015 年三季度，2016 年三季度遭遇了 11 次“突然停止”冲击（见图 12 中阴影部分）。其中最严重的是 2007 年四季度，资本金融账户逆转额占 GDP 高达 -4.92%，其次是 2015 年三季度，资本金融账户逆转额占 GDP 高达 -4.73%。大多数的研究直接以“突然停止”发生的频率作为危机发生概率，如本报告中 73 个季度中出现了 11 次，那么“突然停止”发生概率可定为 15.07%。本报告认为，这样处理比较“粗糙”，忽略了危机概率的时变（time - varying）和集聚（cluster）特征。如何更好地刻画危机发生概率呢？本报告采用克尔纳尔等（Krznar et al，2008）为代表的学者直接构建危机概率模型，形如：$\pi_\rho = F\ (a - b\rho)$。以中国总体遭遇的“突然停止”概率 13.7% 为外生概率，则有 $a = F^{-1}\ (0.137)\ = -1.09$。参数 b 采用加西亚等（Garcia & Soto，2004；Jeanne，2007）设定的 0.15，参数 c 设定为非常小的 0.000 01。这样中国遭遇的“突然停止”危机概率如图 13 所示。从趋势上看，中国的“突然停止”危机概率在 2000 年一季度—2010 年二季度呈现锯齿状的下降态势，2011 一季度至今，中国遭遇“突然停止”危机概率又开始攀升，特别是 2015 年第三、第四季度，危机概率迅速达到 10% 左右。考虑到中国未来增速放缓、外汇储备稳定在 3 万亿美元左右的现实，以及中美贸易战等不稳定因素，根据前面模型本报告预测 2018 年二季度—2020 年四季度中国发生“突然停止”危机的季度概率稳定在 6.5% 附近。

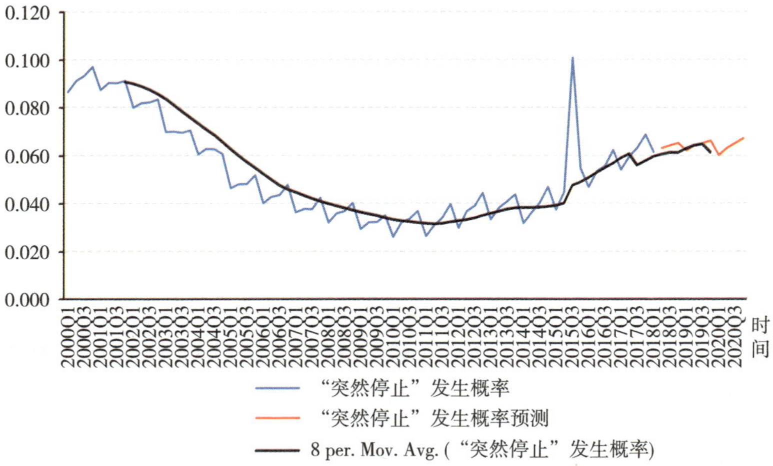

图 13　中国国际资本流动“突然停止”的发生概率

（四）对中国未来国际资本流动的风险评估

本报告预测中国的国际资本流出压力在2018年至2019年将不断下降，爆发国际资本流动“突然停止”风险的概率也会随之降低。但由于受到中美贸易战因素的影响，中国未来国际资本流动仍存在很大的不确定性。这一推断主要基于以下四方面证据。

1. 外部风险趋于稳定，跨境资本流出压力较小

受美联储加息预期、美股估值过高、美国对华开展“301”调查、新兴市场经济体经济增长率下滑等因素影响，国际市场避险情绪在2018年一季度初期显著上升，特别是2018年2月5日，VIX指数一度达到37.32，接近欧债危机时的状态，随后这一指数开始回落到2017年的历史均值左右。尽管第一季度国际金融市场情绪趋紧，不过紧张的情绪很快被美国明朗的经济复苏、英国及欧盟宽松的货币政策所抵消，截至2018年8月22日，VIX降至12.25，低于前两个季度的均值水平。而且从长期趋势上可以看出。自2008年至今，VIX指数一直处于趋势性下降通道中（见图14）。

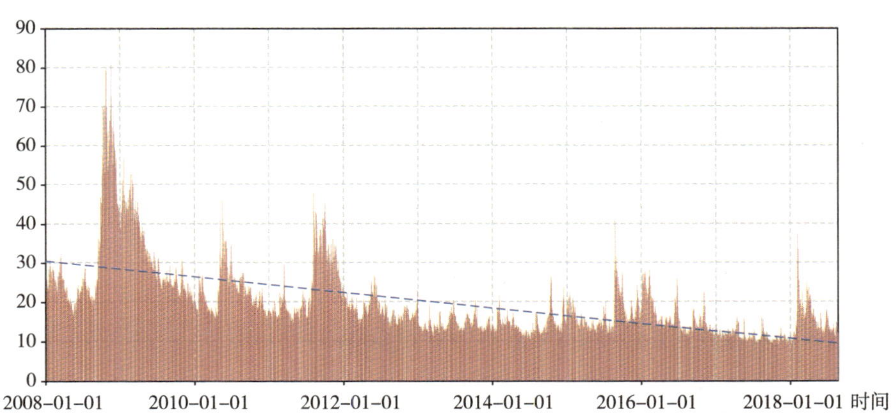

图14　2008—2018年VIX日指数变化

资料来源：美联储圣路易斯分行数据库（Fed ST Louis）。

与此同时，代表金融市场紧张程度的金融压力指数（St. Louis Fed

Financial Stress Index，SLFFSI）在全球金融危机时骤然上升（见图15），伴随着危机深入，这一指数不断下降。尽管2014年7月至2016年2月，这一指数出现上升趋势，不过这一数值仍低于平均（正常）值。2016年3月开始受全球经济平稳复苏的影响，这一指数开始下降。但2018年3月由于受到中美贸易摩擦的影响，全球恐慌指数略有上升，而后呈现下降趋势。这也从侧面说明中美贸易战对全球金融市场的影响比较有限。鉴于全球经济将保持复苏势头、国际金融形势不断好转，本报告预期中国自2018年第三季度开始将会延续国际资本净流入局面，其间受中美贸易战等因素影响，可能会出现资本净流入减少，但整体上未来中国的国际资本流出压力减小，发生“突然停止”风险的概率降低。

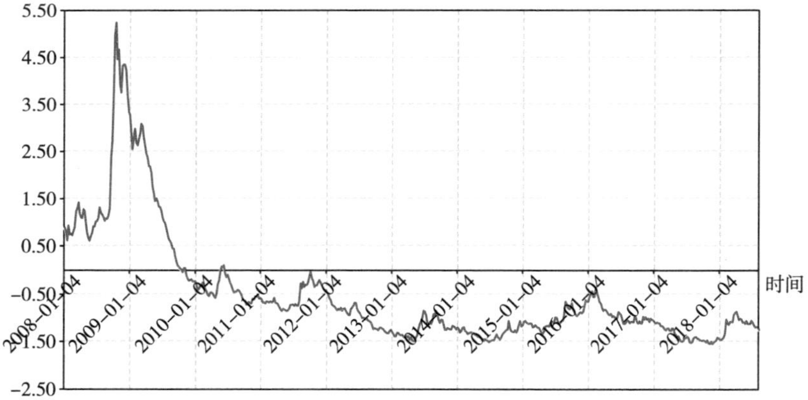

图15　金融压力指数（SLFFSI）变化

资料来源：美联储圣路易斯分行数据库（Fed ST Louis）。

2. 人民币汇率仍较稳定，能够抑制套利资本异动，降低“突然停止”风险

从图16可以看出，2014年年初开始人民币兑美元汇率结束了此前单边升值态势，并于2015年后半年加速贬值，人民币兑美元即期汇率

(Spot Rate) 与 NDF 市场的远期汇率价差不断拉大，显示远期人民币贴水加大，人民币贬值预期加强。2015 年的"8·11"汇改旨在"消除贬值压力，校正汇率偏差"（官方通告）。从后续人民币汇率走势来看，"8·11"的确达到了初衷。2016 年 12 月以来，人民币兑美元即期汇率开始步入升值态势，远期汇率基本稳定，并且即期和远期汇率敞口不断收窄，说明市场对人民币后市看法趋于一致。但 2018 年 4 月开始，受中美贸易摩擦影响，人民币兑美元即期汇率由升值转为贬值态势，且 2018 年 8 月，央行上调外汇风险准备金率至 20%，并重启逆周期因子，使人民币兑美元汇率一直稳定在 6.8～7.0，因此人民币汇率不存在大幅贬值的基础。

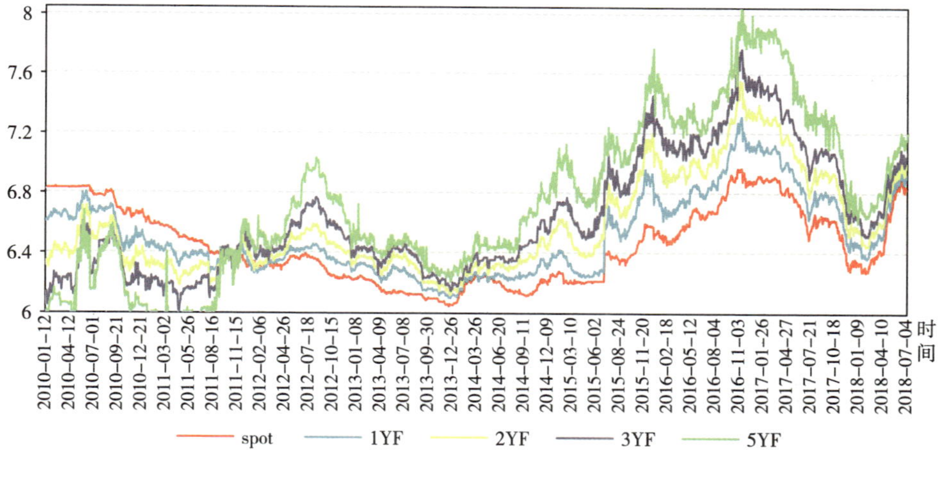

图 16　人民币即期和 NDF 汇率走势图

资料来源：Bloomberg.

另外，从各个货币的实际有效汇率看（见图 17），尽管 2018 年 5 月以来人民币实际有效汇率略微贬值，但相对于 2010 年的实际有效汇率而言，仍处于升值态势。基于上述因素，本报告预计 2018 年后半年至 2019 年人民币汇率能够保持基本稳定（预期稳定在 7.2 左右），这有助于抑制国内资本异动，减缓国际资本大幅流入、流出，从而降低中国遭遇国际资本流动“突然停止”的风险。

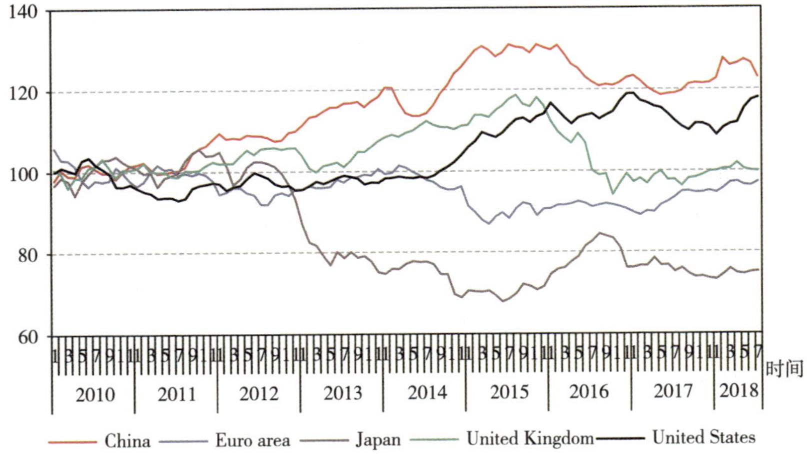

图 17　人民币实际有效汇率（REER）

资料来源：BIS.

3. 即期、远期结售汇比稳定，预示国际资本流出风险较小

结售汇意愿往往与跨境资金流动密切相关，而远期结售汇情况往往引导着即期结售汇走向。全球金融危机开始后，国内即期结售汇情况稳定，售结比在 1 左右。但 2015 年 8 月至 2016 年 6 月，国内即期外汇售结比一直高达 1.5 以上，远期外汇市场售结比高达 6.9，说明国内资本不安情绪膨胀，资本外流较为严重（见图 18）。从 2016 年下半年开始，市场情绪趋于稳定，即期、远期外汇售结比分别下降且结售汇逆差逐步收窄，跨境资金流出总体下降。这与年内出台的一系列支持跨境投融资、向境外投资者开放银行间债券交易市场的新政策密不可分。尽管 2018 年 6 月、7 月，受中美贸易战影响，中国远期外汇售结比有提高之势，但仍然维持在 1 左右（且小于 1），预示中国跨境资本净流出压力较小，发生资本流动“突然停止”的风险较小。

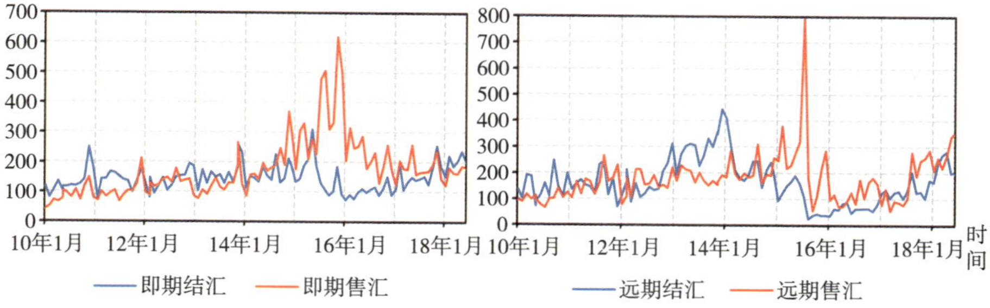

图18　人民币即期和远期结售汇统计（2010-01—2018-07）

资料来源：国家外汇管理局。

4. 国内经济总体稳中向好，吸引外资流入、减少资本流出

2018年第三季度，中国实际GDP增长率同比增长6.8%，略高于上个季度的6.7%，为雷曼危机时期2009年第一季度（同比6.2%）以来低水平。但是第三季度的主要经济指标大多比前期有大幅改善，显示经济已经开始触底反弹。

首先，制造业的采购经理指数（PMI）9月为50.8，尽管较2018年上半年有略微下降，但仍然维持在50的荣枯线水平之上。且在调查项目中，不仅生产指数，新订单指数、新出口订单指数、进口指数、采购量指数等指标均处于较为稳定的水平。尽管受贸易战影响，2018年7月、8月、9月的非制造业PMI仍呈现上升趋势（见图19）。

其次，全球金融危机后国内4万亿刺激计划在2010年初效果疲敝，此后五年工业进入下滑通道。2016年开始，在“去产能”的大背景下，工业保持低位运行且呈现低动力复苏（见图20）。尽管2018年前期，工业增加值（以规模以上企业为对象）的同比增长率从2月的7.2%下降至6月的6%，但7月、8月增长率均守住6%底线，且呈现微弱增加之势。

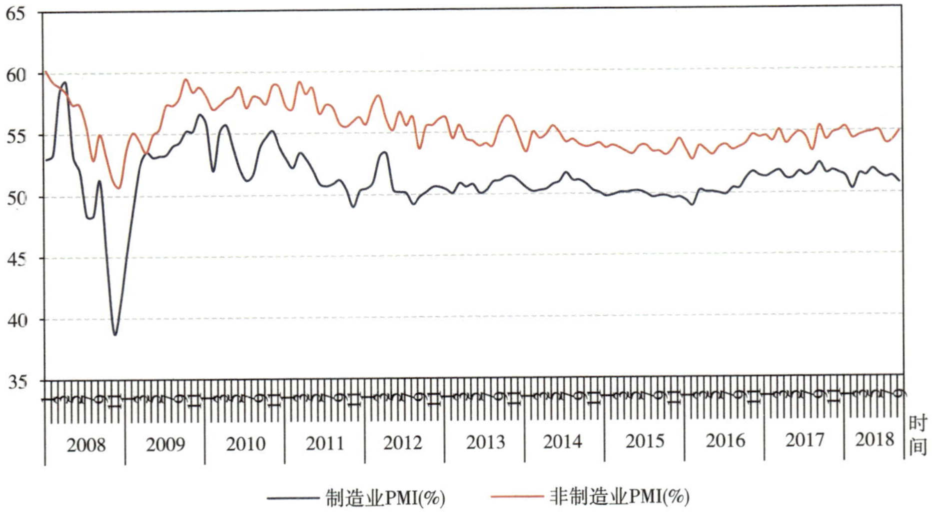

图 19　制造业与非制造业的 PMI 变化

资料来源：国家统计局。

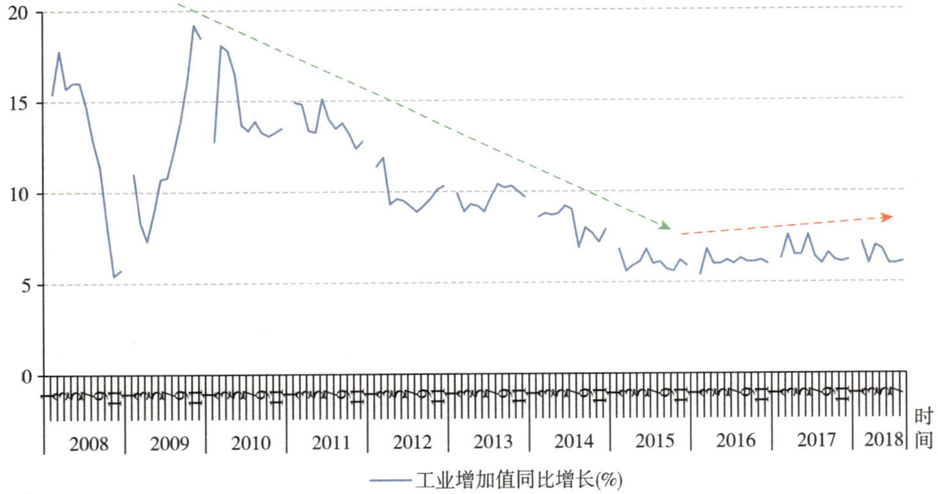

图 20　全球金融危机后中国工业增加值增长情况

资料来源：国家统计局。

再次，内需方面作为消费指标的社会消费品零售总额，在2018年8月同比增长9.0%。社会消费品零售总额从2018年4月的28 541.9亿元增加到8月的31 542.3亿元，表明国内消费需求依旧稳健。在外需方面，2018年以来，除3月为负增长外，其余各月的出口额（按美元计算）同比增长均保持在10%左右，尽管受贸易战影响，8月的出口额同比增长降低，但仍高于2017年的同比增长均值（8.49%）（见图21）。

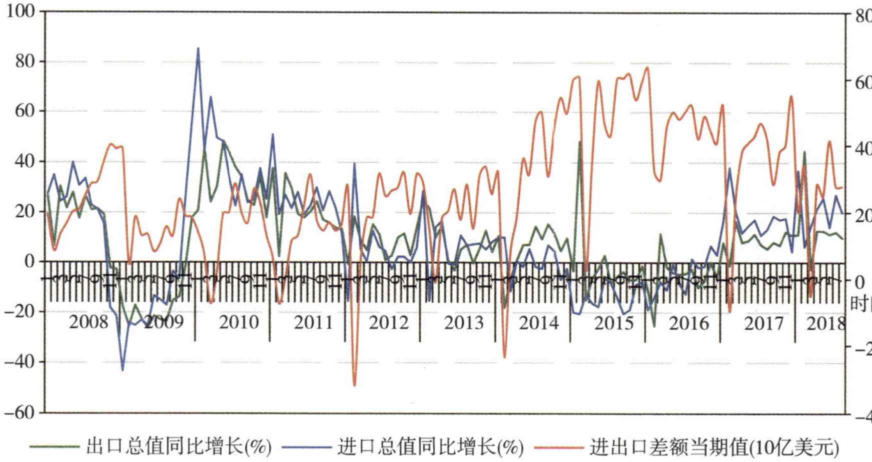

图21　全球金融危机以来中国进出口同比变化

资料来源：国家统计局。

四、总结与展望

本报告重点考察在国际资本流动日趋频繁的背景下，新兴经济体面临的国际资本流动风险问题。在总体评估国际资本流动现状的基础上，本报告针对目前中国面临的国际资本流动风险——“突然停止”进行了系统的评估。研究结果表明：

（1）在2018—2019年，流出新兴市场经济体的国际资本将会增加，使得新兴市场经济体遭遇“突然停止”的风险上升。原因是：第一，美国经济增长强劲、低失业率和通胀率，为美联储加息奠定了基础，这将吸引更多资本回流美国，同时也加剧了新兴市场经济体跨境资本外流的压力。第二，作为国际资本供应的主体，欧元区经济增长恢复到危机前的峰值，消费和市场信心仍处于高位水平。日本经济呈现温和复苏趋势，经济增长、通胀率、就业水平均处于"回升"态势，这样将使得国际资本驻留本土的意愿上升。而新兴市场经济体增速下滑，金融市场不稳定性增强。一方面，受石油等大宗商品价格走低以及贸易保护主义抬头等因素的影响，新兴市场经济体经济增速有所降低；另一方面，受美联储持续加息，美元走强的影响，部分新兴市场经济体的金融市场动荡加剧。故而新兴市场经济体在2019—2020年，面临国际资本"突然停止"的风险不断上升。

（2）作为新兴市场经济体代表的中国，尽管经济依然存在下行风险，但国际资本"突然停止"风险不断缓释。这一结论主要基于以下四点：第一，国际金融形势好转，中国外部风险趋于下降，跨境资本流出压力不断降低；第二，人民币汇率趋于稳定，有助于抑制套利资本异动，降低"突然停止"风险；第三，即期、远期结售汇逆差不断收窄，预示中国此前遭遇的跨境资本净流出局面有望好转；第四，国内经济开始触底，将吸引更多外资流入。

参考文献

[1] Alfaro L, Kalemli－Ozcan S, Volosovych V. CapitalFlows in a globalized world：the role of policies and institutions[A]. in Edwards S (eds). Capital controls and capital flows in emerging economies：policies, practices and consequences[M]. University of Chicago Press, 2007.

[2] Ali Aşkın Çulha. A structural VAR Analysis of the determinants of capital flows into turkey [J]. Central Bank Review, 2006(2)：11－35.

[3] Ben－Bassat A, Gottlieb D. Optimal international reserves and sovereign risk [J], Journal of International Economics, 1992, 33(3－4)：345－362.

[4]Bordo M, Cavallo A, Meissner C. Sudden stops: determinants and output effects in the first era of globalization, 1880 - 1913[J]. Journal of Development Economics, 2010,91(2): 227 -241.

[5]Calvo G A, Izquierdo A, Mejia L F. On the empirics of sudden stops: the relevance of balance - sheet effects[R]. NBER Working Papers, 2004, No. 10520.

[6]Čeh M A, Krznar I. Optimal foreign reserves: the case of croatia [J]. Financial Theory & Practice, 2008,32(4):421 -460.

[7]Feder G, Just R. A study of debt servicing capacity applying logit analysis [J]. Journal of Development Economics, 1977,4(1):25 -38.

[8]Fernandez - Arias E. The new wave of private capital inflows: push or pull? [J]. Journal of Development Economics, 1996, 48(2):389 -418.

[9]Forbes K J, Warnock F E. Capital flow waves: surges, stops, flight, and retrenchment[J]. Journal of International Economics, 2012, 88(2):235 -251.

[10]Jeanne O. International reserves in emerging market countries: too much of a good thing?[J]. Brookings Papers on Economic Activity, 2007, 38(1): 1 -80.

[11]Levy Yeyati E. Global moral hazard, capital account liberalization and the "over - lending syndrome"[R]. IMF Working Papers, 1999, No. 99/100.

[12] Mandalinci Z. Modelling portfolio capital flows in a GVAR framework: multilateral implications of capital controls[M]. Manuscript, 2013.

[13]McKinnon R I, Pill H. Exchange - rate regimes for emerging markets: moral hazard and international over - borrowing[J]. Oxford Review of Economic Policy, 1999, 15(3): 19 -38.

[14] Mody A, Taylor M P, Kim J. Modeling fundamentals for forecasting capital flows to emerging markets[J]. International Journal of Finance and Economics, 2001, 6(3): 201 -216.

[15] Ozyildirim S. , Yaman B. Optimal versus adequate level of international reserves: evidence for turkey [J]. Applied Economies, 2005, 37(13): 1557 -1569.

[16] Prabheesh K. Optimum international reserves and sovereign risk: evidence from india [J]. Journal of Asian Economics, 2013(28):76 -86.

[17]Radelet S, Sachs J D. The east asian financial crisis: diagnosis, remedies, prospects [J]. Brookings Papers on Economic Activity, 1998,29(1): 1 -90.

[18] Rodrik D, Velasco A. Short - term capital flows [R]. NBER Working Papers, 1999, No. 7364.

[19] Rothenberg A, Warnock F. Sudden flight and true sudden stops [J]. Review of International Economics 2011, 19(3): 509 - 524.

[20] Calvo G A, Reihart C M. When capital inflows come to a sudden stop: consequences and policy options [R]. MPRA Paper, 2000, No. 6982.

中国大类资产配置风险研究报告

赵大萍

摘要： 2018年以来，中国股票市场呈宽幅震荡走势，市场调整压力较大。大宗商品市场运行平稳，商品价格呈震荡走势。受到中国经济稳增长、外部不确定性风险增加等因素影响，货币市场基本维持紧平衡的状态。考虑到中国目前经济稳定增长但增速有所放缓，供给侧改革等政策效力还将进一步释放，中美贸易战依然存在较大不确定性等因素，建议投资者谨慎配置权益类资产。预计债券市场分化程度有所加剧，中低信用评级民营企业出现违约的概率较大，建议增持利率债和高等级信用债。利率下行空间有限，建议增持货币类资产。考虑到大宗商品价格上涨乏力，建议谨慎配置商品类资产，适当配置原油资产，低配黄金。

关键词： 大类资产配置；金融风险；投资组合分析

一、中国大类资产配置概况

从世界经济金融形势看，2018年上半年，全球经济持续增长势头，

作者简介：赵大萍，首都经济贸易大学金融学院讲师，博士。

呈现出复苏向好的经济态势，但增速有所放缓。就目前形势推断，全球经济面临的两大风险在于：来自美国发起的贸易保护主义和全球量化宽松货币政策的逐步退出。截至2018年9月，全球通货膨胀水平比2017年显著提升，主要是由于各国央行货币政策不断分化引发。需要关注的是，美联储已加息五次，国债收益率曲线趋于平缓，预示本轮经济增长或将面临挑战。欧洲方面，意大利政治危机暂时告一段落，但欧洲政治风险能否根本解除，取决于欧盟改革的决心和步伐，其中财政货币机制调整势在必行。而在美联储不断加息背景下，新兴市场的金融稳定状况正在持续经受考验。

从国内的经济金融形势看，2018年上半年，中国经济总体上延续了平稳发展态势，但目前整体经济依然处在新旧动能转换的关键时期。宏观经济政策方面，相对积极的财政政策起到了稳定经济增长、促进高质量发展的重要作用。另一方面，货币政策致力于解决企业融资难、融资贵的问题，在一定程度上调节了去杠杆的节奏和力度，并守住了不发生系统性金融风险的底线。2018年上半年，中国固定资产投资、消费等数据有所下滑；受“结构性去杠杆”的影响，广义货币（M2）增速在7月份短暂回升后于8月份再度回落。央行公布的金融统计数据显示，8月份人民币贷款同比增加1 834亿元，新增社会融资规模同比减少376亿元，M2增速下跌至8.2%，维持较低水平；全国居民消费价格（CPI）和工业生产者出厂价格指数（PPI）分别同比上涨2.3%和4.1%。尽管CPI已连续三个月同比上涨，但其近6个月的波动幅度都小于0.1%，显示出通货膨胀压力不大；此外，房地产数据出现回暖迹象。在此背景下，中国金融市场上的各大类资产表现出了不同的特征：股票市场整体运行低迷，且不断分化，医药生物、休闲旅游、食品饮料等板块的收益为正，但机械军工、通信、电力设备等板块跌幅较大；债券市场整体处于震荡上调阶段，并出现轻度分化，信用市场多发违约事件，民企债雷区特征较为明显。在金融行业监管方面，2018年4月27日，经国务院同意，中国人民银行、中国银行保险监督管理委员会、中国证券监督管理委员会、国家外汇管理局联合印发了《关于规范金融机构资产管理业务的指导意见》（以下简称“资管新规”），内容涉及统一监管标准，消除多层嵌套、减少监管套利、打破刚性兑付，规范资金池、降低期限错配、减少流动性风险。这一政策的出台，有助于推动中国金融行业的转型发展，将金融回归于服务实体经济本源。它将通过矫正中国金融与经济的关系，深刻地影响中国金融未来的发展方向。那么，资管新规落地对大类资产配置有着怎样的影响，资产管理行业未来如何应对变革抓住新机遇，成为中国乃至海外众多投资机构和投资者迫切想了解的问题。

顾名思义，大类资产是指一类具有相似的收益风险特征和投资用途的资产类别。而大类资产配置是指按照一定的权重比例将资金分配在不同属性的大类资产上，以实现一定风险水平下的收益最大化，或是在达到预期效益的同时使风险最小化。从广义上说，资产配置的投资种类全面且多样，不仅包括股票、债券等常见的具有活跃交易市场的投资标的，也包括房地产、艺术品、古董等流动性较低的投资类型，以及信托计划、对冲基金、融资融券、股指期货等新兴的投资类型。在狭义上，大类资产配置的投资范围相对比较局限，主要包括股票、大宗商品、货币市场工具、债券等少数几类常见的资产品种。2000 年，伊博森等（Ibbotson & Kaplan）通过对美国 94 只混合基金的月度投资收益率进行研究发现，大多数的获利水平都得益于大类资产配置。由此可见，资产配置不仅在资产定价、风险管理等方面有重要的应用和影响，更对资产组合的收益水平起到决定性的关键作用。本报告以中国大类资产配置风险研究为主题，通过研究 2018 年以来的中国股票、债券、大宗商品、货币市场工具等几类资产配置情况，对近年来中国大类金融资产配置的基本特征和风险点进行阐明，旨在为中国大类资产配置和金融风险管理提供一定的建议及参考。

（一） 中国资产管理市场现状

在过去的 10 年中，受到全球金融危机后时代量化宽松等政策刺激及宏观经济逐步复苏的影响，全球资产管理公司的规模正在逐渐恢复至危机前水平。波士顿咨询公司（BCG）发布的报告显示，金融危机前夕全球资产管理行业管理的资产规模达到48.2万亿美元，其复合年增长率在2007—2016年由12%降至4%，但现在已恢复到危机前的水平，预计2018年全球资产管理行业管理的资产规模有望达到80万亿美元。

从全球的市场分布看，在过去的10年间，美国资产管理公司市场份额不断扩大，而日本及部分欧洲国家地区的份额却在不断缩减。至2017年年底，作为全球最大的资产管理市场，美国市场总资产达到37.4万亿美元，其增长速度约为13%。资产规模次之的是欧洲市场，资产增至22.2万亿美元，但其市场增长率最低，仅为7%。日本和澳大利亚市场增长排名居中，2016—2017年总资产增长10%，总规模增至6.2万亿美元。值得注意的是，尽管目前中国和拉丁美洲资产管理行业的管理资产规模还相对较小，但其增速却遥遥领先。2016—2017年，中国资产管理公司资产规模增速高达22%，远超美欧、日本等资产市场增速，市场规模已增加至4.2万亿美元。拉丁美洲作为另一个快速增长的资管市场，同期资产增加17%至1.8万亿美元。可以说，新兴市场资产管理行业正迎来快速发展的新时期。

聚焦中国资产管理市场，近年来，随着居民财富的不断增加和金融市场的逐步完善，人们对于财富管理的需求也愈发强烈，中国人口结构变化、人民币国际化、金融市场相对稳定发展的态势亦成为资产管理行业重要推助力，这些因素叠加，良好促进了中国资产管理业务的发展。从2012年下半年开始，为了稳步推动资产管理行业的发展，监管部门不断降低监管要求，行业门槛解除、牌照资源逐步放开，使得各类资管子行业的竞争合作关系更加充分，行业创新不断。2012—2015年，中国资产管理规模年均复合增长率超过50%，2016年四季度资产管理业务总规模增至107万亿元，尽管增速有所放缓，但是资产管理业务已经成为中国金融体系内最具活力和成长潜力的板块。然而，如果说2016

年是资管行业监管趋严、增长放缓后问题初现的一年，那么2017年的资产管理行业则经历了市场和监管的双重考验，宣告了泛资管时代的终结。至2018年二季度末，这一态势更趋于明朗。

2018年4月27日发布的资管新规标志着资管行业步入统一监管新时代。据上海证券报，根据央行提供的最新数据，截至2017年末，不考虑交叉持有因素，资产管理业务总规模已达119.69万亿元。其中，银行表外理财产品资金余额为29.54万亿元；信托公司受托管理的资金信托余额为21.91万亿元；公募基金及专户规模为18.03万亿元；私募基金实缴规模为11.10万亿元；证券公司资管计划规模为16.88万亿元；基金子公司资管计划规模为7.31万亿元；保险资金运用余额为14.92万亿元。具体如图1所示。

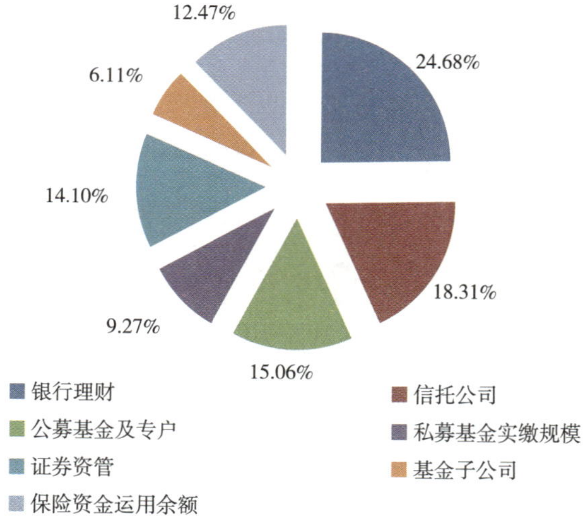

图1　2017年各资管子行业规模及占比

数据来源：《中国资产管理行业发展报告（2018）》，经作者整理。

从资产管理规模各份额看，银行理财产品、信托产品和券商资管计划占有的份额最多。其中银行理财凭借明显的渠道优势迅速发展，资产管理行业负债端扩张对于银行的依赖程度不断提高，形成理财一家独大的市场格局。从产品结构看，不同类型、不同策略、不同标的、不同风险偏好特征的资管产品正在向多样化发展，资管产业链上游的产品供给从数量到质量均有显著提升。另一方面，资管行业的加速发展也带来了一些潜在风险，加杠杆、加久期、刚性兑付、规避监管等问题先后出现在部分金融机构中。而资管新规初步构建了“资管大一统”的监管架构。其目的在于消除同类资管业务的监管规则和标准的不一致，力求解决部分业务发展不规范、监管套利、产品多层嵌套、刚性兑付、规避金融监管和宏观调控等问题。

从中国资产管理业务总体情况看，截至2017年12月31日，基金管理公司及其子公司、证券公司、期货公司、私募基金管理机构资产管理业务总规模约53.57万亿元（资管总规模中的私募基金规模及证券公司直投子公司的直投基金规模为实缴规模口径）。其中，基金管理公司管理公募基金规模11.6万亿元，基金管理公司及其子公司专户业务规模13.74万亿元，证券公司资产管理业务规模16.88万亿元，期货公司资产管理业务规模约2 458亿元，私募基金管理机构资产管理实缴规模11.10万亿元。值得注意的是，国内私募基金产品数量由2016年末的46 505只增长至2017年末的66 418只，增幅达42.82%，增速较往年有所减缓，但仍反映出中国私募基金快速增长的发展态势。截至2018年二季度末，基金管理公司及其子公司、证券公司、期货公司、私募基金管理机构资产管理业务总规模约53.07万亿元，产品总数量已经超过10万只。其中，公募基金管理机构管理的公募基金规模12.7万亿元，比上年末增长9.48%；基金管理公司及其子公司专户业务规模12.33万亿元，较上年末下滑了10.26%；证券公司资产管理业务规模15.28万亿元，比上年末减少9.48个百分点；期货公司资产管理业务规模约1 630亿元，比上年末下降33.69%；私募基金管理机构资产管理规模12.60万亿元，比上年末增长13.53个百分点。具体资产管理行业各管理人机构产品数量与管理规模如表1所示。

表 1　证券投资基金业资产管理业务情况

业务类型	2016 年		2017 年		2018 年（二季度）	
	产品数量（只）	管理规模（亿元）	产品数量（只）	管理规模（亿元）	产品数量（只）	管理规模（亿元）
公募基金	3 867	91 593. 05	4 841	115 996. 86	5 289	126 982. 58
证券公司资管产品	24 782	175 782. 12	22，745	168 842. 95	21 077	152 768. 65
基金公司专户产品	7 147	63 830. 70	6 402	64 275. 59	7 102	62 052. 79
社保基金及企业年金	—	12 787. 46	—	14 650. 34	—	16 192. 54
基金子公司专户产品	14 494	105 030. 91	9 999	73 098. 54	8 742	61 240. 22
期货公司资管产品	—	2 792. 00	—	2 458. 00	—	1 630. 00
私募机构私募基金	46 505	78 911. 86	66 418	111 003. 40	73 854	126 022. 05
合计	96 795	517 941	110 405	535 675	116 064	530 696

数据来源：Wind 数据库，经作者整理。

从图 2 可以看到，近 10 年来，中国公募基金产品数量从 2010 年的 714 只增长至 2018 年二季度的 5 289 只，7 年间增长逾 6. 78 倍，反映出中国公募基金管理行业呈井喷式发展态势。

从中国保险资产管理业务看，2017 年年底保险行业资产总额已达 16. 75 万亿元，相比 2016 年增加 1. 63 万亿元，增幅达 10. 78%。通过图 3 显示的 2010—2018 年中国保险行业资产规模发展趋势可以看出，中国保险市场在近年来保持强劲增长势头，但增长速度略有放缓。这有力说明了目前保险业结构性调整成效初现，防范风险能力和助实体惠民生能力有所提升。相比其他金融部门，保险业可以提供期限更长、供应更加稳定、资金成本较为合理的巨额资本，已成为国内最重要的机构投资者之一。

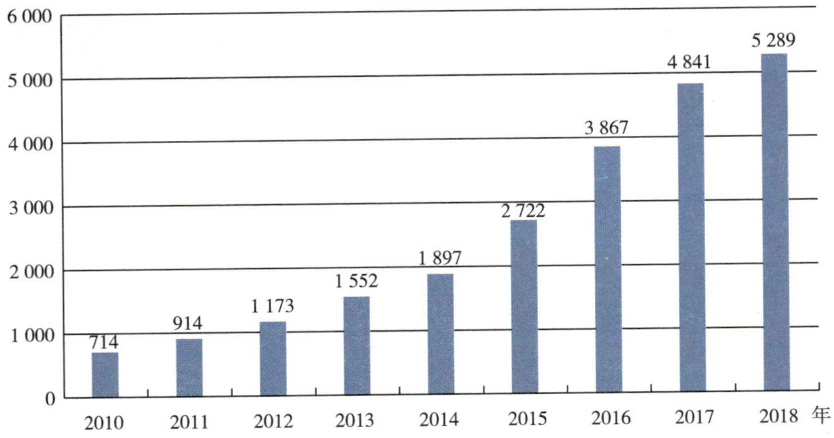

图 2　2010—2018 年公募基金管理的产品数量变化（只）

数据来源：Wind 数据库，经作者整理，其中 2018 年为二季度公布数据。

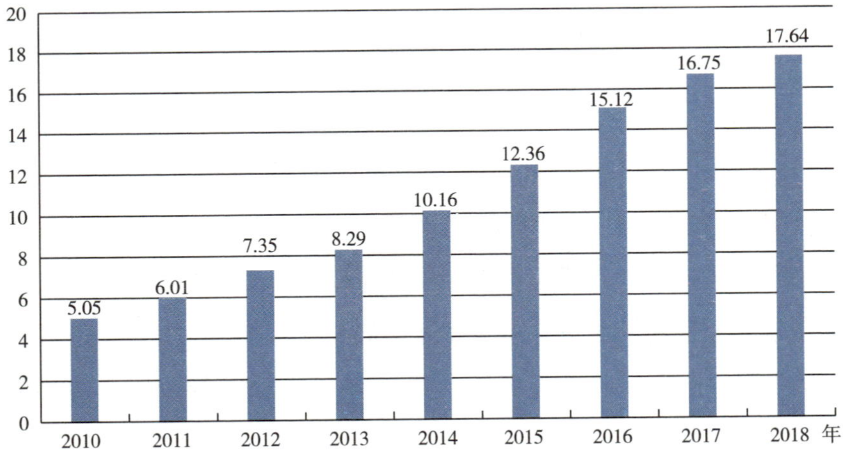

图 3　2010—2018 年保险行业资产规模变化（万亿元）

数据来源：中国保险监督管理委员会，经作者整理，其中 2018 年为二季度公布数据。

在资产管理行业中，银行客户金融资产管理规模最大。根据《中国银行业理财市场报告（2017 年）》，截至 2017 年年底，全国共有 562

家银行业金融机构有存实的理财产品，理财产品数 9. 35 万只；理财产品存续余额 29. 54 万亿元，较年初增加 0. 49 万亿元，比 2016 年增加 5. 06 万亿元；同比增长 1. 69%，增速较上年同期下降 21. 94 个百分点。其中，金融同业类产品规模较 2017 年初下降 3. 40 万亿元，降幅为 51. 13%。2017 年，银行业理财市场累计发行理财产品 25. 77 万只，募集资金 173. 59 万亿元（见图 4）。

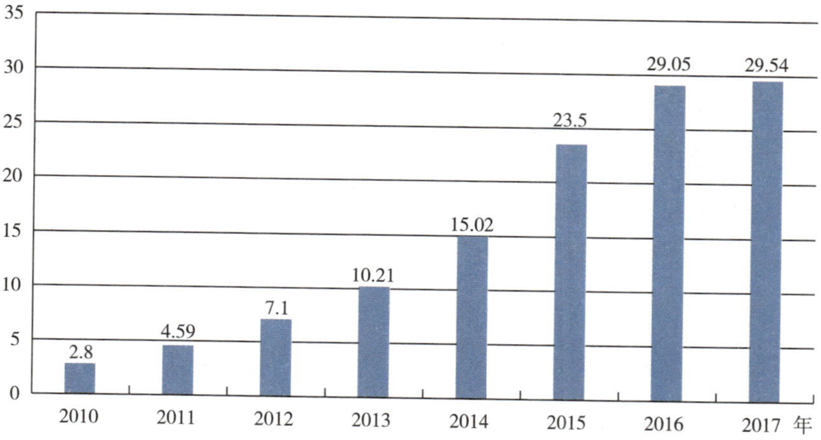

图 4　2010—2017 年中国银行理财资金存续余额（万亿元）

数据来源：Wind 数据库，经作者整理。

从银行业理财产品发行情况看，截至 2017 年末，全国共有 591 家银行业金融机构发行了理财产品，发行总量为 25. 77 万只，平均每月新发行产品 2. 15 万只，累计募集资金 173. 59 万亿元，平均每月募集资金 14. 47 万亿元。从银行业理财产品的资产配置情况看，标准化资产是银行理财资金配置的主要资产，债券、银行存款、拆放同业及买入返售等标准化资产共占理财产品投资余额的 67. 56%，其中债券是理财资金配置的最重要的一类资产。截至 2017 年末，债券资产配置比例为 42. 19%。从银行业理财产品收益情况看，2017 年银行业理财市场共有 28. 46 万只产品发生兑付（其中有 23. 01 万只产品到期），累计兑付客户收益 11 854. 5 亿元，较 2016 年增长 2 081. 8 亿元，增幅达 21. 30%。

此外，根据莱坊公司（Knight Frank）发布的《2018 年财富报告》显示，2012—2017 年，全球超富裕人士总数增加了 18%，其中在 2017 年增加了 10%，占据了六年间增长总数的一半，可知全球富裕人口数量增长迅猛。该报告预计未来五年内，这一速度将加快至 40%。在中国，自 2007 年 3 月起，中国银行在北京成立了第一家私人银行部，开启了国内私人银行业务的先河。回首过去 10 年，因高净值客群财富加速积累的驱动，私人银行业务在中国得到了长足的发展。根据 12 家中资私人银行公开披露的信息统计，目前总客户数已经超过 50 万，管理客户资产近 8 万亿元。经过近 10 年的迅猛发展，中资私人银行的管理规模已经能够比肩拥有上百年历史的外资私人银行机构。2015 年，中国管理资产规模最大的私人银行机构已跻身于全球私人银行的前 20 名。2017 年 8 月，财富管理研究机构天蝎座咨询管理公司（Scorpio Partnership）发布的全球私人银行的榜单显示，中国已有招商银行、工商银行和中国银行三家机构进入全球私人银行前 25 强，由此可见，中国的私人银行业已经走向世界舞台。

（二）业内常用的几种资产配置模型及理论

1. 均值—方差模型

1952 年，马科维兹（H. Markowitz）发表了著名论文《投资组合选择》，系统地阐述了金融市场中收益和风险的度量方法，构建了投资组合选择模型并对资产进行配置管理。这一划时代的研究工作被认为是奠定了现代金融理论的发展基础，马科维兹亦因此获得诺贝尔经济学奖。

均值—方差分析框架（Mean – variance Model）认为，所有的投资者在制定投资组合选择决策时会同时考虑收益和风险（方差）。因此，在给定风险（方差）水平的情况下，理性的投资者更愿意投资具有较高期望收益的证券组合。均值—方差框架的一个等价描述是：在给定期望收益水平的情况下，理性的投资者更愿意投资具有最低风险（方差）的证券组合。所有使得上述两个等价描述最优的组合就构成了有效前沿。理性的投资者都不会投资位于有效前沿下方的证券组合，因为如果投资者投资了位于有效前沿下方的证券组合，就意味着他在面临相同风险（方差）水平的条件下获得了较低的期望收益［等价描述为获得相同期望收益的情况下却承受了较大风险（方差）］。理论证明实际中只要满足了某些条件，投资者的均值—方差最优问题的三种构建方法就可以得到相同的最优证券组合。而且对于均值—方差分析普遍接受的条件是资产收益服从多变量正态分布或者用二次效用函数来描述投资者偏好。

假定一个投资者可以投资 N 种资产，记 R_t 为 t 时刻 N 种资产的超额收益，R_t =（R_{1t}，…，R_{Nt}）′，同时假定它们服从多变量正态分布，$p(R_t \mid \mu, \sum) = N(\mu, \sum)$，均值 μ 为 $N\times 1$ 的矩阵，协方差 $\sum$ 为 $N\times N$ 的矩阵。投资组合权重与投资在每种资产的财富值成比例，记为 $N\times 1$ 的矩阵 w =（w_1，…，w_N）。t 时刻投资组合的收益为 $R_p = \sum_{i=1}^{N} w_i R_{it} = w'R_t$，其期望收益和方差分别为 $\mu_p = \sum_{i=1}^{N} w_i \mu_i = w'\mu$。其中 μ_i 为资产 i 的收益；$\sigma_p^2 = \sum_{i=1}^{N}\sum_{j=1}^{N} w_i w_j \mathrm{cov}(R_i, R_j) = w'\sum w$，其中 cov（$R_i$，$R_j$）为资产 i 和资产 j 的协方差。

假设投资者持有证券组合的时间为 τ，同时假设投资者的目标是最大化期末 $T+\tau$ 时刻的财富，其中，T 为构建组合的时刻。均值—方差问题可表示为下面的优化问题或其对偶问题：

$$\min_{w} \sigma_p^2 = \min_{w} w' \sum\nolimits_{T+\tau} w$$

$$\text{subject } to\ w'\mu_{T+\tau} \geqslant \mu^*$$

$$w'1 = 1$$

其中 μ^* 为投资组合的最小允许收益。对于上述优化问题还可以加入更多约束，比如，很多机构投资者不允许持有空头头寸等。一旦加入更严格的约束，就很可能得不到解析解，但可以利用数值算法进行求解，此处不再赘述。

经典的均值—方差框架依赖两点：一是未知参数是通过可得的样本数据估计，样本估计值被认为是真实的参数值；二是构建投资组合时假定的收益分布知道资产持有到期并不发生变化。尽管在今天的资产配置决策不再仅仅依赖传统的均值—方差模型，但其仍然是每位金融人学习资产配置理论时首先要了解且必须牢牢掌握的内容，其结果也在实际资产配置决策中有重要的参考价值。

2. 风险平价投资理论

风险平价投资理论（Risk Parity），也称等风险贡献组合，于20世纪90年代在金融界被开发出来，在2008年全球金融危机后，风险平价投资理论由于其最大程度地分散风险而取得了良好的表现，开始被学术界和业内广为关注。其基本思想是使每个资产的总风险贡献相同，从而达到从根本上分散风险的目的。

风险平价投资理论中最重要的概念就是资产的风险贡献。风险贡献测量了单一资产风险在整体投资组合风险中的比重。而不同资产的风险贡献率分布则可以用来衡量一个投资组合的分散程度。风险贡献率有很多定义方式，最简单的风险贡献定义为去掉该资产的投资组合与原投资组合的风险测度之差，具体而言，如果我们使用标准差为风险测度，假定投资组合各资产权重为 $w=[w_1, w_2, \cdots, w_n]'$，定义 $w_{-i}=[w_1, \cdots, w_{i-1}, 0, w_{i+1}, \cdots w_n]'$代表了去掉第 i 项资产的投资组合，所以第 i 项风险贡献定义为：$\sigma_i(w)=\sigma(w)-\sigma(w_{-i})$。此种风险贡献的定义方便易懂，但也存在一定的问题：投资组合中各项资产的风险贡献之和并不等于投资组合本身的风险测度，所以此种定义缺乏经济上的解释。因此后来又提出边际风险贡献的概念，弥补了这一缺陷。

值得注意的是，风险平价投资理论一般不用在大类资产配置中，而用于对不同国别的同类资产进行配置，或者对同一类资产中的不同产品进行配置，如对不同股票之间进行配置，对不同债券之间进行配置等。

3. 布莱克—李特曼模型

在现代投资组合理论的众多拓展研究中，布莱克—李特曼模型（Black - Litterman）是重要的模型之一。在现代投资组合理论中，假设所有投资者都是同质的，这样的假设使得模型无法使用投资者私有的判断或信息，但投资者如果仅根据其信息或判断进行投资组合构建，又很可能由于无法综合考虑资产之间的相关性而导致投资组合风险没有很好的分散。布莱克和李特曼于 1992 年发表了论文 Global Portfolio Optimization，提出了布莱克—李特曼模型，首次科学地将投资者观点纳入均值—方差框架下，最终得出结合资本市场均衡收益率和投资者观点的最优资产配置。

布莱克—李特曼模型的基本假设与均值—方差模型相似，均假定市场中存在 N 个资产，假设资产的超额收益率为多元正态分布，均值为 μ 且协方差矩阵为 $\sum$ 。二者的不同点在于，均值—方差模型假设收益率的均值为非随机的确定数字，而布莱克—李特曼模型则假定期望收益 μ 是随机的，其均值为资产均衡超额收益率 Π，其随机性来源于外部信息 $\epsilon^{(e)}$，具体数学表达为：$r \sim N(\mu, \sum)$,$\mu = \Pi + \epsilon^{(e)}$ 。其中 $\epsilon^{(e)}$ 是正态分布的随机向量，均值为 0，协方差矩阵为 $\tau\Sigma$，τ 为规模参数，代表 CAPM 的不确定性。

从模型的构建可以发现，布莱克—李特曼模型认为，在真实的资本市场，如果没有任何信息，真实资产收益率会以均衡收益率 Π 为中心随机波动，也即有：$E(E(r)) = E(\mu) = \Pi$。而一旦市场中出现新的信息 $\epsilon^{(e)}$，资产收益率的均值 μ 会由于信息更替而有所变动，而资产的真实收益率 r 是基于扰动后的收益率的均值，也即 $\epsilon^{(e)}$。而对于市场中出现的新信息，则需要投资者通过主观的观点来刻画，并对 μ 进行调整。布莱克—李特曼模型中，投资者的观点可以表述为：$P\mu = Q + \epsilon(v)$。其中 P 是一个 $k \times N$ 的矩阵，代表了观点相关的资产，Q 为 k 行的向量，代表了观点中的预期收益率，$\epsilon(v)$ 是正态分布的随机向量，均值为 0 且协方差矩阵为 Ω，代表了观点的不确定性。

布莱克—李特曼模型的问世，使得金融学界和业界开始关注对投资者观点的研究，并开始尝试结合资本市场均衡收益率和投资者观点进行最优资产配置。通过对资本市场均衡收益率和投资者观点的分析，该模型选择使用贝叶斯方法将二者结合。萨切尔（Satchell）等给出了贝叶斯方法求解布莱克—李特曼模型的详细步骤，本报告不再叙述。

二、中国主要大类资产现状分析

（一）权益类资产：股票市场整体低迷，市场调整压力存在

权益类金融资产是指投资于股票、股票型基金等权益类资产，包括股票、股票型基金等，其收益与股票市场行情密切相关，风险也与股票市场的波动紧密相连。考虑到中国金融市场的实际情况，将主要对近一年来的中国股票市场基本状况进行分析。

2018 年以来，A 股市场整体呈现宽幅震荡走势，市场调整压力较大。分析原因，主要是因为在中国宏观经济相对平稳但下行压力依然存在的环境下，中美贸易战的持续升级也给市场带来一定的不确定性和发展压力。监管方面，随着发审委审核趋严、百万亿资管新规落地等，市场情绪并不高涨，也在一定程度上抑制了市场上行。2018 年上半年，中国上证 A 股指数已回落 13.9%，几乎领跌全球股市。其中，深成指跌幅超过 15%，沪指跌幅为 13.9%，沪深 300 指数下跌 12.9%。图 5 中的曲线展示了截至 2018 年 6 月末，中国股票市场主要指数的走势变化。从图 5 可以明显看出，除创业板指数在 2018 年 3 月份曾经历了小幅度波动上涨外，上证 A 股指数和中小板指数均呈现震荡下行的态势。进入 6 月后，各指数回落呈现加速趋势。2016—2018 年中国股票市场主要指数的走势情况如图 5 所示。

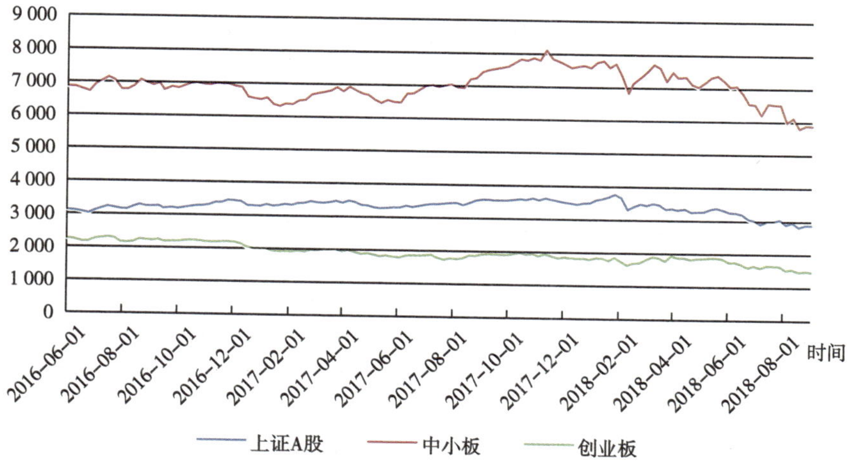

图 5　2016—2018 年中国股票市场主要指数走势图

数据来源：Wind 数据库，经作者整理。

股票市场行业表现方面，2018 年上半年，申万一级行业集体呈现下跌态势，通信、电气、机械设备、有色金属、国防军工、电子、传媒、券商等 11 个行业指数跌幅更是超过 20%，实现上涨的仅有休闲服务、医药生物等行业。其中，休闲服务涨幅为 8.98%，领涨所有板块；医药行业中的仿制药指数上半年累计上涨 27.97%；创新药指数紧随其后，半年累计涨幅为 4.32%。2017 年以来，独角兽概念在中国市场不断受到追捧，但其在 2018 年上半年的涨幅有限，仅上涨 2.43%。在 24 只独角兽概念股中，上半年仅有 9 只个股实现上涨。分析其原因，2018 年以来证监会不断鼓励独角兽 A 股上市和建立 CDR 机制，为新经济大型企业开通绿色通道，但在中美贸易战升级，股市情绪乐观不足的情况下，市场已经对独角兽企业的“高估值”“高位接盘”“割韭菜”等产生担忧，这也在一定程度上反映出中国股票市场理性行为的回归。

市场成交量方面，2018 年 1—8 月份，在股票市场整体震荡下行的背景下，股市成交量较往年同期有一定程度下降。数据显示，进入 2018 年二季度后，上证 A 股、中小板、创业板三个市场的成交额逐渐趋于平稳，但整体增长乏力。这也从侧面印证了中国股票市场投资者对市场的信心和热情不足。具体市场成交额情况如图 6 所示。

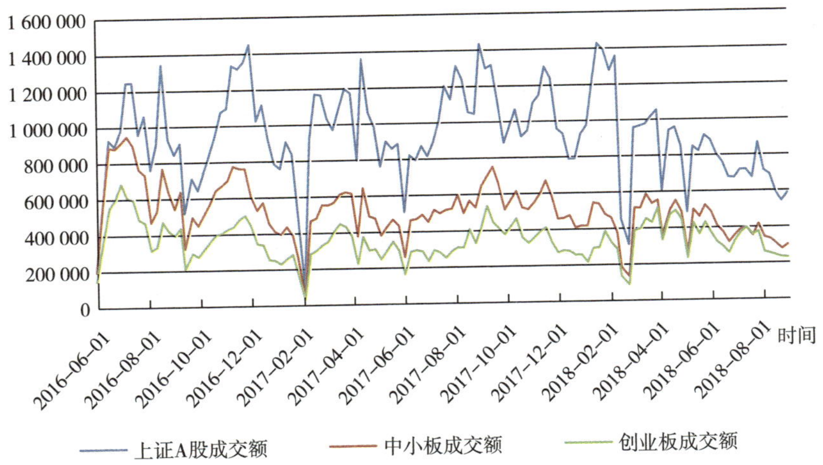

图 6　2016—2018 年中国股票市场成交额（百万元）

数据来源：Wind 数据库，经作者整理。

在新股发行方面，2017 年 10 月，发审委 IPO 审核逻辑有所转变，上市公司数量出现大幅下降。2018 年上半年，发审委共审核企业 118 家，较去年上半年减少了 57%；另外有 58 家企业过会，过会率仅为 49.15%；IPO 被否决 44 家，6 家暂缓表决，10 家取消审核，IPO 被否率为 37.29%。

（二）固定收益类资产：市场处于波动调整时期，整体稳中有升

固定收益资产是指投资于银行定期存款、国债、金融债、企业债、可转换债券、债券型基金等固定收益类资产。下文通过分析中国债券市场中有代表性的几只债券指数的走势特点，进一步研究中国金融市场上固定收益类资产的发展情况及现状。

2018 年以来，回顾国际经济形势，可见美联储加息节奏加快，欧元区经济数据出现一定程度的分化。在国内，2018 年上半年债券市场

波动性略有加剧，市场整体呈现稳中有升的态势，中债价格指数呈现上涨趋势，债券发行规模稳步提升。具体而言，2018 年上半年，在各方因素综合影响下，债券收益率曲线普遍呈现下行态势，中债综合价格指数开始上升，债券市场交投趋于稳定，债券发行量同比略增，债券存量较为稳定。至二季度末，债券市场整体出现回暖迹象，利率债涨幅较大，受违约事件影响，信用债指数出现显著回落。截至 2018 年 8 月 31 日，中债全债指数升至 114.71 点，较年初上升了 3.13%，相比二季度末小幅提升 0.1 个百分点。与此同时，中债国债指数升至 115.11 点，较年初上升了 2.33%，相比二季度末小幅下降 0.58 个百分点；中债信用债升至 94.08 点，较年初上涨 1.57%，相比二季度末小幅提升 0.84 个百分点。由此可见，2018 年 1—8 月份，中国债券市场整体呈现稳中有升的态势。近年来债券市场中主要指数的走势如图 7 所示。

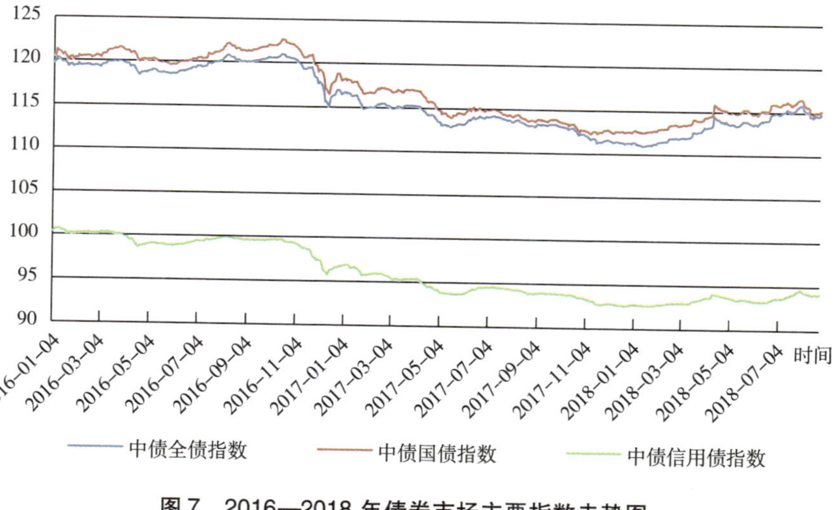

图 7　2016—2018 年债券市场主要指数走势图

数据来源：Wind 数据库，经作者整理。

分析 2018 年中国债券市场稳中有升的原因，主要包括三个方面。

第一，从国际环境看，美国经济强劲复苏，失业率持续降至新低，CPI 突破新高接近 3%，美联储也推行了几次加息举措。欧元区经济方面，经济数据逐步出现分化，一季度 GDP 增速较去年同期提高达到 2.5%，失业率不断降低，但 CPI 同比涨幅未达到政策目标，市场预期欧央行货币宽松政策将持续一段时间。

第二，国内一季、二季度经济增长率分别为 6.8% 和 6.7%，均低于 2017 年同期，受内外因素影响，经济出现下行压力。CPI 同比涨幅在 2 月达到 2.9% 的高点后回落，二季度 CPI 均处在 2% 以下，物价维持稳定，PPI 同比涨幅较去年同期下降，生产中间品价格涨幅得到有效控制。进出口贸易额维持较高同比涨幅，但贸易顺差不断收窄，个别月份同比降幅较大，出现逆差。上半年，央行推出两次降准以缓解资金面紧张情绪，各券种债券收益率曲线不断下行，国债期限利差先收窄再扩大，中债—新综合净价指数呈现上涨趋势。

第三，资管新规的发布势必会对目前总资产规模已经超过百万亿元的大资管行业产生深远的影响，但是新规出台仍然存在一定的过渡期，对债券市场并不能产生突变性的影响。长远看，无论是打破刚兑、净值核算还是非标转标，都有利于资管行业和债券市场的健康发展。

（三）商品类资产：市场运行较为平稳，商品价格呈震荡走势

商品类资产是主要投资于大宗商品或者通过基于商品的交易型开放式指数基金（ETF）投资于大宗商品的金融产品，主要以黄金、白银为主的贵金属，油气能源、农产品等作为投资标的。此类金融资产以指数化或基金中的基金（FOF）投资为主，投资策略以复制指数或大宗商品价格的方式为主。对中国金融市场而言，目前商品类金融产品数量还相对较少，主要包括用以避险的黄金商品，有明显行业周期性特点的油气能源商品等。

2017 年以来，受到消费需求显著增长，需求拉动效果明显，供需关系改善与成本增加双重推动全国大宗商品资源供应提速，市场价格上涨推动行业利润水平增加等因素影响，中国大宗商品市场整体运行平稳，商品价格呈现震荡走势。2018 年 8 月，中国大宗商品指数（以下简称“CBMI”）为 100.5%，已连续 4 个月下跌。各分项指数中，供应

指数、销售指数双双回落，库存指数继续回升，价格指数止跌反弹。从指数的变化情况看，8 月份国内大宗商品市场供需两端均回落放缓，市场供大于求的迹象凸显，商品库存出现积压，市场淡季特征显现。不过，随着传统消费旺季的逐步到来，叠加环保限产的影响，有望小幅去库存，商品价格有望在消化压力和利空消息后小幅回升。近年来大宗商品价格指数走势具体如图 8 所示。

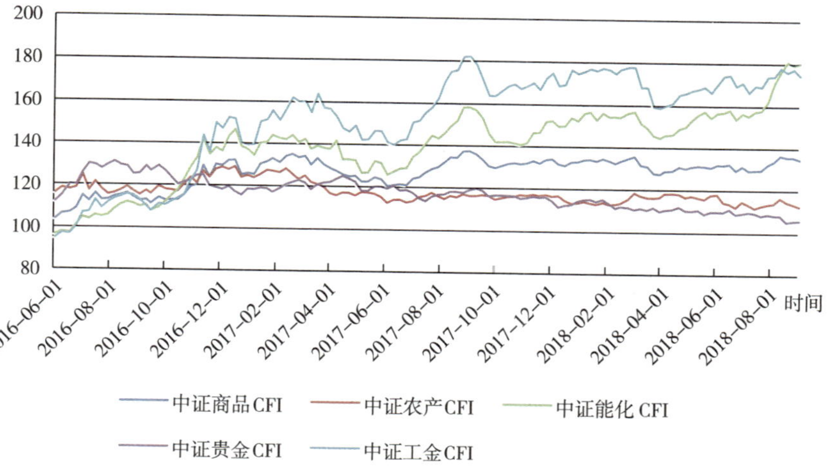

图 8　2016—2018 年大宗商品价格指数走势图

数据来源：Wind 数据库，经作者整理。

2018 年 8 月，国内大宗商品供应量较上月增长 0.1%，增速回落 1.4 个百分点。增速连续三个月出现回落，显示环保督查政策在一定程度上影响到企业生产，部分商品产量有所减少，市场供应压力有所缓解。虽然商品供应增速持续回落，但整体供应量已经连续六个月呈现增长态势，近期增速回落也可能是由基数偏高所致。从各主要商品看，8 月份除成品油和有色金属供应有所增加外，其余品种供应量均出现不同程度的下降。

从以上情况可以看出，当前国内大宗商品市场淡季不淡，特别是国家释放宽松信号，需求平稳释放，市场预期明显增强。考虑到当前商品生产整体处于增长态势，供应端压力依然存在，商品库存继续增加，市场供需矛盾仍未见明显缓解，加之中美贸易争端升级，出口不容乐观，市场下行压力依然存在。后期随着环保政策高压常态化，供应端或将受到支撑，加之需求端的政策作用逐渐体现，商品价格或将继续呈现震荡态势。

此外，过去两年间大宗商品价格呈现较好的上涨态势，也与供给侧结构性改革及一系列环保措施的严格执行有一定关系，二者在不同层面促进了市场供求关系的改善。但必须指出的是，这两个因素发挥良好效应是因为建立在市场需求旺盛的基础上，否则仅是缩减产能及供应量，而无国内消费的拉动，市场或将陷入需求互为削减、价格持续下降的困境。

（四）货币类资产：流动性偏紧平衡，市场稳中有升

货币类金融资产中期限在一年以内的金融资产交易的市场，主要功能是保持金融资产的流动性，以便随时转换成可以流通的货币。本报告将主要以中证货币指数为研究对象，具体分析货币类金融资产的运行状况。

过去一年的时间里，全球流动性均在逐步收紧，美联储稳步加息，欧元区央行预计在今年年底退出量化宽松，日本央行也在一定程度上缩减了量化宽松的总量。中国经济在稳增长的同时，外部不确定性风险增加，货币市场基本维持紧平衡的状态。在这种背景下，中国货币市场运行较为平稳，货币指数呈现出良好的增长态势。2017 年初，中证货币指数突破 1 400 点，并在此后 18 个月中持续保持增长势头，于 2018 年 8 月初升至 1 490 点。月收益率方面，2018 年上半年货币指数收益率维持在 0.3% ~0.4% 的区间内震荡，略高于上年同期收益率水平，体现出货币市场良好发展势头。图 9 为 2016 年 7 月份以来的中证货币基金指数走势图。

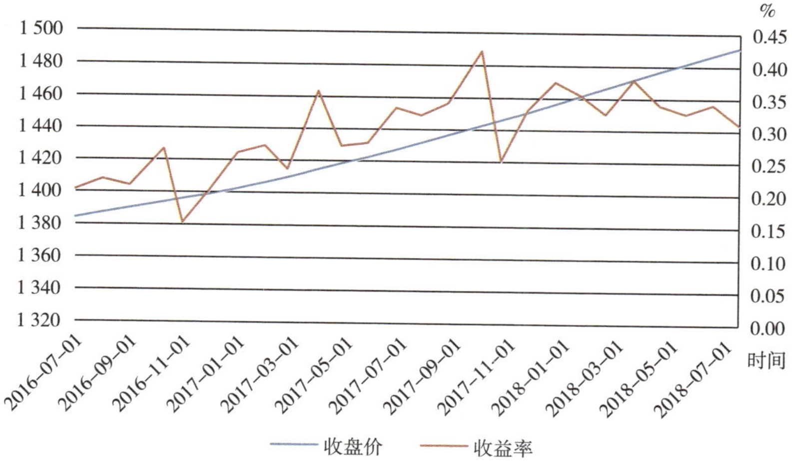

图 9　2016—2018 年中证货币基金指数走势图

数据来源：Wind 数据库，经作者整理。

三、 未来大类资产配置风险关注点

（一） 外部环境不确定性增加， 经济增速或将进一步放缓

从全球范围看，2017 年，世界经济进入相对强势复苏阶段，主要经济体开始逐渐退出刺激经济的量化宽松货币政策，这对全球金融市场和经济增长造成一定压力。2018 年，随着各大经济体退出量化宽松的速度加快，全球政策也在加速从需求侧刺激转向供给侧改革。

考虑到未来一段时间中美贸易战存在较大不确定性，全球地缘政治风险依然受到关注，中国金融市场的外部环境不确定性将进一步增大，这给中国宏观经济政策带来较大的挑战。一旦以关税为主的贸易战升级，经济三驾马车之一的出口将受到比较严重的影响，经济下行压力将增大，人民币贬值压力也将增大，中国宏观经济增速也将受到拖累，经济增速或将进一步放缓。

（二） 货币政策可能逐渐收紧， 市场流动性值得关注

从 2017 年到 2018 年 8 月，美国先后加息五次，导致短期内人民币

汇率出现一定波动；欧元区内经济体经济普遍实现增长，保持复苏态势，但面临较大的通胀压力；日本经济温和复苏，通胀水平有所改善；新型经济体总体增速较快，但仍面临较大的转型升级压力。在经济一体化的推动下，全球经济实现了近10年以来最广范围的增长。

从国内市场看，随着中国经济进入调整转型时期，人民币汇率经过多次较大幅度波动后，已经逐步回归稳定轨道。稳健的货币政策在有效抑制金融杠杆的同时，也关注货币供给总闸门，为供给侧结构性改革和高质量发展营造了良好的货币金融环境。2018年上半年，中国宏观经济增速为6.8%，其中供给侧结构改革继续深化，工业增长总体稳定，新型服务业发展迅速，民间投资和制造业投资回升。国民经济延续总体平稳，稳中向好发展态势，支撑经济迈向高质量发展有利条件积累增多，为实现经济社会主要发展目标打下良好基础。

在这种情况下，尽管中国宏观经济增长速度有所提升，供给侧改革已经初具成效，但考虑到经济平稳增长的同时外部环境的不确定性增多，国内结构性调整仍处于攻关期。2017年，供给侧改革以信贷调控、行政问责、财政补贴等“有形手”为主要工具，在去产能、去库存、去杠杆、降成本、补短板等领域取得重大成果。然而，鉴于中国产品竞争能力持续降低，人力成本、土地成本、赋税成本提高导致综合成本上升使得中国传统外贸优势减少；内需仍难以拉动国内消费，企业效益降低造成居民收入增长缓慢，可支配收入减少；房地产价格上涨也直接导致中国生产成本和生活成本相对较高，但房地产溢价又是确保维持经济增速平稳的重要元素；同时企业资金成本高、融资困难的局面也未缓解，传统企业负债沉重，又面临着网络经济发展的冲击；大量资金在金融系统中空转抬高实体经济融资成本，形成隐形金融风险，在经过两年的去杠杆，民企杠杆在持续下降，而地方国企杠杆开始上升，未来货币政策极可能中性趋紧，加之金融监管程度增强，大类金融资产配置仍需要密切关注市场流动性风险。

（三）债券市场稳步调整，信用风险暴露速度正在加快

2018年上半年，在经济出现下行压力、金融监管不断加强等环境影响下，债券市场迎来了新一轮调整。虽然在一季度受经济环境等因素推动，债券市场呈现波动调整、稳中有升的态势，但二季度债券市场仍承受了一定的回调压力，预计未来信用品种表现将继续分化。

展望下半年，考虑到经济增长下行压力有所加大，双支柱宏观调控将更加注重微调。为了防范信用风险系统化扩散，货币政策应保持“合理充裕”，或将采取系列措施安抚信用债市场情绪。预计2018年下半年一级、二级债券市场将趋于回暖，总体信用风险可控，不过随着市场违约事件不断增多，信用风险暴露速度仍将有所加快，竞争性领域的中低信用评级民营企业将大概率继续出现违约；部分对再融资过度依赖的低等级区县级城投企业或将在公募债券领域爆发违约。

（四）大宗商品类资产价格可能面临回调

2017年，国内商品市场有色板块、黑色板块收益分别实现了较大增长。2018年上半年，大宗商品价格仍保持震荡略有上升的走势，钢铁、煤炭等大宗商品板块亦普遍收获盈利。

展望未来一段时间，随着供给侧改革继续开展，去产能、去库存、去杠杆、降成本、补短板等工作继续推进，预计市场需求相对走弱，大宗商品价格可能普遍面临回调。在大宗商品中最重要的原油和黄金产品方面，受到全球经济复苏的提振、全球地缘政治风险因素影响，预计未来短期内原油市场供需将趋于紧平衡，原油价格可能会略有上涨。黄金方面，目前美国经济依然领跑全球，考虑到美元指数仍将在一段时间内维持强势，黄金价格面临压力。尽管有贸易战升级和伊朗局势危机的担忧，但避险情绪并不明显。预计短期内贵金属基本面依然以利空为主，黄金价格走势不容乐观。

四、大类资产配置风险测算

（一）测算方法

为让读者对大类金融资产配置风险有更加直观的认识，本报告首先根据此前介绍的均值—方差模型以及布莱克—李特曼模型计算资产配置。在风险值计算方面，采用目前通用的 VaR 方法，对大类金融资产配置风险进行测算。

VaR（Value at Risk）方法也被称作风险控制模型，是 G30 集团在 1993 年研究衍生品种基础上发表的《衍生产品的实践和规矩》的报告中提出的度量市场风险的方法。按其字面的意思解释是指"处于风险状态的价值"，具体含义是：处于一定市场正常波动中，在给定一定的持有期内和置信水平的前提下，某一金融资产或者证券组合在给定的时间区间所面临的最大期望损失。从概率角度分析，VaR 的计算形式为：

$$\text{Prob}(\Delta P_{\Delta_t} > \text{VaR}) = 1 - c$$

其中，ΔP 指在特定的持有期限内的价值损失额；Δ_t 指一定的持有期；VaR 表示在给定一定的置信水平下处于风险中的价值，即可能的损失上限；c 表示给定的置信水平。

VaR 方法区别于传统风险度量手段的地方是，VaR 完全基于统计分析基础上的风险度量技术。从统计的角度看，VaR 方法在应用中要回答的问题是：投资者有 $c\%$ 的信心，在以后的 T 个交易日内，损失程度不会超过某一值 Δp，此时的 Δp 就是投资组合的 VaR。

VaR 方法自问世以来受到了广泛的关注，并应用于资产组合的风险计算中。目前，基于 VaR 度量金融风险已成为国外大多数金融机构所采用的衡量金融风险大小的方法。因此，此处选用 VaR 方法度量大类金融资产配置的风险是合理可行的。

（二）资产配置模拟及风险测算

考虑到此处对大类金融资产配置风险进行度量，本报告分别使用上证 A 股指数代表权益类资产，中证全债指数代表固定收益类资产，中国大宗商品价格指数代表商品类资产，中证货币型基金指数代表货币类资产，并先后利用均值—方差模型及布莱克—李特曼模型计算整体资产组合的风险，样本数据时间频率为周度数据，样本数据区间为 2018 年 1 月 5 日到 2018 年 8 月 24 日。具体两个模型配置模拟及风险测算结果如下所示。

1. 均值—方差模型资产配置结果

根据已有历史数据，利用均值—方差模型得到资产配置结果如图 10 所示。需要说明的是，为保证资产多样性以分散风险，此处设置单种类资产配置权重上限不超过 50%，且大于 0。

从图 10 中可以看到，根据 2018 年初以来的金融市场样本数据及均值—方差模型测算，资产配置的结果是债券及货币类资产最多，占比分别为 45.13% 和 50%，股票类资产占比 1.15%，商品类资产占比 3.71%，此时组合周度收益为 0.11%，风险为 0.12%，组合的年化收益率约为 5%。

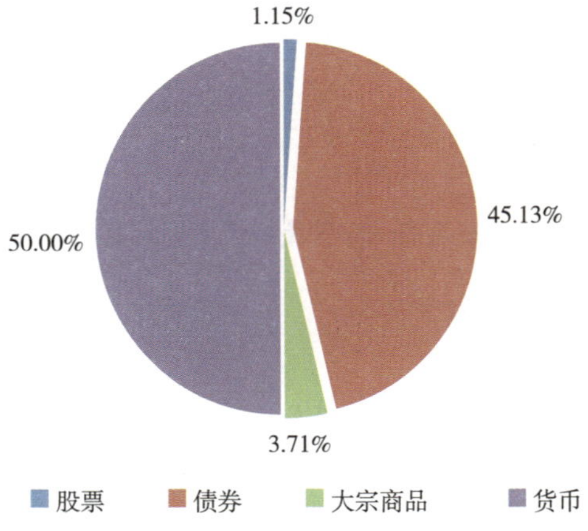

图 10 均值—方差模型资产配置示意图

数据来源：Wind 数据库，经作者整理。

2. 布莱克—李特曼模型资产配置结果

根据已有历史数据，利用布莱克—李特曼模型得到资产配置结果如图 11 所示。需要说明的是，在使用布莱克—李特曼模型时需要给出投资者观点，此处观点主要是延续了 2018 年年初至 8 月下旬各市场的表现，主要设定六种观点，分别是：上证 A 股指数收益率比中证全债指数收益率低 0.87%，比中国大宗商品价格指数收益率低 0.72%，比中证货币型基金指数收益率低 0.78%；中证全债指数收益率比中国大宗商品价格指数收益率高 0.15%，比中证货币型基金指数收益率高 0.08%；中国大宗商品价格指数收益率比中证货币型基金指数收益率低 0.06%。

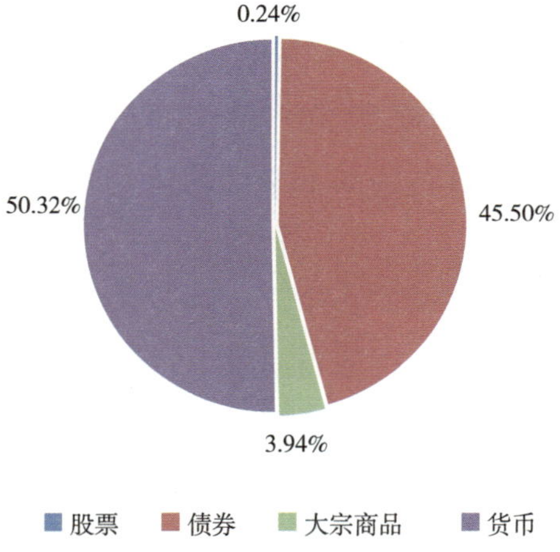

图 11　布莱克—李特曼模型资产配置示意图

数据来源：Wind 数据库，经作者整理。

从图 11 中可以看到，基于 2018 年年初以来的金融市场样本数据和所给的投资观点，布莱克—李特曼模型给出的资产配置的结果中，以货币类资产最多，占比为 50.32%，其次是债券类资产占比 45.50%，商品类资产占比为 3.94%，股票类资产占比 0.24%。此时组合的周度收益率为 0.12%，风险（标准差）为 0.12%，年化收益率约为 6%。出现这种配置结果的原因也与投资观点中认为，债券市场收益未来将高于大宗商品资产、货币类资产有关。

3. 组合风险测算及模型比较

此部分首先对所选用的各类资产的收益及风险进行测算。此处选择将测算区间扩展至2017年年初至2018年8月24日，具体如表2所示。可以看出，自2017年年初至今，中国宏观经济增速有所放缓，股票市场分化相对较大，整体平均收益并不令人满意。而受到相关政策的影响，大宗商品市场一度迎来利好行情，年化收益率高达6.86%，相对其他大类资产收益较高。与此同时，债券市场走势稳中有升，行情也相对看好，年化收益率达3.20%；货币类资产的年化收益率为4.07%，表现良好。

表2　2017.01—2018.08 各大类资产的收益及风险测算

分类	权益类资产	固定收益类资产	商品类资产	货币类资产
年化收益率（%）	-9.28	3.20	6.86	4.07
年化波动率（%）	14.95	1.73	7.45	0.13
收益率偏度	-1.50	0.48	-0.33	3.46
收益率峰度	5.72	1.77	-0.11	13.39
单周最大收益（%）	4.96	0.95	2.52	0.16
单周最大回撤（%）	-12.63	-1.25	-4.08	-0.10
VaR（5%）	-3.65	-0.30	-1.56	0.06
VaR（1%）	-5.82	-0.50	-2.45	0.06

数据来源：Wind数据库，经作者计算整理。

进一步，对资产配置组合的风险进行测算并比较，结果如表3所示。

表3　2017.01—2018.08 两组模型的收益及风险测算

	均值—方差模型	布莱克—李特曼模型
年化收益率（%）	3.63	3.75
年化波动率（%）	0.85	0.86
收益率偏度	0.05	0.23

续表

	均值—方差模型	布莱克—李特曼模型
收益率峰度	1.68	1.98
单周最大收益（%）	0.48	0.51
单周最大回撤（%）	-0.64	-0.64
VaR（5%）	-0.15	-0.15
VaR（1%）	-0.20	-0.22

数据来源：Wind 数据库，经作者计算整理。

从表3可以看到，因为两个模型在配置时权重差异并不大，所以在测算区间拓展后的表现差异也不是很明显。布莱克—李特曼模型的年化收益率为3.75%，略高于均值—方差模型的3.63%，且其夏普比率也明显更高，体现出布莱克—李特曼模型的稳健性。这也在一方面验证了均值—方差模型虽然在资产配置中具有重要的理论地位，但是其运算结果过度依赖历史数据，模型结果对数据变化存在敏感性过高的缺点。而通过分析两个资产配置模型的 VaR（5%）值可以发现，基于该段时期市场数据样本，均值—方差模型与布莱克—李特曼模型的在险价值几乎相等，但考虑到布莱克—李特曼模型能更好地将投资者主观观点嵌入模型，在一定程度上优化资产配置，目前布莱克—李特曼模型越来越受到金融业界广泛关注和应用。

五、 对未来中国大类资产配置的建议

（一） 股票市场短期内提振乏力， 谨慎配置权益类资产

2018年上半年，受到金融监管趋严，经济预期弱化，中美贸易争端的持续冲击，社会融资规模继续回落，M2及固定资产投资同比双双创下近年来的新低等因素影响，中国A股市场悲观情绪集中释放，各大板块均有不同幅度的下跌，市场表现欠佳。

展望未来一段时间，个税改革草案已在二季度末推出，有望通过减轻中等及以下收入人群的税收负担，增加家庭部门的可支配收入支出来提振消费。定向降准政策落地有助于撬动社会资金，温和去杠杆，有利

于弱化市场的风险预期。央行和五部委公布下调再贷款利率，支持银行业金融机构发行小微企业贷款 ABS 等政策旨在增强市场活力。随着这套政策“组合拳”的先后出击，有望在一定程度上缓解市场紧张情绪。但是，考虑到中美贸易战带来的不确定性和经济下行压力对权益类资产仍存在较大影响，市场短期调整压力不容小觑，建议投资者谨慎配置权益类资产，可重点关注基本面优良的低估值蓝筹股等。在具体行业配置方面，短期建议关注周期性板块和具有低估值优势的成长股，中长期建议关注食品饮料、医药生物等具备较强防御性的大消费板块。

（二）高利率背景下货币资产投资价值显著，建议增持货币类资产

2018 年下半年中国经济的主要风险因素有：贸易战全面升级和扩大化可能对全球经济造成冲击，全球通胀压力超预期，中国社会融资收缩力度超预期，房产税升温等。中国宏观经济尽管面临下行压力，但总体风险可控，通货膨胀温和回升，稳健的货币政策虽有灵活性，但利率下行空间有限，利率总体仍将维持较高水平。预计货币基金发行量和份额维持平稳，货币基金指数也将保持高位。利率水平总体偏高，建议“超配”货币基金。此外，投资者需要警惕人民币汇率压力，随着原油价格相对强势，美国通胀预期抬升，紧缩效应推动美元走强，包括人民币在内的新兴市场汇率都将面临考验。

（三）债券市场走势回暖，建议增持固收类资产

2018 年 6 月，国务院常务会议指出，要坚持稳健中性的货币政策，保持经济运行在合理区间，维持流动性合理充裕。回顾 2018 年上半年，债券市场总体稳中有升，市场回温有超预期表现。考虑到当前经济增长承压，资本约束和金融监管背景下融资增速回落，资金供求改善等因素，预计债券市场未来有望继续回暖。但是考虑到债券市场分化程度有所加剧，竞争性领域的中低信用评级中民营企业出现违约的概率较大；部分对再融资过度依赖的低等级区县级城投企业或将在公募债券领域爆发违约事件等因素，建议增持利率债和高等级信用债。

（四）适当配置原油资产，建议低配贵金属资产

展望未来一段时间，随着供给侧改革继续深入推进，市场需求可能相对走弱，大宗商品价格在一定程度上面临回调压力。原油方面，全球经济温和复苏为油价带来良好的需求支撑，伊朗、委内瑞拉等国原油产量大幅减少加剧了供应紧张，地缘政治风险因素依然不容小觑，预计未来短期内原油市场供需将趋于紧平衡，原油价格可能略有上涨，因此，建议适当配置原油资产。

黄金方面，2018 年上半年，美国经济增长明显领先于欧洲和日本，经济表现超过预期，强势的美元指数抑制了黄金价格走势，世界黄金协会报告显示黄金供大于求，贵金属基本面并不乐观。预期未来一段时间，美元指数将继续保持强劲走势，尽管有贸易战升级和伊朗局势危机的担忧，但市场避险情绪并不明显。综合考虑多方因素，预计短期内黄金价格上涨乏力，建议投资者适当低配黄金资产。

参考文献

[1]中国银行业理财市场报告(2017 年)[R]. 银行业理财登记托管中心,2018－02.

[2]关于规范金融机构资产管理业务的指导意见[EB]. 中国人民银行,2018－04.

[3]2018 年三季度经济金融展望报告[R]. 中国银行国际金融研究所,2018－06.

[4]中债分析——债券市场分析报告[OL]. http://www.chinabond.com.cn/cb/cn/yjfx/zzfx/yb/list.shtml.

[5]2018 年财富报告[R]. 莱坊(Knight Frank),2018－05.

[6]智信资产管理研究院. 中国资产管理行业发展报告(2018)[M]. 北京:社会科学文献出版社,2018.

[7]袁吉伟. 宏观经济再平衡下的大类资产配置展望[Z]. 华尔街见闻,2018－06－24.

[8]李超. 金融对外开放进入政策落地阶段中高频经济数据观察[Z]. 华尔街见闻,2018－05－14.

[9]刘向东. 全球大宗商品形势分析与展望[R]. 国际经济分析与展望[C]. 中国国际经济交流中心,2018.

[10]刘丹. 浅谈财务公司固定收益类证券投资风险防控[M]. 北京:现代商业出版社,2018.

收益率曲线与通胀预期外风险的动态特征及启示

李　雪

摘要： 本报告从收益率曲线与其他宏观变量的关系着手，在深入考察收益率曲线变化驱动因素的基础上，重点分析收益率曲线对通胀预期外风险的影响。结果表明，第一，货币政策立场与经济基本面都是引起收益率曲线变化的关键因素，且前者为主导因素。第二，中国长短端反映的部分利率期限结构包含了未来通胀预期外的风险信息。因此，中央银行需要从期限结构入手"缩短防长"，综合利用长短期政策工具预防通胀预期外风险，避免大量短期资金进入市场继续推升杠杆率，加剧金融市场风险。

关键词： 货币政策；收益率曲线；通胀预期外风险

一、引言

利率期限结构是指在相同风险水平下，利率与到期期限的函数关

基金项目：2016 年国家社会科学基金青年项目"供给侧价格黏性与货币政策传导机制阻滞研究"（16CJL016）资助。

作者简介：首都经济贸易大学金融学院讲师，经济学博士。

系，可用一条曲线来表示，又称收益率曲线。而利率期限结构作为利率的重要部分，始终受到宏观经济学者和金融学者的共同关注。宏观经济与利率期限结构密切相关。债券交易员和金融分析师一般会将货币政策作为长期利率结构变动的主要因素，而债券市场对宏观经济新闻发布反应灵敏（Gürkaynak et al.，2005），即利率期限结构的运动传达了关于未来宏观经济状况的重要信息（Bernanke and Blinder，1992；Mishkin，1990；Estrella and Hardouvelis，1991）。因此，研究利率期限结构与宏观经济变量的关系，对研判未来经济形势、提高宏观调控的效率都具有重要现实意义。具体而言，从现实层面看，通过讨论利率期限结构与宏观经济变量的关系，货币当局可以从中获取信息作为制定宏观调控政策的依据，尤其是利用收益率曲线的形状判断通货膨胀风险。同时，监管部门也能够更加有效地稳步推进利率市场化进程，促进资本市场的完善和发展。

现有研究表明，利率期限结构与通胀以及货币政策存在一定的关联，而且利率期限结构具有预测通胀的能力（刘金全等，2007；石柱鲜等，2008；郭涛和宋德勇，2008；康书隆和王志强，2010；李宏瑾等，2010）。本研究从宏观经济与收益率曲线的关系着手，深入探寻重要宏观变量通货膨胀与收益率曲线的动态特征，为中央银行能从期限结构入手“缩短防长”，综合利用长短期政策工具提供相关证据支持。唯有此，才能一方面提前预判通胀风险；一方面避免大量短期资金进入市场进行投机，推升杠杆率，加剧金融市场风险。

关于收益率曲线与宏观经济关联的现有文献，主要沿着两条路径发展。

一是增强用于预测经济产出或通货膨胀的收益率曲线组成部分的分析，更一般地说，通过对收益率曲线组成部分和主要宏观变量进行联合建模来构建宏观金融模型。埃斯特雷拉等（Estrella et al.，1991）发现，利差包含有关未来产出增长的有限信息。伯纳德等（Bernard et al.，1998）对 8 个国家的研究表明，收益率曲线斜率是实际经济活动的良好预测指标。埃斯特雷拉等（2005）认为，斜率因素可以预测产出增长和通货膨胀。昂等（Ang et al.，2006）的研究表明，收益率曲线的斜率可预测产出增长和通货膨胀。赫沃斯登卡（Hvozdenska，2015）指出，长短期利差（10 年期和 3 个月期的收益率之差）是有价值的预测工具。收益率曲线不仅使用简单，在预测未来 2 到 6 个季度的经济衰退方面明显优于其他金融和宏观经济指标，进一步提供了利差可作为未来经济活动预测指标的经验证据。

二是明确考虑收益率曲线成分和宏观变量关系的时间变化，构建理论模型，探讨二者的动态关联。很多研究将宏观经济变量纳入仿射高斯无套利期限结构模型，以评估宏观经济信息对收益率曲线的影响，即利用这种所谓宏观金融模型分析宏观经济与金融的关系。贝卡尔特等（Bekaert et al.，2010）建立了整个期限结构与宏观经济因素之间的结构联系。但是，解释利率期限结构的关键特征对标准宏观经济模型来说是一项挑战。巴科斯等（Backus et al.，1989；den Haan，1995；Campbell et al.，1990）的研究都表明，主力宏观经济模型难以合理解释期限结构预期理论的失败。贡（Kung，2015）提出了一个基于一般均衡生产的框架来解释货币政策和宏观经济的动态特征与期限结构相关的事实。研究发现，名义收益率曲线的斜率在经济周期频率上是经济增长和通货膨胀的有力预测因子。收益率曲线的斜率又能分别预测消费增长和通货膨胀。考虑到经济中的储蓄和投资决策通常以长期利率为基础，伦特纳等（Lentner et al.，2016）进一步指出，扩大新凯恩斯主义模型的状态向量，使其包含长期利率，可更准确地对收益率进行定价。

此外，货币政策规则提供了一个连接利率和经济变量的渠道。昂等（Ang et al.，2003）建立的简约型宏观金融模型在仿射期限结构模型的基础上，增加了实体经济活动指标和通货膨胀率等宏观经济变量，宏观经济变量的选择是泰勒规则思路的延伸。于是模型通过泰勒规则将宏观经济变量与短期利率联系起来。古尔凯纳戈等（Gürkaynak et al.，2005）的证据表明，远期利率对各种宏观经济和货币政策意外有显著的反应，预计这些意外事件对标准宏观经济模型下的短期利率会有短暂的影响。

总之，中央银行在制定货币政策时会根据当时的通胀形势不断调整基准利率，由于长期利率是对未来短期利率的加权平均，因此市场主体对货币政策变动的预期与对未来通胀走势的预测能影响国债市场收益率曲线的形状。除了对未来通胀做出预测外，投资者在投资组合配置过程中还要考虑扣除通胀后的真实收益率，尤其是长期投资者，如何使所管理的资产保值增值是他们参与市场的根本动机，而名义收益率曲线隐含着实际利率和通胀预期的重要信息，考察我国收益率曲线的动态特征及驱动因素对预防通货膨胀风险意义重大。

二、 收益率曲线与货币政策

（一） 理论作用机制

一般而言，短期利率是整个期限结构的主导因素，是所有其他不同期限资产的定价基准。预期理论则认为，长期利率是当前和预期短期利率的加权平均值，自然宏观经济变量也会对长期利率产生影响，进而作用于利率期限结构。

国外学者中，鲁德布施等（Rudebusch et al. , 2008）在货币政策反应函数基础上增加宏观经济基本面，发现在通货膨胀和经济增长期间，收益率曲线的形状是货币政策有效性的良好反映。汉森等（Hanson et al. , 2015）发现，货币政策的变化对长期实际利率产生较大影响。这一发现与基于黏性名义价格的标准宏观模型①不一致，意味着货币政策无法将实际利率提高到经济中所有价格可以重新调整的水平。相反，长期实际利率对货币冲击的反应似乎反映了期限溢价的变化。一种可能的解释是，期限溢价中产生这种变化的机制是收益导向型投资者的行为，

---

① 模型中，中央银行影响实际变量的能力源于商品价格在名义上黏滞的事实。在这样的模型中，货币政策的变化应该不会对远期的实际利率产生影响。

他们通过增加对长期债券的需求来降低短期利率，从而对长期利率构成下行压力。这与科克仑等（Cochrane et al.，2002；Gürkaynak et al.，2005）得到的观点相同。但汉森等更加集中在实际利率的讨论上，而不是名义利率，这使长期的非中立性问题更加突出。吉尔克里斯特等（Gilchrist et al.，2015；Gertler and Karadi，2015）的研究也都表明，政策冲击对短期名义利率的影响不大，但却对长期信贷的实际成本和实际经济活动产生了巨大影响。

国内学者对货币政策和利率期限结构之间的动态相依性也进行了研究。一方面，利率期限结构蕴含着丰富的货币政策信息，能够为货币政策的制定提供决策参考。例如，郭涛等（2008）发现，中国利率的长短期利差较好地反映了货币政策状态。李宏谨等（2010）认为，短期利率期限结构包含未来通胀变动的信息，可以作为判断未来通胀走势的预测变量。另一方面，国债的定价充分利用了货币政策信息，当货币政策发生变化时，国债交易价格也会相应发生变化，进而对国债利率期限结构曲线产生影响。孙皓等（2011）利用宏观金融模型对我国货币政策和利率期限结构的关系给出了经验证据，发现货币政策对利率期限结之间构的水平、斜率和曲率因子具有显著影响。在我国，货币政策传导的利率渠道一般包括从短期利率到中长期利率的传导，以及从货币市场利率向债券市场、信贷市场的传导。我国货币政策框架正处于从数量型为主向价格型为主的转型过程中，其中一项重要任务就是建立有效的利率传导机制，即从政策利率向其他市场利率有效传导的机制。

（二）实践中的传导与反应

具体实践中，伴随着利率市场化进程的演进，中国的公开市场操作利率类似于美国联邦基准目标利率，作为中国的政策基准利率，其变化会影响货币市场基准利率，例如，货币市场的7天回购利率，以这种路径传导下去，会影响整条收益率曲线。

以美国作为参照，中美两国的利率传导体系如下，可以发现这一思路起源于泰勒规则。美国的情况是：联邦基金目标利率→隔夜 Libor 利率→3M→Libor 利率→长期利率；我国的情况是：公开市场操作利率→货币市场 7 天回购利率→3M→Shibor 利率→长期利率。

收益率曲线的形状受到货币政策立场的影响。当经济活动稳定增长时，“正常”的曲线显而易见。通胀压力不高，对商业周期突然变化没有预期。在这种情况下，就价格变化或扩大产出缺口的目标而言，货币政策应以中立的方式实施。在经济扩张期间，由于未来短期利率的预期增长，长期实际利率会提高，反映长期融资投资需求增加。另外，长期通胀率预计会上升，因此会产生收益率曲线的正斜率。只要风险规避的程度增加或市场变得更加动荡，就会产生类似结果。

一条“陡峭”的曲线标志着宽松的货币政策立场，以刺激经济活动。这种形状在经济周期的低谷时期频繁发生，并且预计会在未来几个月（6～12 个月）经历一段时间的经济扩张。而收益曲线趋于平缓并不会持续太久，预计经济增长由正向负转变。一个“平坦”的收益率曲线通常接近商业周期的高峰期，通常是由于短期利率急剧上升，货币紧缩政策是针对巨大的通胀压力和预期的突然变动而实施的。最后，当长期利率低于短期利率时，收益率曲线是“反向”的，负斜率表明经济周期发生变化，并表明经济衰退可能即将到来。

三、 收益率曲线的变化

（一） 中国债券市场收益率

2018 年上半年，中国债券市场收益率和发行利率总体呈现下行趋势，发行规模同比增多。如图 1 所示，截至 6 月底，3 个月期、6 个月期、1 年期、5 年期和 10 年期收益率分别为 3.01%，3.10%，3.16%，3.35%，3.48%，较上年末分别下行 72，81，63，49 和 41 个基点；1 年期和 10 年期国债利差为 32 个基点，较上年末增 23 个基点。

债券市场指数上行。中债综合净价指数由 2017 年 12 月末的 97.97

上升至2018年6月末的99.78，升幅为1.85%；中债综合全价指数由2017年12月末的113.37点上升至2018年6月末的115.82点，升幅为2.16%。交易所上证国债指数由2017年12月末的160.85点上升至2018年6月末的165.44点，升幅为2.86%。

债券发行规模同比增加。如表1所示，2018年6月末，累计发行各类债券20.2万亿元，同比增加2.4万亿元，主要是同业存单和非金融企业债务融资工具发行增加较多。根据人民银行公布的数据，国内各类债券余额79.1万亿元，同比增长14.9%。

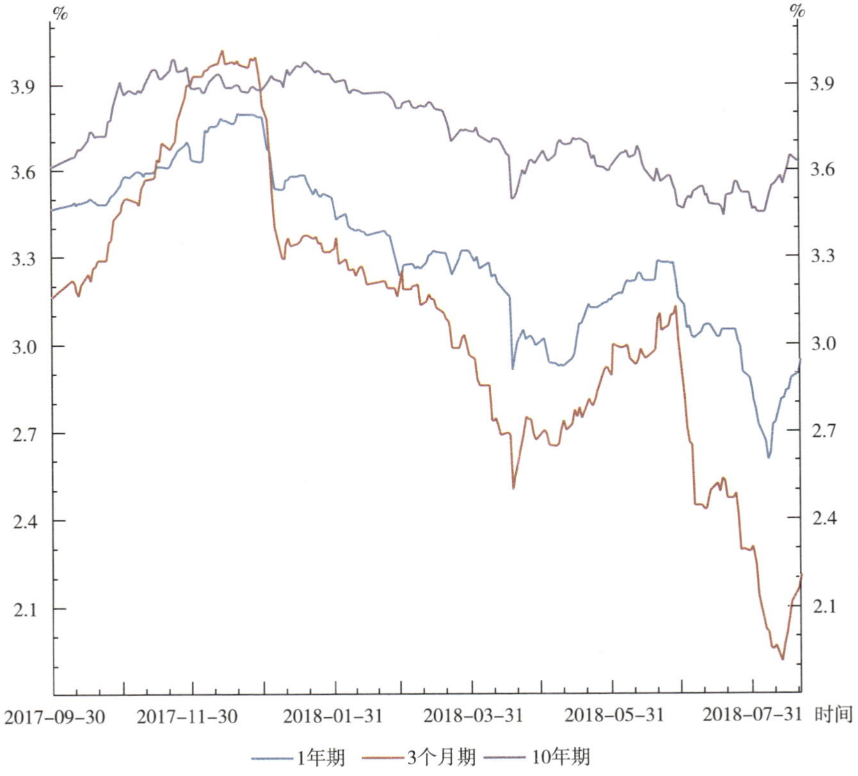

图1　不同到期期限中债国债到期收益率

数据来源：Wind资讯。

表1　2018 年 6 月末我国各类债券发行情况　　（亿元）

债券品种	发行额	较上年同期增减
国债	15 744	1 463
地方政府债	14 109	-4 501
金融债券	137 973	16 602
其中：政策性金融债	19273	3 001
同业存单	108 592	13 367
公司信用类债券	34 133	10 699
国际机构债券	386	153
合计	202 345	24 416

数据来源：中国人民银行、中国证券监督管理委员会、中央国债登记结算有限责任公司。

（二）收益率曲线的刻画

早期的分析主要集中在用收益曲线的斜率来预测产出或通货膨胀。通常情况下，为收益曲线和宏观变量的动态关系预先设定一些可能的范围，并且只偶尔允许双向关系（Harvey，1988；Stock and Watson，1989；Estrella and Hardouvelis，1991；Mishkin，1990a，1990b，1990c）。肖韦等（Chauvet et al.，2005；Benati，Goodhart；2008；Rudebusch，Williams，2009）的论文都使用经验指数表示斜率。例如，埃斯特雷拉等（Estrella，et al.，1991；Estrella，Mishkin，1998；Plosser，Rouwenhorst，1994）通常用 10 年期国债的零息利率和 3 个月期国库券利率的差额，即期限差价刻画收益率的斜率。迪博尔德等（Diebold et al.，2006）将收益率曲线的水平和斜率因子与通货膨胀预期和产出的周期性变化联系起来。因而，对收益率曲线的刻画首先要研究收益率曲线的平陡变化，而利差一般选择长期利率减短期利率，但是各个国家根据本国债券市场的不同特征，会采用不同期限的收益率相减，统一遵循的一个基本原则就是所选择的长期与短期债券品种都具有良好的流动性。例如，美国国债市场中构建利差曲线通常选择 10 年期国债利率减两年期国债利率，因为两年期国债品种滚动定期发行，市场流动性较好，具有很好的基准性。而日本国债市场中构建利差通常选择10年期国债利率减1年期国债利率。总体来讲，各国在利差选择上，10年期长期利率差异不大，对于短期品种的选择存在一定的差异。在中国的债券市场上，根据流动性的强弱，长期利率的选择可以用10年期国债利率、10年期政策性金融债券利率（尤其是国家开放银行发行的政策性金融债券），甚至有些时候，后者的流动性要强于前者。短期利率可以选择3个月期国债利率、1年期国债利率或者1年期政策性金融债券利率等几个品种。那么，收益率曲线的斜率可以用很多利差形式来表示。为了稳健性的考虑，本报告也会采用多种利差来刻画收益率曲线。

对利差变化的认识，前文已给出了两个思路：一是从经济基本面周期解释，当基本面环境趋弱，收益率曲线往往呈现平坦化，利差曲线走低；反之，当经济基本面走强，收益率曲线往往呈现陡峭化，利差曲线走高。二是从货币政策周期角度理解，降息周期展开后，收益率曲线变的陡峭，利差曲线走高；反之，当处于加息周期时，收益率曲线变平，利差曲线走低。

值得注意的是，中国的利率体系依然存在着官方管制利率和市场利率的分割，而所谓的加息周期或者减息周期，一般是针对基准存贷款利率变化而言的，这与美国市场很不一样，美国市场的政策基准利率和货币市场利率具有高度相关性。美国的政策基准利率是联邦基金利率，其变化幅度与变化方向和货币市场基准利率（隔夜 Libor 利率）高度相关。而中国很可能出现一种扭曲现象，即基准法定存贷款利率被调整后，货币市场利率可以不跟随发生变化，或者当货币市场利率发生变化后，基准法定存贷款利率也完全不变。但中国也在向市场化迈进，伴随着利率市场化的完成，基准法定存贷款利率慢慢失去作用，取而代之的政策基准利率来自中央银行的公开市场操作利率。当公开市场操作利率发生变化后，将能同时、同幅度地影响货币市场基准利率，再通过货币市场基准利率的变化影响货币市场利率曲线以及债券市场收益率曲线。

（三）美国收益率曲线的变化特征及驱动因素

前文指出，加减息周期、经济基本面周期会引起利差曲线的变动，图 2 给出了美国联邦基金利率与美国国债利差曲线的走势。

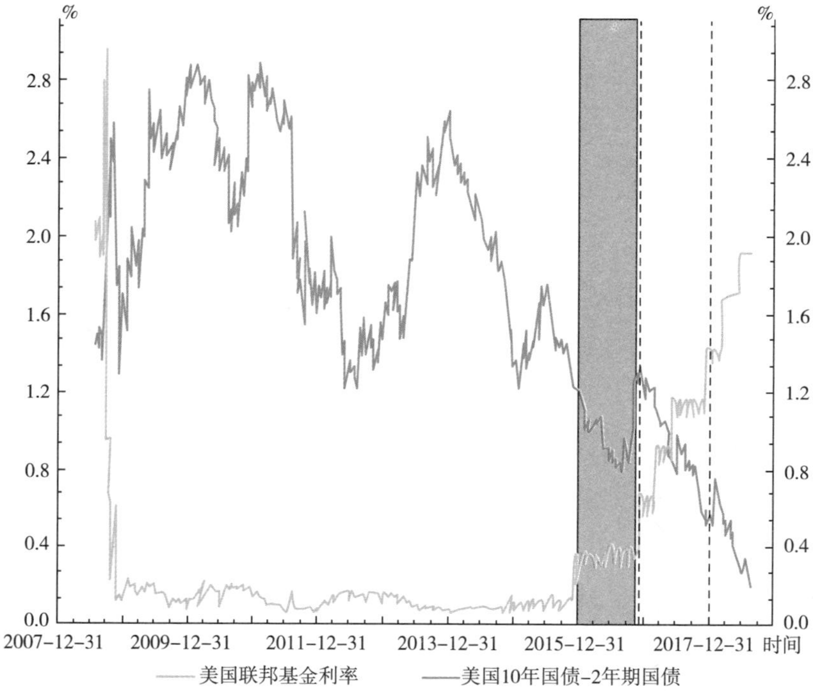

图 2　美国联邦基金利率与美国国债利差曲线的关系

数据来源：Wind 数据库。

金融危机发生至今，联邦基金利率与美国国债利差曲线（美债 10 年减 2 年收益率的利差）的走势具有如下特征：加息周期（联邦基金利率上行）开启，利率曲线通常是下行趋势，表明收益率曲线越发平坦，即表现出“加息变平”；在减息周期（联邦基金利率下行）中，利差曲线一般是上行的，表明收益率曲线变得陡峭，即“减息陡峭”。这种特征在周期变化中非常明显，因此加息减息周期是决定利差曲线上下的重要因素，即货币政策立场的变化对收益率曲线的影响是显著的。

此外，也可以从图2中发现，在联邦基金利率处于平稳时期中（阴影区），利率曲线也会出现上下波动，这个时期的变化与加息减息周期无关，而是受经济基本面因素所主导。

进一步放大图2，再加入美国GDP增长率数据，发现在联邦基金利率平稳阶段，美国GDP是发生显著变化的（见图3）。通常情况下，在联邦基金利率维持稳定时期，GDP增长率下行，则利差曲线下行，即收益率曲线变平；GDP增长率上行，则利差曲线上行，即收益率曲线变陡峭。可以说，当弱化联邦基金利率的影响后，经济基本面状况就成为决定利差曲线的关键性因素。从美国的情况看，可以得到结论：利差曲线的平陡不仅受到政策基金利率变化的影响，也受到经济基本面状况

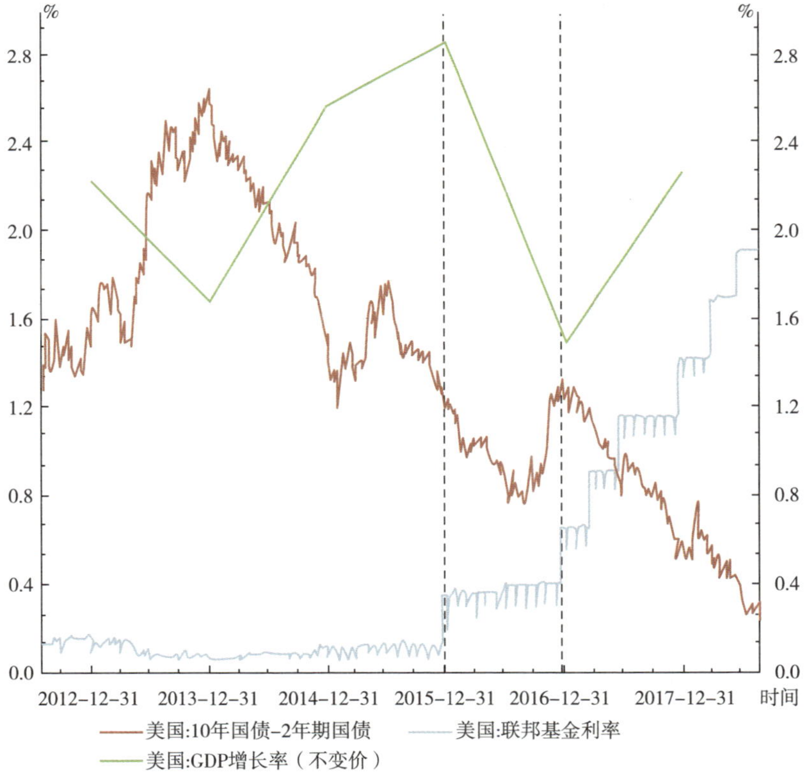

图3 美国联邦基金利率、美国GDP增长率与美国国债利差曲线的关系

资料来源：Wind数据库。

的影响。而货币政策立场的影响更为主要，“加息变平，减息陡峭”。只有在政策基准利率平稳时期，经济基本面才会对利差曲线发挥作用，表现为基本面良好时陡峭，基金面弱化时变平。

近期，美债利差降至低于25BP，为2007年下半年以来最低水平。本轮美债收益率曲线走平始于2014年，当下更因美联储渐进加息而有走向倒挂的趋势。对于美债收益率曲线的倒挂，市场反应较为剧烈，因为在美国历史上，收益率曲线倒挂均预示着不同程度的美国经济衰退。20世纪70年代至今，共有四次美债收益率曲线倒挂的经历，分别是1979年、1989年、2000年及2007年，四次均对应着第二次石油危机、第三次石油危机、互联网泡沫及美国次贷危机。

进一步分析美债收益率曲线走平甚至倒挂的驱动因素，不仅包括美联储渐进加息，还需要考虑其他一些重要因素。从需求角度看，美联储和海外投资者购买长债压低了长端利率。一方面，美联储为降低长期借贷成本，通过量化宽松政策购入的债券主要为中长期国债和抵押支持债券（MBS），短期国债的持有量有所下降；另一方面，近年来海外投资者持有美国国债总量持续上升（见图4、图5）。境外投资者更偏爱期限长且流动性强的品种，比如10年期美国国债。此外，2010年颁布的《多德—弗兰克法案》对银行及其他金融机构资本监管提出更高要求，以致长期美国国债（被视为“安全且流动性高”的资产）的配置需求被动增加。从供给角度看，美国财政部中短期国债发行量远高于长期国债，推升了短端利率。其中，2年期、5年期国债增发量最大，这对中短期利率构成额外的上行压力。

再从期限溢价的角度分析收益率曲线，短端利率更多反映货币政策风向，长端利率则更多由市场交易决定，因而美债收益率曲线走平甚至倒挂的趋势，在一定程度上表征美联储与资本市场对美国经济看法的分歧加深。伯南克（2015）指出，从美国长期美债收益率看出，自2015年下半年开始，美国短期实际利率上行、通胀预期温和回升，因此，美国长期利率下滑主要归咎于期限溢价下降，这很可能是引致期限利差收

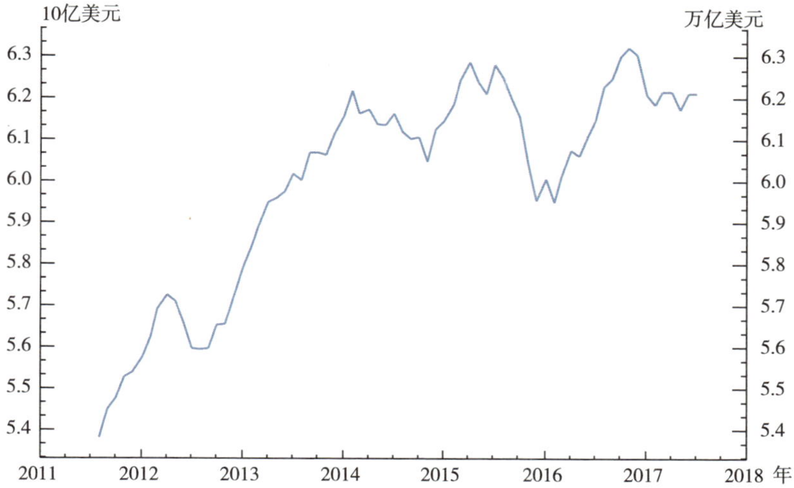

图 4　外国投资者持有美国国债总额变化

资料来源：Wind 数据库。

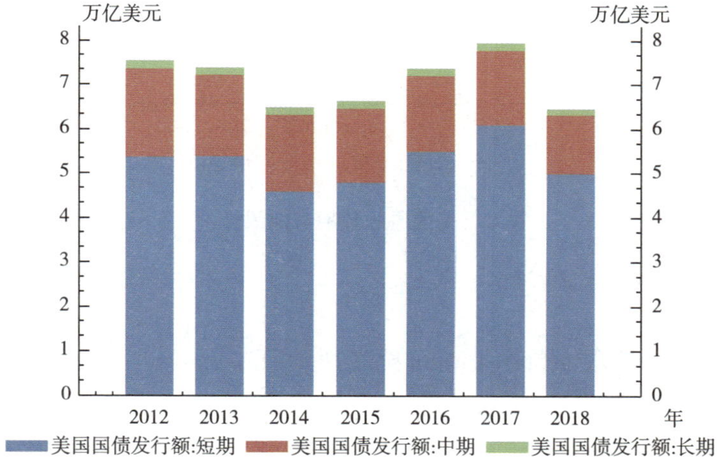

图 5　美国短期、中期、长期国债的发行情况

资料来源：Wind 数据库。

窄的主导因素。图 6 给出了 2012—2018 年的通胀预期与期限溢价走势图。其中，以 10 年国债收益率与 TIPS 收益率之差代表通胀预期，3 个月期国债收益率与 CPI 环比之差视为短期实际利率，期限溢价则为 10 年国债收益率剩余部分。

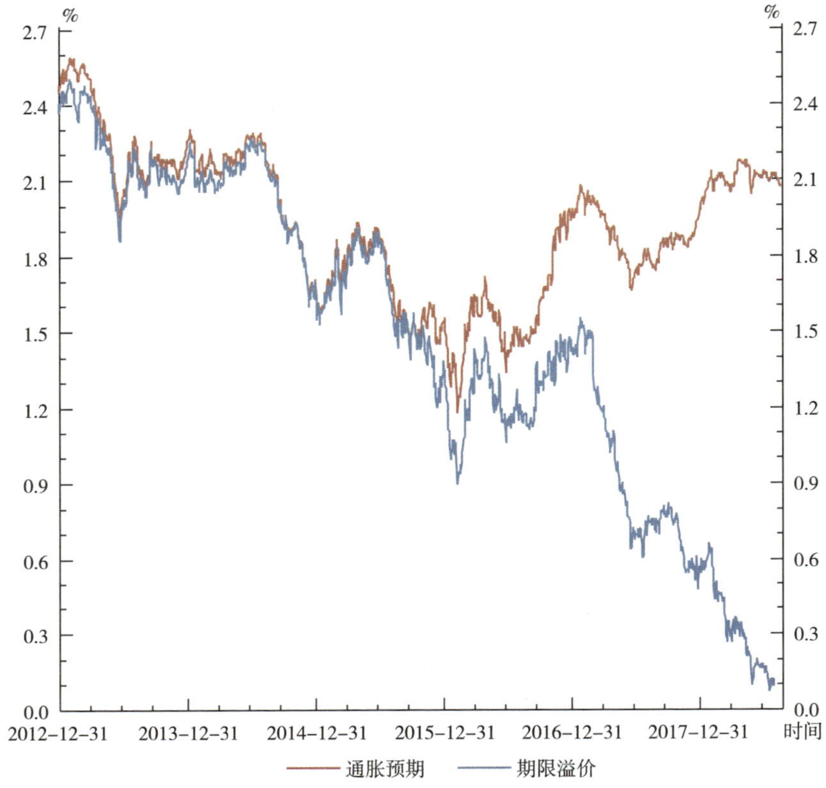

图 6　美国通胀预期与期限溢价

资料来源：Wind 数据库。

事实上，期限溢价主要由可感知风险（perceived risk）决定。通常情况下，投资者将预期外的通胀视为投资长期债券的最大风险，其次是短期经济前景和货币政策的不确定性。从图 6 可知，目前美国面临较低的期限溢价，尤其是 2018 年达到极低的水平，接近于 0 值。这种情况表明了三点：第一，投资者并不认为美国通胀将在短期失控；第二，市场已经基本消化美联储政策变化，并且相信美联储将按既定计划行事；第三，对于海外投资者，特别是利率在 0 附近的欧日投资者，美德和美日利差收益足以对冲其他风险，投资者感知风险的下降带动期限溢价下行。

美联储和海外投资者购债支撑买盘从而保障长债需求的稳定性，进而拉低期限溢价；而较低的期限溢价可以作为较低的风险成本计入价格，从而影响供需。在美国通胀预期短期内依然稳定以及美联储渐进加息的推动下，期限利差也许还会进一步下探，导致美债收益率曲线进一步走平倒挂。在美股“节节高”之际，投资者想要预判通胀外风险，美债收益率曲线的形态演变可以看作一个先行指标。

（四）中国收益率曲线的变化特征及驱动因素

在考察中国收益率曲线变化及驱动因素时，要注意在中国利率市场化没有完成前，政策基准利率是法定存贷款利率，那么法定存贷款利率的上调或者下调未必对应着货币市场基准利率的同步变化（见图7）。

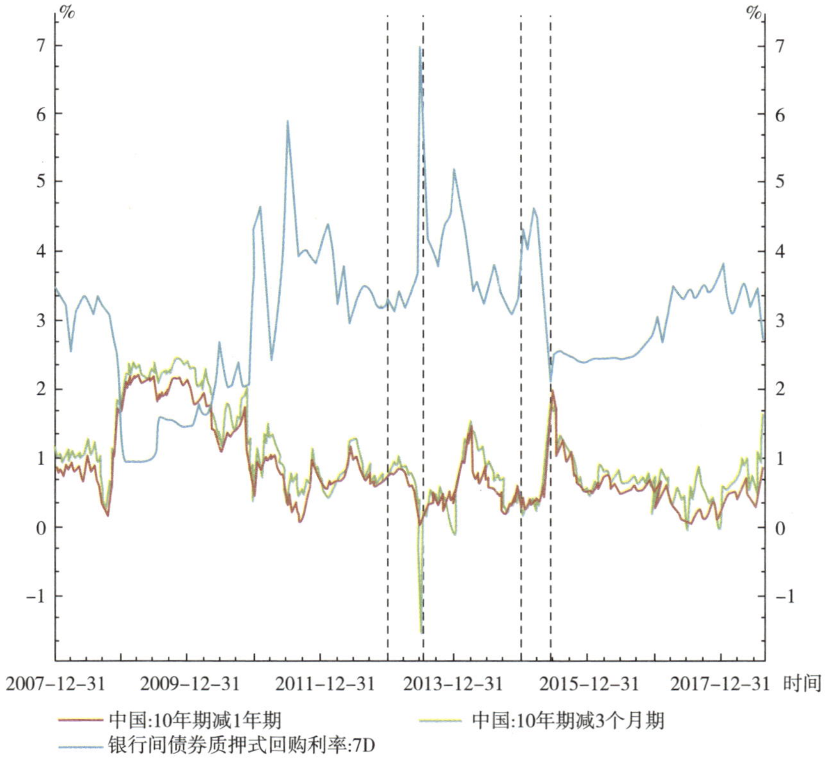

图7　中国债券市场利差与银行间7天回购利率

资料来源：Wind数据库。

从历史数据看，1 年期中央银行票据发行利率、公开市场操作利率都充当过政策基准利率的角色，在一定程度上可以与联邦基金（目标）利率相比拟。其中，只有在 2007—2009 年，中央银行票据发行利率取代公开市场操作利率的地位，直接影响了短期债券利率的定位，因此，在那个时期，货币市场基准利率与利差曲线的关系出现了混乱，如图 8 的阴影部分。

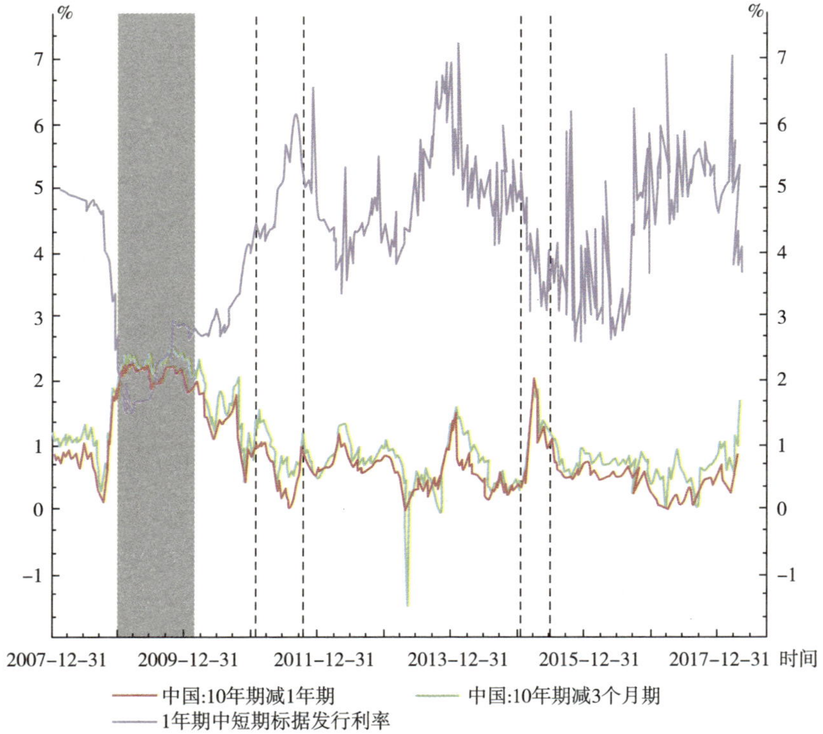

图 8　中国债券市场利差与 1 年期央行票据发行利率

资料来源：Wind 数据库。

如果不考虑 2007—2009 年，从两种基准利率和不同利差曲线走势看，10 年期国债收益率与 3 个月期国债收益率衡量的利差曲线中，最高约为 250 基点，最低为 -151 基点。10 年期国债收益率与 1 年期国债收益率衡量的利差曲线中，最高约为 229 基点，最低为 -7 基点。本研究发现，与美国一致，利差曲线基本呈现箱体震荡特征，当货币政策引导公开市场操作利率下行（减息周期），则会导致货币市场基准利率出现回落，利差曲线走高（减息周期陡峭），反之，当货币政策引导公开市场操作利率上行（加息周期），则会导致货币市场基准利率上升，利差曲线变平（加息周期变平）。

从图 9 可知，中国货币市场利率波动率较大，很难确认一段非常平稳时期去考察经济基本面因素对利差曲线的影响，但是这种局面正逐渐发生变化，尤其自 2015 年以来，伴随着利率市场化进入倒计时，货币当局对于货币市场基金利率的控制越发精准，中国银行间 7 天回购利率波动在逐渐降低，可以预期，未来中国的政策基准利率对货币市场的影

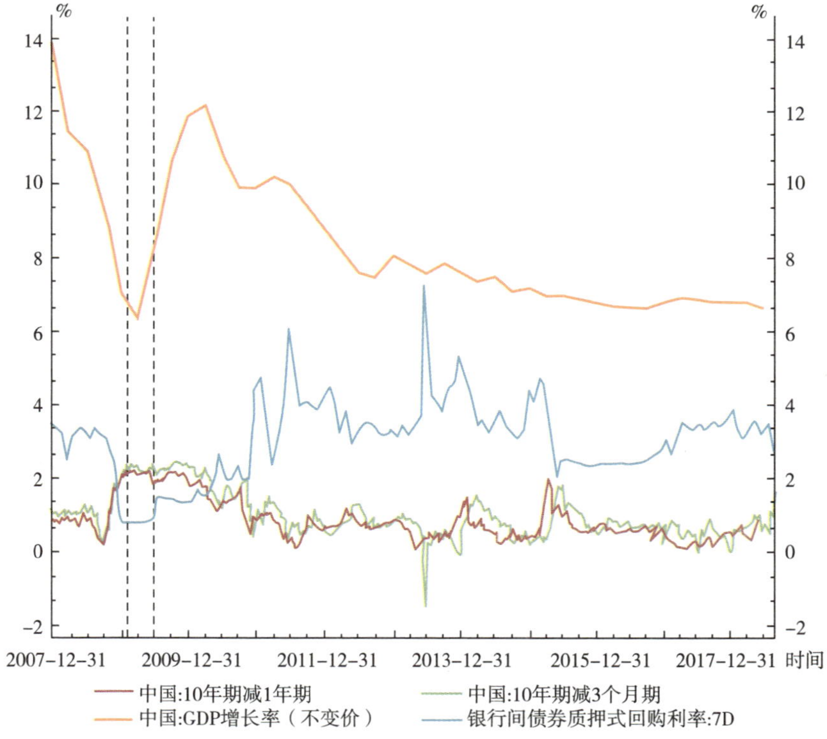

图 9　中国债券市场利差、银行间 7 天回购利率与中国 GDP 增长率

资料来源：Wind 数据库。

响力会更加显著，则加息减息以及经济基本面的变化对收益率曲线的影响效应也会更加明显。

进一步考察中国通货膨胀预期以及预期外风险，我们以 Wind 公布的通货膨胀预测值代表中国的通胀预期，期限溢价则参考美国情况对应计算。图 10 给出了我国的通胀预期与期限溢价的走势，阴影部分是预测值。从图 10 可知，中国的通胀预期并没有美国那么具有趋势性，表现为较大的波动，体现出我国市场的不确定性较高。尤其是近年来，长期债券收益率中的通胀预期有所回升，但短期内货币当局采取稳健性的货币政策，缺乏较强的上行动力。而预期外的风险以及不确定性更加引

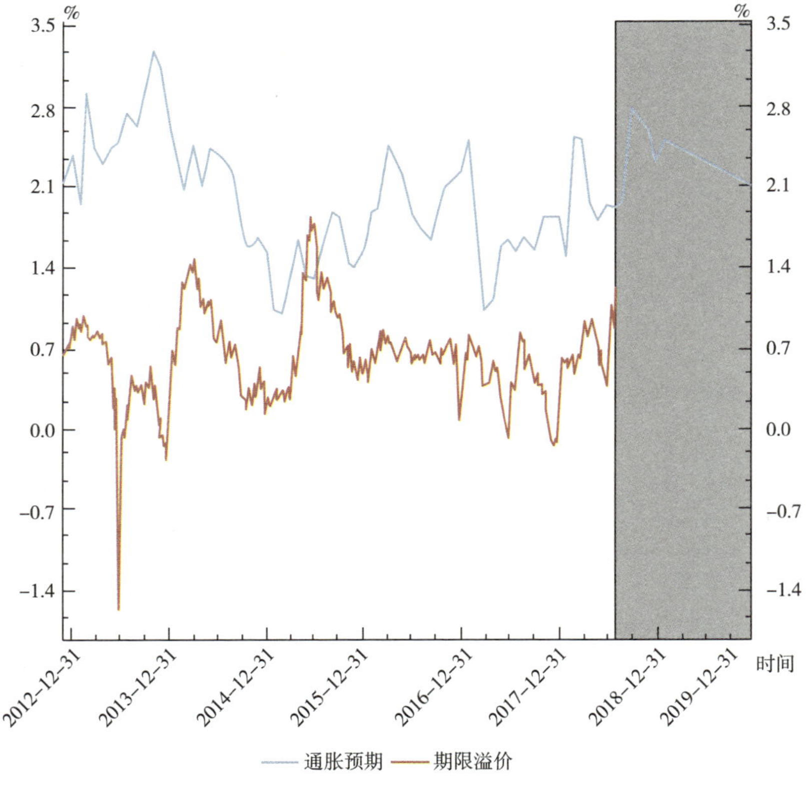

图 10　中国通胀预期与期限溢价

资料来源：Wind 数据库。

起投资者的关注，要求更高的溢价以抵补这种感知风险。中国的期限溢价并没有发生与美国相似的情况，美国在 2018 年达到极低的水平，几近零值。事实上，中国的期限溢价要高于美国，且从走势上也表现出明显的上升趋势，意味着投资者认为目前中国经济形势比较复杂，一方面中长期经济增长仍面临较多结构性挑战。中长期内，人口老龄化、生产率增速放缓等结构性问题犹存。同时，政策空间有限，积极的财政政策可能加剧财政赤字和国债增发，带动利率上行并最终产生较大挤出效应。另一方面，经济前景不明确、贸易摩擦升级可能推动投资者避险情绪上升，引发投资回撤。此外，地缘政治冲突多点爆发，风险因素和不确定性加速累积，对经济金融的影响加大。与此同时，与金融科技等新技术相伴而生的新风险亦不容忽视，并对全球金融监管构成新的挑战。以上背景都促使投资者感知风险上升，带动期限溢价上行。

图 11 给出了不同债券市场利差与期限溢价的关系。我们发现，利差与预期外风险也存在明显的相关关系，正如罗伯森等（Robertson，1992；Mishkin，1990）指出的那样，利率期限结构包含了未来通胀的信息，可以被用来指导货币决策。埃斯特雷拉等（1997）进一步采用 10 年期与 3 个月期的利差代表收益率曲线的斜率，以期观测不同期限通胀变化情况，发现美国和德国更长期限的利差变化对各期通胀变动（特别是长期）具有非常理想的预测效果。根据费雪效应，名义利率等于实际利率与预期通胀率之和。长短期利差反映了市场参与者对未来实际利率和通货膨胀的看法。朱世武（2005）利用中国 1999 年 12 月至 2004 年 10 月收益率曲线的数据，研究中国利率期限结构对未来通胀的预测效果，结论表明并不理想。然而，朱世武（2005）的研究一方面没有考虑模型估计中的问题，且样本期选取是银行间债券市场发展较早时期；另一方面没有考虑预期外的风险也会对估计结论产生直接影响。根据法玛等（Fama，1984；Mankiw，1986；Hardouvelis，1988）的说法，期限利差预测未来利率的失败，主要是由于忽略了与利差期限相关的时变期限溢价造成的。

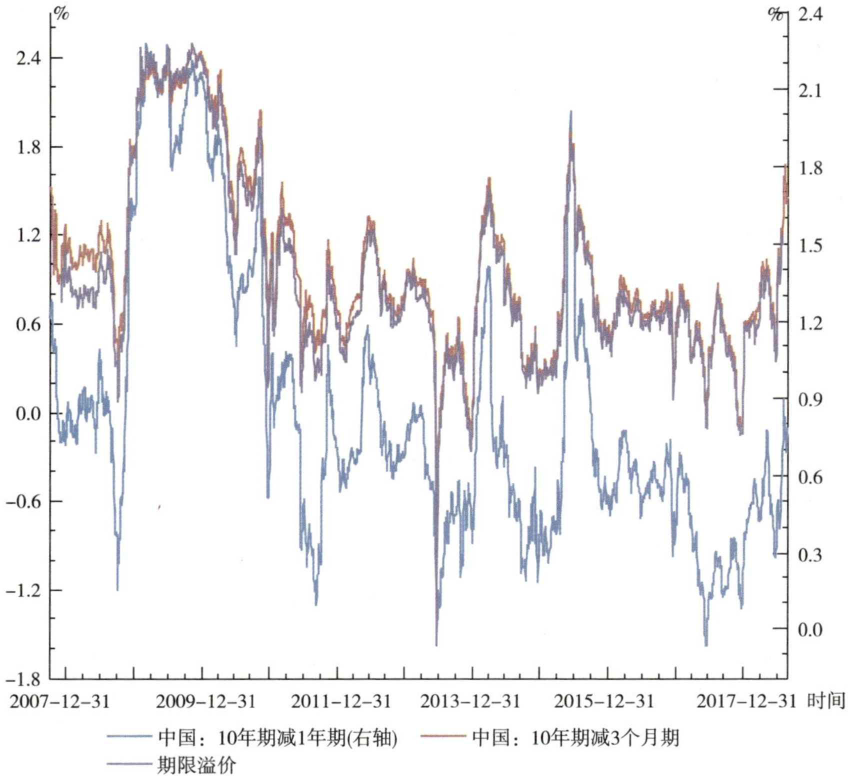

图 11　中国债券市场利差与期限溢价

资料来源：Wind 数据库。

根据事实证据，本报告将在米什金（Mishkin）的框架下，进一步利用金融危机后的中国债券市场收益率数据，研究中国利率期限结构和通胀预期及预期外风险之间的关系，考察利率期限结构是否包含未来通胀以及预期外风险的重要信息，为投资者和货币当局判断未来通胀走势与货币政策决策提供重要参考。

四、 利差变化对通胀外风险的影响分析

（一） 长短期利差与通胀预期外风险的测度

关于长短利差的测度，延用前文的方法，使用中国 10 年期国债收

益率与 1 年期国债收益率、3 个月期国债收益率的差值，作为衡量收益率曲线的斜率因子。而关于不可观测的时变期限溢价的度量，目前很多文献对其进行了讨论。茨瓦里斯等（Tzavalis et al.，1997）提出了一种期限溢价的代理变量来解决由期限溢价带来的估计偏差问题。他们认为，期限溢价可以由单因素表示，假设不同到期的期限溢价是相关的，且与预期持有期收益有关，因此，m 年期事后超额持有期收益（ex post excess holding period return）可以作为 n 年期债券期限溢价的代理变量①。

也有文献（Fama，1976；Mishkin，1982；Jones and Roley，1983；Shiller et al.，1983）直接采用3 个月国库券收益率绝对变化的移动平均值作为期限溢价的代理变量。但西蒙（Simon，1989）认为，这些代理变量选择是次优的，源于其未考虑期限溢价的不确定性以及未区分预期到与未预期到的利率变动。他的方法与恩格尔等（Engle et al.，1987）② 类似，采用美国 1961—1988 年 3 个月和 6 个月国债收益率数据，使用超额收益的平方项为期限溢价的代理变量。他们一致认为，该工具变量的优势在于不必强制代理人使用滞后信息来形成对溢价预期。以上文献多数以研究期限溢价为主，而结合人口结构来研究金融市场价格的文献中，哥兹卢克卢等（Gozluklu et al.，2015）在研究储蓄行为的生命周期模式对金融资产收益率的影响中，将风险溢价定义为年度股票收益率与债券真实收益率的偏差平均值，同时加入人口结构变量年度频率数据的考虑。结合本文所研究的样本数据可得性，报告借鉴西蒙的

① 期限分别为 m 和 n 的期限溢价关系表示为：$\phi(n, t) = \gamma(n, m)\phi(m, t)$。对于所有的 m 和 n 期，如果期限溢价随着期限因素单调增加（McCulloch，1987；Richardson，Richardson 和 Smith，1992），意味着当 $m < n$ 时，$\gamma(n, m) > 1$，反之亦然。如果期限溢价仅取决于 n 和 m 的期限差异，那么 $\gamma(n, m)$ 对于固定 $n - m$ 将是常数。

② 恩格尔等用 ARCH－M 模型估算期限结构方程，使用超额收益的滞后平方作为工具变量，他们认为，超额收益的条件方差是超额收益滞后平方的线性下降函数。西蒙采用两阶段最小二乘法，工具变量选择了常数项，3 个月和 6 个月的国债收益率以及 6 个月事后超额收益平方的当期值、滞后 1 期与滞后 2 期。

方法，采用10年期事后超额国债收益的平方作为期限溢价代理变量。同时，为稳健性考虑，采用前文使用的简易计算进行稳健性检验。样本期选取2007年12月—2018年7月中债国债到期收益率、月度CPI环比、GDP增长率数据，均来自Wind数据库。表2给出了主要变量的描述性统计结果。

表2　主要变量的描述性统计

变量	均值	中值	最大值	最小值	标准差
通胀预期外风险	0.131 8	0.127 7	0.207 2	0.074 3	3.332 7
通胀预期	2.641 1	2.205 0	8.290 0	-1.750 0	2.013 5
利差1（10年期减3个月期）	0.982 9	0.800 0	2.410 0	-0.560 0	0.614 6
利差2（10年期减1年期）	0.851 0	0.670 0	2.260 0	0.030 0	0.557 5
GDP增长率（不变价）	8.468 1	7.600 0	14.300 0	6.400 0	2.043 9

（二）经验模型

本研究在利率期限结构和宏观经济存在关联的基础上，在费雪效应和理性预期假设下，得到利率期限结构和期限溢价的关系如下：

$$\text{trisk}_t = E_t\pi_{t+k} + \gamma_2 s_t + \gamma_3 \text{gdp}_t + \varepsilon_t \tag{1}$$

其中，trisk_t 表示 t 时刻的预期外风险，即期限溢价；s_t 表示不同期限的利差水平；π_{t+k}表示通货膨胀预期；gdp_t 表示GDP增长率；ε_t 为随机扰动项。

（三）结果分析

1. 平稳性分析

通过ADF平稳性检验，可以发现通胀预期外风险、不同期限利差、GDP增长率的水平序列都是不平稳的，但其一阶差分序列在5%显著性水平以下都是平稳序列。可以说各序列都是一阶平稳的，即I（1）序列。我们利用约翰森检验法，对通胀预期外风险、通胀预期变动与不同利差是否存在协整关系进行检验。估计结果显示，至少在5%显著性水平下（P值为0.020 4），全部变量间存在至少1个协整关系。因而，利率期限结构与未来通胀变动、预期外风险之间存在协整关系，接下来则可使用 GMM 估计法进行回归分析。

表 3 ADF 平稳性检验

变量	ADF 检验值	P 值	ADF 检验值（一阶差分）	P 值
通胀预期外风险	-1.222 7	0.202 3	-8.569 4	0.000 0
通胀预期	-2.077 5	0.254 2	-9.945 4	0.000 0
利差 1（10 年期减 3 个月期）	-1.602 4	0.102 5	-10.864 7	0.000 0
利差 2（10 年期减 1 年期）	-2.513 7	0.114 5	-9.810 7	0.000 0
GDP 增长率	-1.979 9	0.295 3	-5.056 1	0.000 0

2. 估计结果

对于式（1）我们采用 GMM 的估计方法，估计结果见表 4。模型 1 和模型 2 分别为 10 年期减 3 个月期利差、10 年期减 1 年期利差的估计结果。

表 4 预期外风险对利差的反应结果

解释变量	模型 1	模型 2
利差 1	-5.914 0*** (1.576 3)	—
利差 2	—	-5.374 8*** (1.253 5)
通胀预期	-0.738 4* (0.414 2)	-0.668 9** (0.360 5)
GDP 增长率	1.885 7*** (0.478 0)	1.941 2*** (0.419 3)
Wald 检验值	20.050 0	26.410 0
P 值	0.000 0	0.000 0
Hansen's J P 值	0.990 9	0.171 7

注：括号内为异方差稳健标准差；表中的 ***，**，* 分别表示在 1%，5%，10% 的水平下显著。

模型 1 的结果显示，10 年期减 3 个月期利差对期限溢价所反映的通胀预期外风险具有显著的影响，其系数在 1% 的显著性水平下显著，意味着长短端的部分利率期限结构包含了未来通胀预期外的风险信息。通胀预期和 GDP 增长率的系数也分别在 10% 和 1% 的显著性水平下显著，说明未来通胀信息和经济基本面也都会对市场感知风险产生影响。与前文在数据分析中得到的结果一致。未来通胀信息可以说一定程度上反映了中国的货币政策立场，GDP 增长率反映了中国目前的经济基本面。模型 2 的结果与模型 1 的结果一致，反映了估计结果的稳健性。此外，本研究还利用其他利差变量进行了检验，也都得到了同样的结果。因篇幅有限，不一一赘述。

五、 研究展望

利率期限结构与通货膨胀及货币政策存在一定的关联，且利率期限结构传达了关于未来宏观经济状况的重要信息。本报告从收益率曲线与其他宏观变量的关系着手，在深入考察收益率曲线变化驱动因素的基础上，重点分析收益率曲线对通货膨胀预期外风险的影响。结果表明，第一，货币政策立场与经济基本面都是引起收益率曲线变化的关键因素，且前者为主导因素。第二，中国长短端反映的部分利率期限结构包含了未来通胀预期外的风险信息。

利率期限结构可以作为中国货币政策当局判断未来通胀走势进行决策的重要参考依据，这对中国逐步转向以利率价格型工具为操作手段和目标的货币政策框架具有十分重要的意义。本研究通过对中国实际情况的考察，发现利率期限结构与通胀预期、货币政策与经济基本面的关系比较符合中国的现实数据。在扩张性财政政策和货币政策的共同作用下，中国经济已于 2009 年迅速复苏，资本市场和房地产市场已经存在一定的泡沫风险，市场对未来通胀也产生了一定的预期，但复杂的经济环境会带来更多的预期外风险。因此，一方面，中央银行势必要对未来通胀压力予以高度重视，不断关注通胀预期的变化，综合考虑货币政策措施的长期影响，提高政策操作的前瞻性，不断引导通胀预期以便更好管理通胀预期，有效防范和化解通胀风险；另一方面，中央银行需要从期限结构入手“缩短防长”，综合利用长短期政策工具预防通胀预期外风险，避免大量短期资金进入市场继续推升杠杆率，加剧金融市场风险。

参考文献

[1]曾耿明,牛霖琳. 中国实际利率与通胀预期的期限结构——基于无套利宏观金融模型的研究[J]. 金融研究,2013(1)。

[2]丁志国,徐德财,陈浪南. 利率期限结构的动态机制:由实证检验到理论猜想[J]. 管理世界,2014(5).

[3]郭涛,宋德勇. 中国利率期限结构的货币政策含义[J]. 经济研究,2008(1).

[4]刘金全,王勇,张鹤. 利率期限结构与宏观经济因素的动态相依性[J]. 财经研究,2008(5).

[5]李宏瑾,钟正生,李晓嘉. 利率期限结构、通货膨胀预测与实际利率[J]. 世界经济,2010(10).

[6]尚玉皇,郑挺国,夏凯. 宏观因子与利率期限结构:基于混频 Nelson – Siegel 模型[J]. 金融研究,2015(6).

[7]石柱鲜,孙皓,邓创. 中国主要宏观经济变量与利率期限结构的关系[J]. 世界经济,2008(3).

[8]姚余栋,谭海鸣. 中国金融市场通胀预期——基于利率期限结构的量度[J]. 金融研究,2011(6).

[9]Ang A, M Piazzesi. A no – arbitrage vector autoregression of term structure dynamics with macroeconomic and latent variables[J]. Journal of Monetary Economics, 2003(50): 745 – 787.

[10]Balduzzi P, Das S R, Foresi S. The central tendency: a second factor in bond yields [J]. Review of Economics and Statistics, 1998(80):62 – 72.

[11]Fama E F. The behavior of interest rates[J]. Review of Financial Studies, 2006(19): 359 – 379.

[12]Rudebusch G D, Wu T. A macro – finance model of the term structure, monetary policy, and the economy[J]. Economic Journal, 2008(118):906 – 926.

[13]Taylor J B. Discretion versus policy rules in practice [J]. Canergie – Rochester Conference Series on Public Policy, 1993(39): 195 – 214.

中国保险市场风险研究报告

徐　昕

摘要： 近两年，在错综复杂的国内外经济金融形势背景下，保险业在经历重大考验的同时，也进入了行业转型升级的发展新阶段，机遇和风险并存的局面将在一段时期内存在。对于人身险业来说，在回归保障本源的政策指引下，负债久期不断增长、新业务逐渐引入，给人身险公司带来了短期内输入增速变缓、流动性压力增大和偿付能力削弱等方面的风险；对于财产险业而言，车险市场的高费用率，中小公司转型困难，数据信息缺乏、失真，公司治理等问题导致了一定的风险；对于保险资金运用来说，资产负债期限错配、资产变现困难、债券市场违约率提高造成的信用风险等方面是主要的问题。

关键词： 人身险；财产险；保险资金运用；市场风险

2017年，保险业务发展稳中向好，实现原保险保费收入3.66万亿元，同比增长18.16%；资产规模稳步增长，总资产16.75万亿元，净资产1.88万亿元。行业回归本源，业务结构持续调整优化；资产配置更加多元，资金运用收益率5.77%。保险密度、保险深度稳步上升，

作者简介：首都经济贸易大学金融学院副教授。

保险市场主体日趋丰富，消费者权益保护工作力度不断提升。当前和未来一个时期，虽然保险业风险总体可控，但面临的形势依然十分严峻。从外部环境看，国际国内经济金融形势错综复杂，各种风险和矛盾变化的不确定性可能给保险业带来较大的影响；从行业内部看，保险业正处于防范化解风险攻坚期，多年积累的深层次矛盾释放期和保险发展模式转型阵痛期的“三期叠加”阶段，一些重点领域和重点公司的风险逐步暴露。部分风险属于“灰犀牛”式的风险，主要涉及少数问题公司；有的风险反映了监管空白、漏洞和短板，主要是跨领域、跨行业、跨市场的风险传递；有的是新业态、新形式带来的风险；有的是由于行业、监管正处在转型时期带来的衍生风险。另外，保险监管还存在短板和漏洞，仍处于自我修复、不断完善的进程中①。

一、 人身险风险情况分析

（一） 人身险市场发展概况

2017 年，人身险行业原保费收入平稳增长，实现原保费收入 26 746. 35亿元，同比增长 20. 29%，增速较上年放缓。行业整体质量有所提升，转型成效有所显现。一是产品结构进一步优化，投资型业务大幅调整，普通寿险业务加速增长。普通寿险业务规模保费占比 47. 2%，较上年末提升 11. 1 个百分点；万能险占比 19. 95%，下降 16. 9 个百分点；分红险占比 31. 05%，上升 7. 3 个百分点。二是销售渠道转型升级，银邮渠道增速下滑，个险渠道高速发展。2017 年银邮渠道实现原保费收入 10 584. 02 亿元，占人身险业务总量的 40. 65%，同比下降 3. 5 个百分点；个险渠道实现原保费收入 13 065. 64 亿元，占比 50. 18%，同比上升 4 个百分点，成为第一大渠道。此外，投资收益普遍改善，准备金增提金额减少，推动行业整体利润大幅增长。2017 年，75 家寿险公

① 中国保险保障基金有限责任公司《中国保险业风险评估报告 2018》。

司合计实现净利润 1 144.81 亿元，同比增长 44.52%。

然而，新的发展模式对人身险业务转型造成了一定的挑战。保监会于 2016 年 9 月和 2017 年 5 月分别下发《关于进一步完善人身保险精算制度有关事项的通知》及《关于规范人身保险公司产品开发设计行为的通知》，规范人身险公司产品开发设计行为，限制变相万能险，对万能险监管再度升级，过去依靠万能险等中短期理财产品抢占市场份额的保险公司纷纷加速业务转型，长期储蓄型、保障型保险产品得到较大发展，形成期交和续期业务拉动业务发展模式。2017 年，保障性产品发力明显，中短期产品切换对保费收入的影响有限，人身险原保费收入延续了增长态势，但增速明显回落，原保费增速有一定程度的下滑（见图 1），2017 年原保费收入同比增长 20.04%，但增速同比减少 16.74 个百分点①。

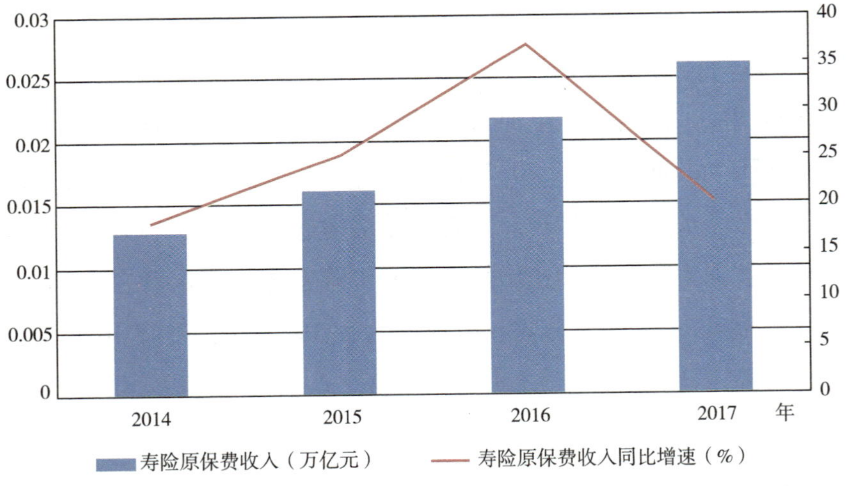

图 1　中国寿险公司原保费收入和增速情况

资料来源：银保监会，Wind 资讯。

① 联合评级《2018 年中国人身保险行业信用风险展望》。

（二）人身险市场风险情况

1. 回归保障对人身险公司经营提出更高要求

回归保障意味着保险机构要把盈利点更多地向保险保障和风险管理功能倾斜，提高保险产品和服务的供给能力，从多方面对公司经营提出更高的要求。一是发展保障型产品对保险公司风险定价、数据收集等方面能力提出了更高要求，部分公司长期习惯于通过简单的理财型产品获取收益，在保障型产品开发方面的经验数据积累不足，精算能力也有所欠缺，可能会面临定价不足的风险；二是保障型产品报销、给付的频率通常会比较高，会对公司运营服务能力提出新要求；三是对营销渠道提出更高要求。一些传统的保险机构在销售产品方面比较依赖银邮渠道，在与银邮机构的合作博弈中往往缺乏主导权和话语权，会受到一定程度的制约；部分保险机构虽然具有一定规模的营销员队伍，但人均产能较低，而且在销售长期、期交保障型产品方面缺乏经验、能力不足。由于回归保障本源而引致的以上三个方面的更高要求，对保险公司未来的经营管理提出了较大的挑战。

2. 行业整体利率风险增大

随着保险行业转型的不断深入，人身险产品的保障属性不断加强，业务逐步向期缴化、长期化发展，负债久期会显著加长，造成公司未来面临的市场利率波动幅度增大，利率风险加大；尤其是当市场利率上升时，保险公司被动提高保险产品的预定利率，对于期限较长的保障型产品的长期负债成本将被锁定，如果未来市场利率下行，会面临较大的利差损风险；中国目前的长期投资工具还比较缺乏，还难以有效对冲利率风险。自 2017 年起，中国市场利率波动上行（见图 2），2017 年 11 月 10 年期国债收益率已经突破 4%，在当期利率上升的背景下，储蓄型保险产品吸引力减弱，日趋激烈的竞争压力驱使保险公司提高保险产品预定利率，由于保障型产品期限较长，其预定利率提升后将锁定，形成较高的长期负债成本，如果未来利率下降，人身险公司将面临利差损的风险。

同时，人身险公司由于债券等固定收益类资产配置占比较大，在当前利率上升的背景下，固定收益类资产易出现较大浮亏，导致资产收益波动较大。

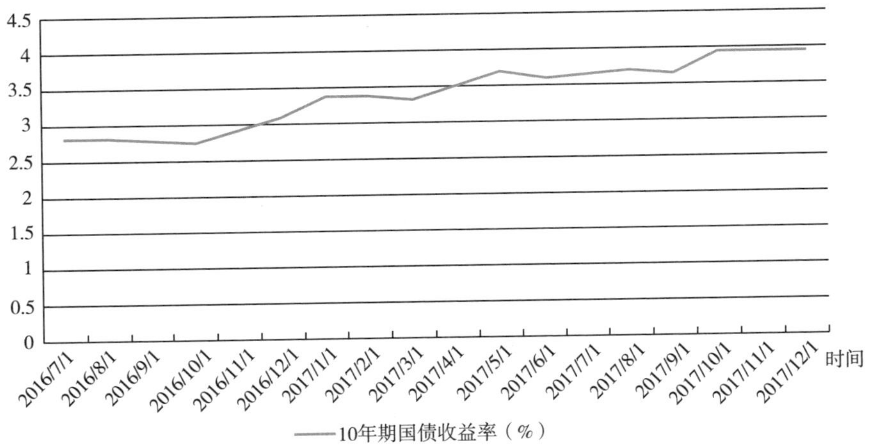

图2　2016 年以来中国 10 年期国债收益率

资料来源：中国国债信息网。

3. 业务收入调整性下滑对公司经营带来影响

2018 年年初，行业整体保费收入经历了一个下降的阶段，保费下滑的主要原因包括三个方面：第一，产品结构调整。“134 号新规”规定，保险公司自 2017 年 10 月 1 日起，将不能销售“分红年金/两全保险 + 万能账户”产品形态并能即期返还的年金险、养老险，对于大多数保险公司而言，现有主力产品的吸引力下降，开门红件保费均大幅下滑。第二，利率上行、市场资金面偏紧。银行理财产品收益率因利率上行而提高，削弱了主打储蓄型保险产品的年金险等银邮渠道的竞争力。第三，营销员规模趋向饱和，部分公司代理人队伍尚未适应新的产品形态。保险代理人考试制度的放宽已有两年，目前营销员增员难度加大，难以通过营销员的快速增长维持寿险保费的高增长。部分中介机构和代理人队伍长期销售简单、短期的投资型保险产品，尚未适应新的产品形态。

新业务下滑对人身险行业的影响：一是营销员留存率下降。监管趋严后，产品的切换、新业务负增长会不可避免地造成营销员收入下滑，从而影响保险公司营销队伍稳定。二是部分公司短期现金流承压。当人身险业满期给付与退保总量都在高位运行时，部分公司本身将会面临较大的现金流出压力，再加上新增业务收入的大幅下滑，会给公司的短期现金流造成雪上加霜的影响。虽然行业 2016 全年经营性现金流及总现金流均为净流入，但下半年现金流量净额已低于上年同期（见图 3、图 4），且个体分化明显。在监管部门密集出台结构调整系列政策后，投资型业务收缩，业务收入增速放缓。与此同时，满期给付和退保压力依然较大，高度依赖投资型业务的资产驱动负债型公司存在流动性风险隐患。三是 2018 年的保费增长不力将对今后的续期保费增速带来影响，随着行业回归保障的力度持续加大，行业整体可能面临较长时间内业务增速放缓。

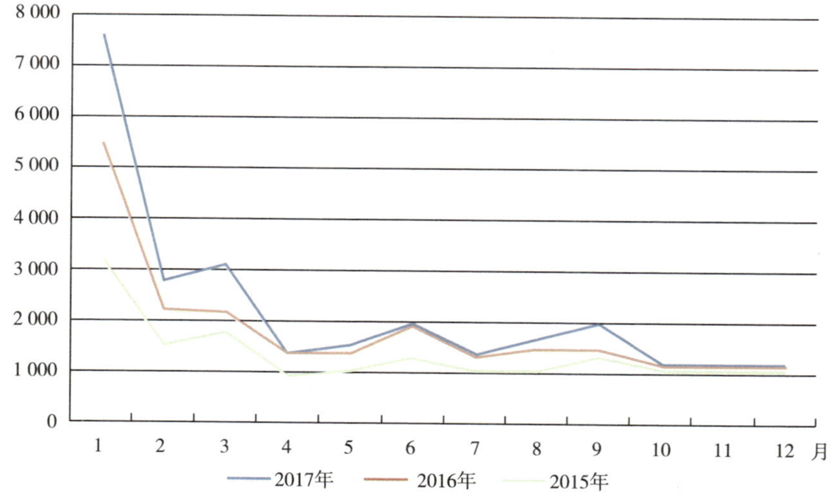

图 3　近三年人身险业各月业务总收入（亿元）

资料来源：中国银保监会。

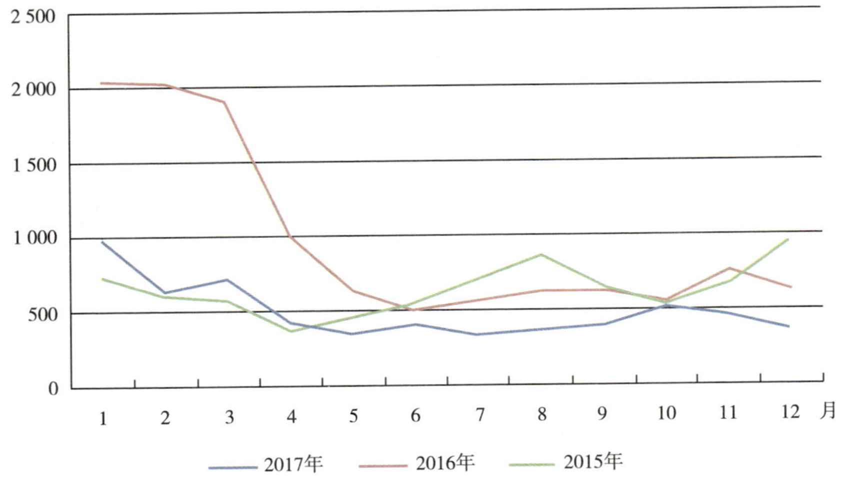

图4　近三年人身保险公司每月保户投资款新增交费

资料来源：中国银保监会。

新业务下滑对不同公司的冲击程度存在一定的差异。大型公司及一些外资公司长期以来坚持价值导向的经营模式，这样的公司或较早布局战略转型，受到冲击较小；而部分公司固有客户群体及客户需求难以在短期内发生转变，实现转型尚需较长的适应过程。此外，随着开门红保费在全年保费中的占比逐步降低，人身险公司将逐步调整至持续稳定的健康发展模式。

4. 中小公司转型面临诸多挑战

正如上文所言，在行业全面回归保障的背景下，大型保险公司转型较早，产品设计能力、渠道建设能力、品牌影响力较强，龙头优势更加明显，而多数中小公司产品和渠道单一，又缺乏品牌效应和成本控制能力，转型将面临诸多挑战。

（1）负债端的挑战。一是中小公司对保障型产品的开发能力不足。“134 号新规”实施后，快速返还型年金、两全保险附加万能账户产品受限，部分公司主打产品停售。中小公司相对于大公司的产品研发水平低下，主要以相对简单的理财型产品为主，在保障型产品方面缺乏经验数据，精算能力不足，短期内难以开发出适销对路的保障型产品。二是随着“保险业姓保”逐渐成为行业发展的大原则，各家公司将普遍加大保障型产品的供给，但中小公司的创新不足，提供的产品难免会同质化严重，未来保障型产品的竞争将非常激烈，从而显著削弱中小公司的获利水平。三是银邮渠道缺乏销售复杂期缴产品的能力，个险渠道建设产品成本高、周期长，中小公司限于自身的规模和抗损失能力，较难补齐渠道短板。由于保障型保险更适合在个险渠道销售，同时行业整体会逐渐向个险渠道倾斜，最终会形成人力资源竞争加剧、增员难度及成本加大的格局，而多数中小公司个险渠道比较薄弱，在竞争中会遭遇挑战。此外，由于人身险市场容量有限而大部分市场已被大公司占据且格局基本稳定，中小公司如沿用大公司发展模式，很难取得成功。

（2）资产端的挑战。部分中小公司过去中短存续期产品占比较高，资产久期普遍较短，缺乏专业人才，在中长期资产项目筛选、风险管理、投后管理等方面的能力和经验普遍不足。

（3）其他挑战。当前多数公司向保障型业务转变，但转型方向集中、步调一致，可能面临某一类产品规模陡增导致的风险集聚，同时加剧了产品同质化和市场竞争，市场主体往往会被动提高渠道手续费、降低产品定价以博取生存机会。

部分中小公司尚未形成稳定的转型战略方向，迫于短期转型压力，盲目转向高利率、低价值期缴产品，偏离了回归保险本源的初衷。并且由趸缴低价值产品转向期缴低价值产品，或利用高预定利率的长期年金产品，以保持保费的增长，缓解短期生存压力；这种行为往往将短期风险转为长期风险，保险公司面临的风险也逐渐向长期化、复杂化风险转变，对公司的风险管理、投资、运营等多方面提出更高要求；同时由于长期保障和养老年金产品的复杂性和长期性，高承诺利率和高费用率变得更为隐性，容易掩盖利差损和费差损风险。

此外，转型过程中业务增速放缓可能导致股东回报减少、核心管理人员流失等问题，影响公司经营稳定，使中小公司面临生存与转型的双重压力。

5. 部分公司流动性隐患突出

在监管趋严的形势下，期缴业务增长尚不能弥补趸缴业务的规模收缩，造成新单保费流入大幅减少；而部分公司续期保费收入的稳定性较差，当外部环境出现变化时，续期保费流入可能低于预期。中短存续期存量业务规模较大的公司面临较大的退保和满期给付压力，短期内流动性承压。

2016 年，虽然行业全年经营性现金流及总现金流均为净流入，但下半年现金流量净额已低于上年同期，且个体分化明显（见图 5）。2017 年，行业现金流整体较为充裕，但个体分化明显，局部流动性风险隐患显现。部分人身险公司在业务结构调整期保费流入下降，同时退保金大幅增长，满期给付总量仍处于高位，现金流出压力持续上升。部分公司过去高度依赖中短存续期业务，资产负债错配严重，现金流面临严峻考验。

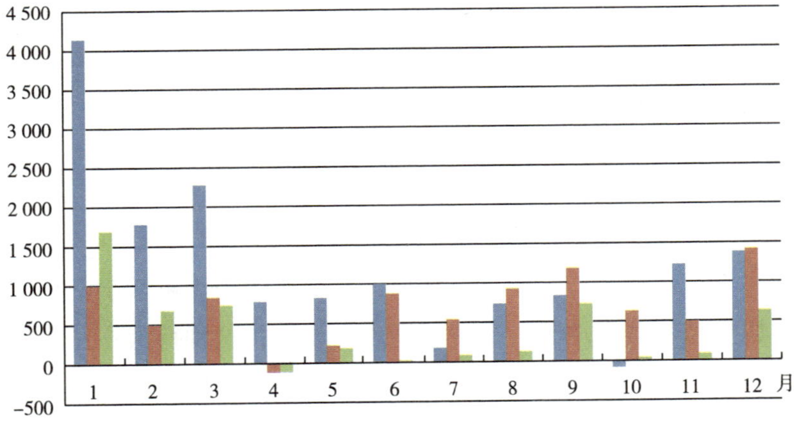

图 5 2014—2016 年各月人身险行业经营性现金净流入情况

数据来源：Wind 资讯。

另外，随着利率走高和负债端久期拉长，人身险公司将配置更高比例的长期资产，当出现流动性危机时，长期资产变现周期较长，未来流动性管理难度将加大。

6. 多数公司偿付能力充足率下滑

由于公司转型发展的战略要求，负债总量逐步增长，负债久期逐步拉长，而可对冲利率风险的长久期资产较少，提升了市场风险最低资本要求，给偿付能力带来一定压力。

在大力发展长期业务时，在“偿二代”规则下，保险公司可能采用未来不确定的利润作为当期可用资本，存在潜在风险。部分中小公司精算能力短期内难以达到偿付能力监管体系的要求，可能叠加一些主观意愿，影响偿付能力数据的可靠性和准确性，对精准监控行业风险产生不利影响。

自2016年“偿二代”实施以来，保险业整体偿付能力相对稳健。截至2017年年末，保险业综合偿付能力充足率与核心偿付能力充足率分别为251%和240%，远高于100%和50%的监管标准，行业风险总体可控；但行业综合偿付能力充足率从2016年一季度的277%连续8个季度持续下降至2017年四季度的251%，个别保险公司偿付能力长期不达标或处于临界区间，保险业风险防控仍需持续加强（见图6）。

7. 重疾产品定价不足

当前行业主推的重疾产品大多为终身重疾险，但中国保险企业在管理长期风险方面缺乏经验，同时随着重疾险、健康险竞争的加剧，保险公司会面临一些风险。一是重疾保险定价不足。当前重疾发生率呈上升趋势，但保险公司迫于竞争压力难以提高重疾险定价，面临定价不足风险。二是长寿风险增大。随着科技发展和医药卫生事业的进步，人均预期寿命有效延长，加大了人身险公司长寿风险。三是税优健康险、税延养老险的启动给人身险公司带来机遇，也对产品精算、营运服务、系统支持等提出了更高要求，尤其是税优健康险的价格和保障设计受到严格管控，面临亏损时缺乏市场调整手段的风险。

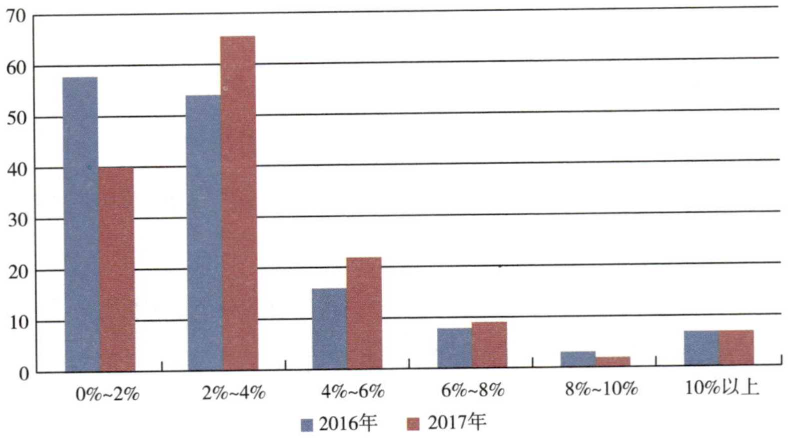

图6　保险公司最低资本与总资本比值情况

数据来源：2017 年四季度保险公司偿付能力报告摘要。

二、 财产险风险情况分析

（一） 财产险市场发展概况

近年来，中国财险行业保持较快发展，保费收入规模逐年增长，从 2014 年的 7 544.40 亿元增至 2016 年的 9 266.17 亿元，但随着中国经济进入“新常态”，财险公司保费收入增速逐步放缓，直到 2017 年非车险发力带动整体增速有所回升，2017 年，中国财险公司保费规模首次突破万亿元大关，达到 1.05 万亿元，同比增长 13.76%，增速较上年增加 3.76 个百分点。从市场集中度看，2017 年三季度以来，随着车险二次费改的实施，市场竞争激化，龙头企业具有明显的规模优势、客户积淀和品牌效应，竞争优势凸显，促使中国财险市场集中度稳中有小幅增长。截至 2017 年年末，中国财险公司共有 85 家，较年初新增 4 家；2017 年三大财产险公司（人保财险、平安财险和太保财险）市场份额合计为 63.49%，较上年增加 0.42 个百分点。2017 年至 2018 年一季度，财险业整体运行平稳，业务规模增速回升，2017 年原保费收入超 1 万亿元，同比增长 13.76%，2018 年一季度全险种保费增速达 16.4%；提供风险保障大幅增长；净利润稳中略降；行业资本整体充足（见图 7）。

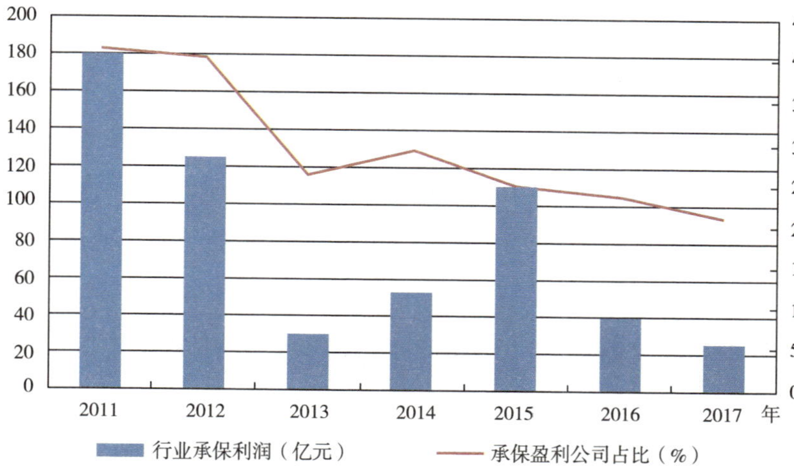

图 7　财产险行业承保盈利公司占比

数据来源：根据中国银行保险监督管理委员会网站整理得来。

财产险市场在平稳发展的背后也隐藏着一定的风险。2017 年近八成公司处于承保亏损状态。车险方面，市场竞争依旧激烈，高费用率持续，近九成公司车险综合费用率超过 40%。高费用问题带来中小公司亏损局面难以扭转，差异化经营策略屡屡受挫。非车险方面，保费收入快速增长，2017 年增速达 24.21%，自 2013 年至今首次超过车险增速；但非车险承保亏损加剧，经营问题较多。传统非车险种费率走低，保证保险业务风险需持续关注，部分意外险产品背离保险本源。

（二）财产险市场风险分析

1. 车险市场高费用问题

商车改革是行业发展必要的助推器。考虑到很多中小企业发展不健全、定价能力弱，监管机构统一产品条款，限制费率调整空间，有利于助推行业发展，但需进一步完善配套监管措施。

目前车险市场参与主体普遍感觉到费用上升明显，费用率较高。一是大公司相互竞争抢占市场，带来市场费用水平整体攀升的局面。改革前大公司处于相对短暂的博弈均衡阶段，改革后进入了新的竞争周期，商车费改后车险保费会出现下降的预期，进一步激发了保险公司的竞争冲动。预计在短期内大公司之间的竞争无法达到新地平衡，中小公司只能跟随市场节奏，行业费用支持水平不会出现明显的下降。二是阈值监管使部分公司面临停业风险。市场环境的变化导致阈值监管各指标的实际值难以与前三年自身平均值保持一致。一方面，保险公司会通过数据处理来避免因阈值监管暂停业务，但这一做法可能产生其他新的问题；另一方面，保险公司正常经营过程中，如因赔付率高导致综合成本率超标而被停业，这一监管处罚从法理上看存在问题，尤其中小公司容易受到不利影响。

随着费改继续深化，车险保费折扣降低，市场费用可能会有所下降，但由于保费大幅下滑，可能导致固定成本摊薄作用减弱，整体综合费用率未得到有效改善。长远来看，未来费用何时能回归相对理性水平存在不确定性。在商车费改全面推进的过程中，可能出现阶段性的行业承保亏损。

未来车险占比会继续下降，主体加剧分化，强者恒强；市场环境倒逼中小公司考虑如何提升运营的效率，走差异化道路。大公司由于在成本分摊上有较大的空间，在某些细分渠道中不惜高成本推广业务，挤压在该领域经营的中小公司，导致差异化道路难以维持，部分公司选择性退出市场。

2. 非车险运营风险

非车险业务经营难度较大，多数险种保费充足度不断下降，承保利润持续萎缩，概括而言，非车险行业主要面临三方面的风险。

第一，费率风险。国内非车险传统险种尤其是企财险，市场费率持续下降。一些中小公司进入新的业务领域，缺乏历史数据，定价基础薄弱，导致产品费率的准确性、稳定性较差。

第二，责任险的长尾风险。责任险快速增长，已跃居行业第二大非车险险种，新增的大部分新险种、新产品属于责任险领域。目前国内受法律环境影响，责任险长尾效应尚不明显，但根据成熟市场经验，未来责任险的长尾风险值得关注。

第三，网贷领域风险传递到保证险领域。考虑到保证保险容易受到经济环境的整体影响，保险公司即使提取相对充足的准备金，仍难以抵御信用风险。

3. 中小公司的竞争压力较大

（1）中小公司在非车险领域面临较大压力。随着经营非车险的主体不断增加，行业非车险保费增速加快，占比不断提高，保险的保障功能得到有效发挥。但非车险市场多属传统型产品，同质化严重；同时非车险保险责任不断扩大，费率下降，费用提升，造成承保亏损、风险与收益不成比例等问题。当前非车险经营困境具有普遍性。除大公司、有股东支持或地方政府支持的公司外，其他公司基本亏损。非车险市场集中度较高，加之自然灾害频发，从政策、市场和公司三个层面看，中小公司在非车险领域面临巨大的挑战和压力。

第一，政策层面，中小公司存在进入壁垒，难以满足重大项目招投标或开展特定险种承保工作所要求的条件。例如，首台（套）重大技术装备保险补偿机制试点期间，满足相关要求、有资格组建共保体的公司均为大公司或个别有股东背景的中小公司。

第二，市场层面，一是商车费改导致的竞争外溢，竞争更加激烈；二是激烈的市场竞争培育出更多价格敏感型的客户，使得保险公司只能进一步压低费率获取业务；三是非车险市场纯风险损失率方面执行力度有所欠缺，大型业务基本采用招投标加共保体的方式，以低价竞标方式转移大型风险，倒逼保险公司降低价格，甚至中标价格低于纯风险损失，导致亏损；四是当前保险市场面临的欺诈风险较高，欺诈手段更加复杂，要引起高度重视。

第三，公司层面，中小公司自身专业能力不足，在承保能力、风险容忍度、技术平台、营销研发团队、专家人才等方面较欠缺。一是公司战略不明确，中小公司没有找到专业比较优势，战略定位不准确，缺乏专业团队，风控能力不足；二是风险识别能力不足，非车险业务相对复杂，风险具有隐匿性和滞后性的特点，如保证保险还需要防范信用风险跨行业跨领域传递。大多数中小公司风险识别能力难以应对复杂的非车险业务。

（2）未来中小公司非车险业务仍然面临困境。中小公司车险承保普遍亏损，而即使在推行商车费改之后，也可能出现目前的行业格局。主要原因有三点：一是近年来大量社会资本金进入保险领域，行业资本充裕，为保险公司发展业务提供保障；二是大保险公司品牌优势明显，准备金余额相对充足，具有扩大业绩规模的基础；三是中小公司固定费用占比明显偏高，全行业大公司资本充足度相对较高，准备金比较充足，未来中小公司经营困境将会持续。

4. 数据失真情况较突出

为避免指标超过阈值监管要求而被责停业务，部分公司会采取一些手段，在险种、区域、不同时点之间做数据平衡，致使数据失真。另外经营数据也存在失真情况，主要集中在车险和农险。此外存在部分由于指标口径问题导致数据失真的现象。数据失真容易掩盖行业风险真相，有可能造成监管失效或决策失误。

5. 公司治理和规范经营风险不容忽视

一是存在股东越位现象。部分公司股权集中，一股独大，可能出现越位控制干涉现象。二是存在董事虚位现象。部分公司股东派出的董事为行业外人士，且身兼数职，履职流于形式。三是内部审计不能发挥应有的作用。作为公司治理的重要抓手，内部审计往往是公司经营管理层下的职能部门，与所承担的职责不完全匹配。四是部分公司股东股权存在重大风险隐患。公司治理有效性不足，关联交易风险突出。五是违规经营问题突出。2017 年监管机构对机构罚款金额达 1 357 万元，行政处罚力度前所未有。处罚事项最多的为电话销售欺骗投保人。

6. 其他需要关注的问题

互联网保险方面。一是市场竞争激烈。保险公司相对第三方保险平台话语权较小。这些平台不断提高手续费，挤压保险公司互联网渠道盈利空间。而专业型互联网保险公司为了争夺流量、导致整个互联网保险市场竞争进一步白热化。二是互联网保险依托的平台可能存在技术风险，包括后台建设方面和网络系统脆弱性方面。当然，由于互助网销售的产品基本以传统产品为主，互联网工具提升了传统产品的运营效率，降低了运营成本，不会放大原先传统产品的业务风险，而且，互联网渠道客户分散，业务风险不集中，总体风险可控。

7. 再保险的信用问题

2017 年，国际市场发生较多巨灾事件，全球保险业的损失较大，导致部分国际再保公司的资本充足性受到一定影响，需要警惕再保险的信用风险，而境外再保险市场的价格走高会影响到国内再保险的成本。

三、 保险资金运用风险情况分析

（一） 保险资金运用概况

2017 年至 2018 年一季度，保险资金运用的特点：一是资金运用规模平稳增长；二是资金运用收益率基本持平；三是保险行业资金配置更加多元分散。流动性资产配置比例大幅下降，定期存款占比下降，债券投资占比上升，其他投资占比持续上升。

自 2012 年保监会实行保险资金运用市场化改革以来，保险资金运用的基础制度建设日趋完善，投资渠道和投资范围不断放开，中国保险公司投资业务快速发展。2017 年以来，保监会发布了一系列政策措施鼓励保险业支持实体经济，进一步拓宽险资投资渠道，中国保险公司投资业务规模持续快速扩大。据初步统计，截至 2017 年年末，保险资金投资余额达 14.92 万亿元，较 2016 年年末增长 11.42%，较 2014 年年末年均复合增长 16.94%。

从保险资金运用投资结构看，保险资金运用主要以债券和银行存款投资为主，但随着监管逐步放宽保险公司可投资资产种类，债券和银行存款配置比重逐年下降，股票和证券投资基金类投资呈波动上升趋势；其他投资占比逐年快速提升、种类逐步丰富，主要投资品种有长期股权投资、不动产投资、组合类资管产品、保单质押贷款、信托、银行理财等。2017 年以来，银行存款占比延续较快下降趋势，债券投资占比随债券收益率上行而有所回升，股票和证券投资基金类投资占比较上年基本保持稳定，其他投资规模占比进一步增加；截至 2017 年年末，受存款配置占比减少影响，保险资金固定收益类投资占比 47.51%，较年初下降 3.19 个百分点；股票和证券投资基金占比 12.30%，较年初下降 0.98 个百分点；其他类资产配置占比 40.19%，较年初上升 4.17 个百分点，其中长期股权投资占比 9.90%，较年初上升 0.73 个百分点（见图 8）。随着保险资金运用中非标投资、境外投资等其他资产规模占比的增加，保险公司的高风险资产占比提升。近几年的经济下行导致实体

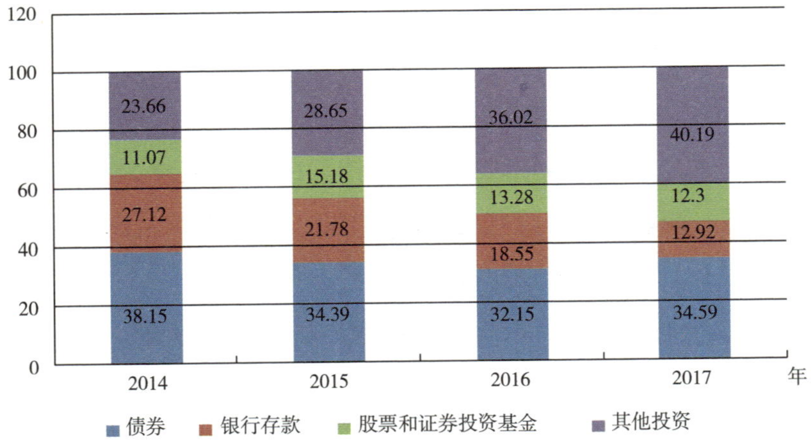

图 8 中国保险资金投资结构情况（%）

数据来源：中国银保监会。

经济领域的风险积聚，风险容易通过权益投资和另类投资等向保险行业传导，使保险公司面临的投资风险相应增加①。

（二）保险资金运用风险情况分析

2017 年，在去杠杆、防风险的监管政策及金融市场波动加剧的背景下，保险资金运用的形势和风险发生了新变化。保险资金运用的一部分风险来自负债端压力的传导，具体看，未来行业资金运用面临着五方面风险。

1. 债券市场风险与资产负债错配叠加将增大行业风险

2017 年债券市场经历了熊市，专家认为，2018 年债券市场收益率仍将维持高位，债券投资面临较大的市场风险，当市场风险与资产负债错配叠加时，将对保险行业带来五个方面的影响：

第一，从短期看，2016 年 10 月至今债券收益率曲线大幅上升，二级市场债券类资产市值下跌严重，导致保险公司实际资本和所有者权益下降。由于前几年销售的投资型产品将在 2018 年上半年集中到期，届时部分保险公司为了满足流动性需求，只能在接近熊市底部的区域变卖债券，将给保险公司带来实际损失。

第二，从中期看，随着市场收益率上升，保险产品的竞争优势减弱，保险公司出于竞争压力可能被动提高负债成本，将导致公司新产品利润率下降或被迫承担更多资产端风险以获得更高的预期回报率，从而对保险公司的运营带来较大影响。

第三，从长期看，在当前投资收益高位的情况下，当资产久期短于负债久期，未来保险公司面临再投资风险，对公司资产负债匹配带来更大的挑战。

第四，债券市场收益率上行，将为稳健经营的保险公司带来较好的配置机会，新增资金投资和到期资金再投资的收益将有所增加，而对杠杆较高、激进投资的保险公司来说，在去杠杆的趋势下将面临较高的风

① 联合评级《2018 年中国人身保险业信用风险展望》。

险。对于资产负债错配严重的公司，市场风险、流动性风险和退保风险的相互扩散和传染也值得关注。

第五，负债端风险给资产配置带来压力。2017 年以来，保险行业告别了高速增长的时代，2018 年一季度行业开门红未达预期，保费流入大幅减少，现金流压力一定程度上传导至资产端。对销售短期产品为主的保险公司来说，面临着预期现金流和实际现金流出现较大偏差的问题，对资产端资金配置带来较大压力。

2. 股票资产变现难度增加带来流动性风险隐患

目前，保险资金配置的部分股票资产面临着变现较难的问题。近两年，出于看好蓝筹股的核心价值和未来成长性，大部分投资机构配置了较多蓝筹股，反而导致越是大盘蓝筹股流通盘越少的现象。为了满足会计报表的需要，很多保险公司年底会集中卖出部分股票，但面临着大部分机构同时变现集中持有的蓝筹股的问题，增加了股票资产变现的难度，降低了股票资产的流动性。在负债端集中退保或者满期给付时，保险公司可能面临股票资产不能及时变现的问题，导致公司流动性风险隐患增大，这也将成为保险公司未来长期面临的问题之一。在中美贸易战、地缘政治局势不断变化等外部环境影响下，股票市场出现大幅调整，目前行业投资权益类资产的比重已大于 20%，市场波动将对保险公司的收益率带来较大影响。

3. 保险行业面临的信用风险值得关注

过去几年，保险公司为了提升投资收益，在固定收益配置中大量向信用品种倾斜，并为了获取更高收益率而降低信用等级要求，整个保险行业风险水平出现较大抬升。

然而近两年，债券的刚性兑付被打破，信用风险加大。未来一年信用债仍存在到期偿付压力，同时，40% 以上的信用债是地方政府债务，随着地方政府债务压力的上升，地方政府债务风险的攀升带来保险资金投资信托、债权计划等非标产品的潜在信用风险提升，潜在的地方信用风险信号可能会释放。

此外，另类投资的信用风险加大。过去在信用扩张期，出现集中违约的可能性较低，未来信用扩张速度放慢后，随着保险资金投资非标资产占比提升，由于非标产品的流动性较弱，信用风险敞口有所扩大，需要警惕集中违约的风险。部分非标产品蕴含违约风险，投资相对稳健的保险债权计划的信用风险也值得关注。

债券市场主体评级下调与违约事件增加，风险企业性质、违约券种范围不断扩大，保险资金投资债券面临的信用风险增加，信用违约风险增大会降低持仓信用产品的信用评级，从而增加最低资本要求，直接影响保险公司的当期损益和当期偿付能力，值得行业和公司关注。同时，国内市场上信用类产品流动性差，一旦出现信用风险，处置手段非常有限。

债券市场和非标市场信用风险的暴露，对保险公司响应风险事件的速度和能力提出了更高要求。如何选择优秀的投资标的，建立强大的投后团队，实现投资项目的穿透式管理，是防范和化解信用风险的关键。

4. 资管新规的发布给保险资金运用带来挑战

2017 年 10 月，“一行三会”联合外汇局统一发布《关于规范金融机构资产管理业务的指导意见（征求意见稿）》（简称“资管新规”），将给保险行业资金运用带来挑战。资管新规明确提出打破刚性兑付、规范资金池、消除多层嵌套。从短期看，将带来保险资管产品规模的萎缩；从长期看，会造成保险资管行业的分化，管理能力较好的资管公司可以存活下来，而管理能力较差的资管公司发行产品的难度增加，将陷入困境。同时，专家表示资管新规发布后，很多国外的资管机构将进入中国，分享国内资管行业高管理费的“蛋糕”，可能导致资管行业管理费大幅下降，对整个行业造成较大挑战。

5. 长期股权和另类投资面临估值风险

长期股权和另类投资均面临估值问题，由于估值标准不一，存在三方面的问题。一是估值平滑处理。当保险公司在不动产或非上市股权赚取较多利润时，往往不愿意一次性释放至财务报表上，而是平滑处理。二是虚假估值增值。有些保险公司销售高收益产品后，为使当年的账面财务收益覆盖负债成本，通过非公开市场的股权或另类投资进行虚假估值。三是减值损失计提不足。部分资产刚投资时出现减值，出于投资团队绩效考核或利润管理需要，保险公司不愿意计提减值损失。后两个估值问题需要重点关注。

同时，定向增发和永续债也面临估值问题。定向增发在解禁期及解禁期的第一年与第二年之间，估值差异较大；永续债则要按照模拟估值方法评估每季度和每年价格的波动，对估值也将造成较大影响。

四、 未来风险管理对策

对于目前以及在将来一段时间内会存在的保险业市场风险，可以考虑从两个方面着手，进行防范和管理。

第一，在防范人身险风险方面，首先要注意应对可能的利差损风险，2018 年的利率水平相比于 2017 年呈现下行趋势，市场的高收益投资机会减少，负债久期变长，需要加强开发更加具有保障功能的产品，注意新型销售渠道的开拓和培养，降低负债端的成本。通过对公司的组织结构、管理流程、绩效考核等方面进行优化再造，提高运营效率，降低运营费用。加强对重疾险的研发投入，要进一步完善对重疾险的经营管理，加强重疾险与养老、医疗、健康等产业的良性协作。重视打造大养老、大健康、大医疗产业链。

第二，在防范财产险风险方面。无论是车险还是非车险，都要转变现有的发展模式，树立集约化、精细化、内涵增长的理念，通过优化数据来源渠道，整合数据信息，利用互联网大数据手段，实现转型升级，降低运营成本和费用率，对于中小型公司来说，这种转变尤其重要。中小型公司还要注意培养差异化优势，实现细分市场的战略主动。对于车险来说，监管部门对商车费改要进一步实现市场化，车险产品也要更加多元化，满足更多市场需求。对于非车险来说，保险公司需要进一步培养民众的风险保障意识，进一步完善风险损失率表，降低渠道费用，坚持正确的战略方向，监管部门也要提高费用的透明度，建立必要的市场推出机制，推动强制保险落地。

参考文献

[1]中国保险保障基金有限责任公司．中国保险业风险评估报告2018[R].

[2]中国保险保障基金有限责任公司．中国保险业风险评估报告2017[R].

[3]中国银保监会.2017年四季度中国保险公司偿付能力报告[R].

[4]联合评级.2018年中国财产保险行业信用风险展望[R].2018－03.

[5]联合评级.2018年中国人身保险行业信用风险展望[R].2018－03.

[6]朱进元,张承惠,殷剑峰．转型与发展:保险保障与供给侧改革[M]．北京:中国财政经济出版社,2017.

[7]单鹏．保险费率市场化:全球经验与中国改革[M]．北京:中国金融出版社,2016.

[8]陈文辉,等．新常态下的中国保险资金运用研究[M]．北京:中国金融出版社,2016.

[9]陈文辉,等．保险资金股权投资问题研究[M]．北京:中国金融出版社,2014.

[10]陈文辉,等．我国城乡居民大病保险发展模式研究[M]．北京:中国经济出版社,2013.

[11]吴杰．"偿二代"下保险公司资产配置研究[J]．保险理论与实践,2018(2):51－64.

[12]王向楠．社会医疗保险、市场结构与我国商业健康保险发展[J]．保险研究,2011(7):35－41.

[13]任杰．美国大都会人寿保险公司资产配置分析及启示[J]．保险理论与实践,2018(4):93－102.

[14]孙祁祥,郑伟,等．中国保险业发展报告2017[M]．北京:北京大学出版社,2017.

[15]朱进元,张承惠．转型与发展:迈入"十三五"的中国保险业(2016)[M]．北京:中国财政经济出版社,2017.

研究论文

人口结构与金融市场风险结构

——风险厌恶的生命周期时变特征

易 祯 朱 超

摘要： 本文构建模型并运用微观和宏观数据，刻画和验证经济主体风险厌恶在生命周期中的时变特征。微观视角下风险厌恶受年龄正向影响，宏观视角下金融市场和行为风险厌恶均随平均年龄上升而上升。少年人口占比负向影响风险厌恶；中老年人口降低风险偏好，风险态度趋于保守。风险厌恶在生命周期内存在时变性，表现为年龄越大风险厌恶越强。这对于后续建模中设定风险厌恶可变系数有借鉴意义。年龄改变风险态度和风险资产组合，使得人口年龄结构系统性影响金融市场风险结构。因此，本文对于从人口学视角预判未来金融市场风险结构的研究也具有一定参考价值。

关键词： 风险厌恶；生命周期理论；人口结构；金融市场风险结构

一、引言

人口结构变化具有长期性、覆盖性和趋势性的特点。如果年龄能够

作者简介：易祯，首都经济贸易大学金融学院博士生；
朱超，首都经济贸易大学金融学院教授，博士生导师。

影响风险态度，风险厌恶将作为中间渠道，使得人口年龄结构系统性影响金融市场风险结构。如果这种联系得以确立，其重要性体现在可以通过人口结构变化预测未来金融市场风险结构，“人”的因素甚至对未来金融产品市场和金融服务供给特征均产生深远影响。

主流经济模型的常数风险厌恶假设忽视了经济主体对风险感知随年龄而变的可能性，可能导致刻画人口结构影响宏观经济的机制和效应偏差。因此本文致力于验证风险厌恶的时变性，并试图发现其在生命周期中的变化规律，从而提供金融市场风险结构调整的前瞻性信息。

风险厌恶是微观主体受主观或客观因素影响在投资组合选择时表现出的风险态度，其时变特征可以通过四条途径映射。

（1）劳动供给调整。可调整的劳动供给可降低风险厌恶程度（Bodie et al.，1992；Chetty，2006）。

（2）资产组合选择。风险厌恶与风险资产占比负相关，风险资产组合与以其代表的风险厌恶程度均对财富变化敏感（Brunnermeier and Nagel，2008）。

（3）金融市场价格。生命周期的风险厌恶假说认为，风险厌恶与年龄密切相关，并表现为中年时期风险偏好最高而金融市场风险溢价最低（Bakshi and Chen，1994；Poterba，2001）。

（4）保险行为。风险厌恶上升伴随着更高的人寿保险金额，年龄与风险厌恶负相关，但65岁以上人口风险厌恶显著上升（Eisenhauer and Halek，1999；Halek and Eisenhauer，2001）。

实证文献关注三个风险态度的概念：风险厌恶（Risk Aversion）、风险偏好（Risk Preference）和风险承受能力（Risk Tolerance）。部分研究发现，风险厌恶随年龄上升而下降。美国微观调查数据（SIPP和HRS）表明，年龄对风险厌恶存在显著负向影响，但这种影响在退休人群中发生反转（Riley Jr and Chow，1992；Halek and Eisenhauer，2001）。美国消费者金融调查（SCF）显示，风险厌恶与年龄反向变化，非线性关系不显著（Wang and Hanna，1997）。田中等（Tanaka et al.，2010）运用越南调查数据发现，年龄显著负向影响风险厌恶。意大利家庭收入健康数据（SHIW）显示，风险资产在投资组合中的占比与年龄存在非线性“U”形关系。绝大部分样本落在二次函数减区间，年龄与风险厌恶反向变化（Chiappori and Paiella，2011）。王晟和蔡明超（2011）以中国沪深 300 指数为风险资产组合的代理变量，发现风险厌恶与年龄存在非线性关系，表现为“开口向上”的二次函数，样本的中位数年龄和平均年龄均落在减区间。

也有实证结果表明风险厌恶与年龄同向变化。科恩等（Cohn et al.，1975）对美国 2 506 位个人投资者 1964—1970 年的持续调查发现，风险厌恶随年龄的上升而上升。加拿大消费者金融调查（SCF）数据（Morin and Suarez，1983）、荷兰微观调查数据（Brabant Survey、Accountants Survey 和 GPD Newspaper Survey）（Hartog et al.，2002）、美国 1983—2001 年消费者金融调查数据（Yao et al.，2004；Yao et al.，2005）、德国社会经济面板数据（SOEP）（Dohmen，2011）、美国微观调查数据（Hariharan et al.，2000；Halek and Eisenhauer，2001）研究也有同样的发现。但哈拉汉等（Hallahan et al.，2004）研究风险厌恶与财富的关系时，作为控制变量的年龄一次项估计不显著，但二次项估计显著，法夫等（Faff et al.，2009）也发现了类似的现象。实验经济学通常将年龄作为控制变量引入风险偏好分析框架，年龄并不能显著影响风险资产占比（周业安，等，2013；Cohn et al.，2015）。

本文试图研究风险厌恶的时变规律，搭建人口年龄结构与金融市场风险结构之间的桥梁。研究设计如下：第一步，建立理论模型刻画风险厌恶的时变特征。我们从微观主体决策中建立风险厌恶的时变函数，寻找影响风险厌恶变化的因素。第二步，建立微观和宏观实证模型探寻风险厌恶时变特征的变化规律。微观层面，我们运用 2011 年中国家庭金融调查（CHFS）数据，从主观、风险市场参与和投资组合构造三个角度刻画风险厌恶，通过建立有序 Logit 模型和 Tobit 模型分析并发现年龄与风险厌恶的关系，并通过半参数模型构造年龄与风险厌恶函数。宏观层面运用世界银行世界发展指标数据库（WDI）、全球金融发展数据库（GFD）、健康营养与人口统计数据库（HNPS）的数据讨论风险厌恶与年龄、人口年龄结构的关系，从宏观金融和行为视角重新审视常数风险厌恶假设。第三步，我们更换数据库、采用分位数回归、更换特定金融危机时期样本进行稳健性检验。第四步，进一步验证风险厌恶时变规律关于金融资产收益率的一个推论。

本文的理论与实证模型显示经济主体的风险厌恶在生命周期中表现出时变性。微观视角下风险厌恶受年龄正向影响，且影响程度单调上升。宏观视角下，风险厌恶随平均年龄增长而上升，少年人口占比负向影响风险厌恶；中年和老年人口占比降低风险偏好，风险态度趋于保守。本文还发现，金融资产收益率可以获得人口学角度的解释，少年人口占比将推高金融资产收益率，中年和老年人口占比则存在负向影响。这也同时验证了风险厌恶的时变规律。

本文的贡献在于：第一，通过宏观、微观数据说明主流经济学模型风险厌恶不变可能是一个强假设，需要进行放松以更准确地描述现实。微观视角下我们使用 2011 年和 2013 年中国家庭金融调查中心（CHFS）数据，从主观认知、风险资产市场参与和投资组合三个角度讨论风险厌恶的时变特征。宏观视角下我们运用以 5 岁为组距的人口调查数据，从金融市场和风险行为中更细致地刻画宏观风险厌恶受人口结构的影响。这对于后续建模也是一个有效的借鉴。总体来说，风险厌恶的生命周期时变特征表现为年龄越大风险厌恶越强。从线性角度设定一个正斜率的风险厌恶系数，或采取非线性设计，都是设定风险厌恶参数时可以考虑的思路。第二，本文将风险厌恶时变特征的研究延伸至宏观领域，建立了风险厌恶时变规律的微观和宏观联系。从某种意义上说，微观经济主体的风险厌恶加总后可以得到人口总体的风险态度，从而将人口结构、生命周期、金融市场风险结构联系起来。

后文结构安排如下：第二部分建立理论模型，第三部分为微观实证，第四部分为宏观实证，第五部分讨论实证结果并进行稳健性检验，第六部分验证金融资产收益率的人口学解释推论，最后是结论与政策含义。

二、理论模型

本节构建模型刻画经济主体风险厌恶在生命周期中的时变特征。本文在阿塔纳西奥等（Attanasio et al.，1989）的基础上引入劳动，从劳动供给和工资变化角度研究年龄对风险厌恶的可能影响。假设居民存活 T 期并提供劳动获得工资收入，工资收入随年龄而变。居民对每期消费（C_t）、劳动供给（L_t）和金融资产投资（A_t）进行决策，使得终生效用最大化，$t=1$，2，…，T。金融资产收益率为 R_t，$A_t \geqslant 0$。居民行为决策可由下列最优化问题表示。

$$\max_{C_t,L_t,A_t} \sum_{t=1}^{T} \beta^t [U(C_t^*) + u(L_t)] \tag{1}$$

$$\text{s. t}: V(C_t^*) = E_t[V(C_t)] \tag{2}$$

$$C_t + A_{t+1} = w\theta_t L_t + R_t A_t \tag{3}$$

（1）式中，C_t^* 为居民消费 C_t 的确定性等值。β 为主观贴现因子，w 为平均工资水平，θ_t 为年龄 t 的函数，刻画不同年龄人群的工资水平围绕平均工资水平 w 的系数，因此 $w\theta_t$ 即为处于年龄 t 人群的工资水平。根据生命周期理论，工资水平随年龄表现出倒“U”形特征，因此 θ_t 为年龄 t 的非线性函数。

根据（2）式我们可以找到 C_t^* 与 C_t 的关系：

$$C_t^* = V^{-1}[\mathbb{E}_t[V(C_t)]] \tag{4}$$

因此，居民最优化问题可以改写为：

$$\max_{C_t,L_t,A_t} \sum_{t=}^{T} \beta^t [U(V^{-1}[\mathbb{E}_t[V(C_t)]]) + u(L_t)] \tag{5}$$

传统的期望效用模型认为，风险厌恶与跨期替代相等，这种做法可能会引起实证结果与理论模型出现偏误。阿塔纳西奥等认为，在理论模型中引入确定性等值的精髓在于区别风险厌恶和跨期替代。在（5）式中，风险规避是函数 $V(C_t)$ 的曲率，而跨期替代是函数 $U(C_t^*)$ 的曲率。

居民优化问题的一阶条件可以化简为：

$$\frac{U'(V^{-1})'\mathbb{E}_t[V'(C_t)]}{u'(L_t)} = -\frac{1}{w\theta_t} \tag{6}$$

$$\beta U'(V^{-1})'\mathbb{E}_t[V'(C_{t+1}R_{t+1})] = U'(V^{-1})'\mathbb{E}_t[V'(C_t)] \tag{7}$$

为了得到（6）式和（7）式的显式表达式，我们假设函数 $V(C_t)$，$U(C_t^*)$，$u(L_t)$ 满足以下方程：

$$V(C_t) = \frac{C_t^{1-\gamma_t}}{1-\gamma_t} \tag{8}$$

$$U(C_t^*) = \frac{C_t^{*\,1-\alpha_t}}{1-\alpha_t} \tag{9}$$

$$u(L_t) = -\ln(L_t) \tag{10}$$

（8）式中，γ_t 为随年龄而变的相对风险厌恶系数。（9）式中，$1/\alpha_t$ 为跨期替代弹性。通过对（6）～（10）式进行整理我们可以得到：

$$\gamma_t = \alpha_t\left(\frac{[\ln[\mathbb{E}_t(\theta_{t+1})] - \ln(\theta_t)] + [\ln[\mathbb{E}_t(L_{t+1})] - \ln(L_t)]}{\ln\beta + \ln[\mathbb{E}_t(R_{t+1})]}\right) \tag{11}$$

（11）式中，主观贴现因子 β 和金融资产收益率不随个体决策而变。我们假设工资和劳动随年龄而变由 θ_t 刻画，风险厌恶即表示为年龄的函数。我们将分别运用微观和宏观数据验证风险厌恶与年龄的关系。

三、微观证据

（一）微观实证模型

风险厌恶可以分为主观和客观两类。主观风险厌恶为自我认知，反映居民对自身风险态度的评价。客观风险厌恶是认知的外在表现，是在投资组合选择中表现出的风险态度。解释变量中一类是年龄变量，用于讨论风险厌恶的生命周期特征；另一类是控制变量，用于固定其他影响风险厌恶的因素。基准微观计量模型设定如下：

$$RA_i = \alpha_0 + \alpha_1 AGE_i + \boldsymbol{X_i \beta} + \mu_i \tag{12}$$

RA_i 表示风险厌恶，AGE_i 表示年龄，X_i 为控制变量矩阵；α_0 和 α_1 为常数项和解释变量系数，$\boldsymbol{\beta}$ 为控制变量系数向量；$\boldsymbol{\mu_i}$ 为随机扰动项。

基准计量模型直接讨论风险厌恶的年龄变化特征，我们试图分析其他控制因素对风险态度时变特征产生的可能影响，引进部分控制变量与年龄的交互项，实证模型修正为：

$$RA_i = \alpha_0 + \alpha_1 AGE_i + \gamma AGE_i^{*} Y_i + \boldsymbol{X_i \beta} + \mu_i \tag{13}$$

文献分析和历史数据显示，风险厌恶与年龄之间可能存在非线性关系。我们在基准模型式（12）中引入 AGE_i 的二次项，讨论风险厌恶非线性变化特征。计量模型修正为：

$$RA_i = \alpha_0 + \alpha_1 AGE_i + \alpha_2 AGE_i^2 + \boldsymbol{X_i \beta} + \mu_i \tag{14}$$

（二）变量

被解释变量分为主观和客观风险厌恶。主观风险厌恶根据居民自身风险认知能力进行衡量。文献中客观风险厌恶的刻画方式分为三种：一是市场参与风险厌恶，根据是否存在风险投资行为进行描述（Hallahan et al.，2004；Watson and McNaughton，2007）；二是投资组合风险厌恶，通过投资组合中无风险资产和风险资产比例进行刻画（Riley Jr and Chow，1992；Wang and Hanna；1997；Chiappori and Paiella，2011）；三是根据实验经济学的方法寻找投资者的风险态度（周业安等，2013；Cohn et al.，2015）。我们通过前两种方式寻找客观风险厌恶代理变量。解释变量中年龄变量分为户主年龄和家庭成员平均年龄。结合文献和数据可得性，控制变量 X_i 中包含性别、婚姻状况、家属人数、民族、收入水平、教育程度和所在地。式（13）中，Y_i 代表收入水平（Bellante and Green，2004）和性别。

（三）数据和方法

1. 数据说明

我们选择2011年中国家庭金融调查数据作为研究样本进行微观计量分析，对全样本进行如下筛选：第一，剔除数据不可得样本；第二，剔除户主年龄小于16岁的样本①。主观风险厌恶数据直接来源于中国家庭金融调查。市场参与风险厌恶选择以下指标构造：是否持有股票账户、是否持有非人民币资产、是否拥有黄金、是否因子女教育问题向银行贷款和有无信用卡。我们认为，拥有这些行为的家庭风险厌恶程度较低，因此，我们取“1=否，0=是”，对这5种市场参与行为进行加总刻画市场参与风险厌恶。我们还从家庭资产组合选择角度出发，以无风险资产占资产组合比重度量风险厌恶。无风险资产包括活期存款和定期存款，资产组合还包括股票市值、债券面值、基金市值和非人民币资产市值总额。

2. 方法

主观风险厌恶和市场参与风险厌恶为离散变量，取值1~5，且存在排序特点，故采用有序logit模型（order logit model）估计主观风险厌恶和市场参与风险厌恶。投资组合风险厌恶取值区间为［0，1］，因此采用截取Tobit模型估计。有序Logit和Tobit模型均为非线性模型，宜运用极大似然法（MLE）估计。

（四）基准模型估计结果

1. 主观风险厌恶

本文首先将主观风险厌恶作为被解释变量，利用MLE估计有序Logit模型。表1中（1）~（4）栏用户主年龄作为年龄代理变量，（5）~（8）栏用家庭平均年龄作为年龄代理变量；（1）和（5）栏为式（12）的估计结果，（4）和（8）栏为式（14）的估计结果，其余

---

① 户主年龄小于16岁的家庭经济活动参与率较低，因此借鉴尹志超等（2015）的做法，剔除这部分样本。

为式（13）。篇幅所限，常数项和控制变量估计结果备索。

表 1　主观风险厌恶有序 Logit 基准模型估计结果

解释变量	户主年龄				家庭平均年龄			
	(1)	(2)	(3)	(4)	(5)	(6)	(7)	(8)
年龄	0.038 8 *** (0.001 7)	0.058 1 *** (0.004 8)	0.018 7 (0.014 0)	0.018 6 (0.011 6)	0.037 5 *** (0.001 7)	0.049 6 *** (0.004 8)	0.023 1 (0.015 1)	0.023 8 ** (0.009 4)
年龄 * 性别	—	-0.013 7 *** (0.003 1)	—	—	—	-0.008 5 *** (0.003 1)	—	—
年龄 * 收入	—	—	0.001 9 (0.001 4)	—	—	—	0.001 2 (0.001 4)	—
年龄二次项 * 100	—	—	—	0.000 2 * (0.000 1)	—	—	—	0.000 1 (0.000 1)
控制变量	控制	控制	控制	控制	控制	控制	控制	控制
样本数	7 827	7 827	7 827	7 827	7 827	7 827	7 827	7 827
调整的 R^2	0.076 3	0.077 1	0.059 6	0.076 4	0.075 0	0.075 3	0.057 9	0.075 1

注：①本文使用 STATA /SE 14.0 进行程序编写和运算，*，**，*** 分别表示在 10%，5%，1% 的水平上显著，括号中数值为稳健标准误。

②在进行家庭平均年龄估计时，控制变量选取为户主信息，我们也尝试对部分个体控制变量进行家庭平均，发现平均后并不改变估计结果，为了估计结果可比，只报告相同控制变量的结果。

③下表同。

主观风险厌恶随年龄增长而上升，户主年龄和家庭平均年龄估计结果相同。这一发现与部分研究主观风险厌恶的文献一致（Hariharan et al.，2000；Yao et al.，2004；Yao et al.，2005；Ahmad et al.，2011；Dohmen，2011；Larkin et al.，2013）。男性群体主观风险厌恶程度更高。年龄增长伴随经验积累使居民自我风险态度的认知趋于保守。少年时期“初生牛犊不怕虎”，乐观的风险态度表现为风险厌恶程度较低。步入中年，居民对风险的认识和主观风险厌恶情绪逐渐加深。进入老年时期，资金安全性和流动性需求使得风险承受能力下降，风险厌恶程度达到最高。主观风险厌恶在生命周期内表现出单调递增的规律，并在男性群体中更为明显。

2. 客观风险厌恶

本文首先以市场参与刻画的客观风险厌恶作为被解释变量，结果报告见表2。客观风险态度是居民在建立投资组合时表现出的资产选择偏好。客观风险厌恶也随年龄线性变化，并表现为“开口向上”的二次函数关系。我们的发现与哈里哈兰等（Hariharan et al.，2000；Halek & Eisenhauer，2001）一致。

表2　市场参与客观风险厌恶有序 Logit 基准模型估计结果

解释变量	户主年龄				家庭平均年龄			
	(1)	(2)	(3)	(4)	(5)	(6)	(7)	(8)
年龄	0.004 7 (0.002 9)	0.017 8** (0.007 9)	0.060 6** (0.028 1)	-0.144 2*** (0.023 4)	0.000 8 (0.002 8)	0.007 7 (0.007 8)	0.064 4** (0.027 6)	-0.120 2*** (0.018 8)
年龄*性别	—	-0.009 1* (0.005 2)	—	—	—	-0.004 7 (0.005 0)	—	—
年龄*收入	—	—	-0.005 1** (0.002 5)	—	—	—	-0.005 9** (0.002 5)	—
年龄二次项*100	—	—	—	0.001 3*** (0.000 2)	—	—	—	0.001 2*** (0.000 1)
控制变量	控制	控制	控制	控制	控制	控制	控制	控制
样本数	7 827	7 827	7 827	7 827	7 827	7 827	7 827	7 827
调整的 R^2	0.174 8	0.175 3	0.175 6	0.182 5	0.174 5	0.174 6	0.175 4	0.181 9

进一步，我们以投资组合风险厌恶为被解释变量并运用 Tobit 模型进行估计，结果见表3。客观风险厌恶随年龄增长而上升的时变性依旧存在，与年龄之间存在符合“开口向上”的二次函数关系。这与表2估计结果一致。

表 3 投资组合选择客观风险厌恶 Tobit 模型基准模型估计结果

解释变量	户主年龄				家庭平均年龄			
	(1)	(2)	(3)	(4)	(5)	(6)	(7)	(8)
年龄	0.004 4 *** (0.001 5)	0.013 2 *** (0.004 1)	0.048 3 *** (0.015 6)	-0.060 3 *** (0.011 8)	0.001 4 (0.001 4)	0.007 8 * (0.004 0)	0.030 6 * (0.015 6)	-0.050 2 *** (0.009 4)
年龄 * 性别	—	-0.006 2 ** (0.002 6)	—	—	—	-0.004 4 * (0.002 5)	—	—
年龄 * 收入	—	—	-0.004 0 *** (0.001 4)	—	—	—	-0.002 7 * (0.001 4)	—
年龄二次项 * 100	—	—	—	0.000 6 *** (0.000 1)	—	—	—	0.000 5 *** (0.000 1)
控制变量	控制	控制	控制	控制	控制	控制	控制	控制
样本数	4 300	4 300	4 300	4 300	4 300	4 300	4 300	4 300
调整的 R^2	0.165 4	0.166 4	0.167 3	0.173 2	0.164 0	0.164 6	0.164 9	0.171 4

（五）半参数估计结果

非参数和半参数模型不事先假设具体函数形式，可以帮助我们进一步寻找风险厌恶与年龄之间的函数关系。考虑到控制变量，我们此处用半参数估计方法估计风险厌恶与年龄的关系。我们首先估计主观风险厌恶与年龄的关系，图 1 报告了函数图像及 95% 置信区间。控制变量参数估计结果因篇幅原因不再报告。可以看出，主观风险厌恶随年龄增长而呈现出上升趋势。虽然极端年龄（户主年龄小于 20 岁和大于 95 岁）这一规律不稳健，但在户主年龄和平均年龄为 20 ~ 95 岁时，年龄与风险厌恶的同向变化规律成立。

进一步估计客观风险厌恶与户主年龄和家庭平均年龄的关系。客观风险厌恶随年龄增长而上升的趋势在 20 ~ 30 岁表现突出，但不如主观风险厌恶明显，并且在 40 ~ 60 岁趋于平稳。总体来看，年龄越大对应客观风险厌恶越高。限于篇幅，具体结果不再报告。

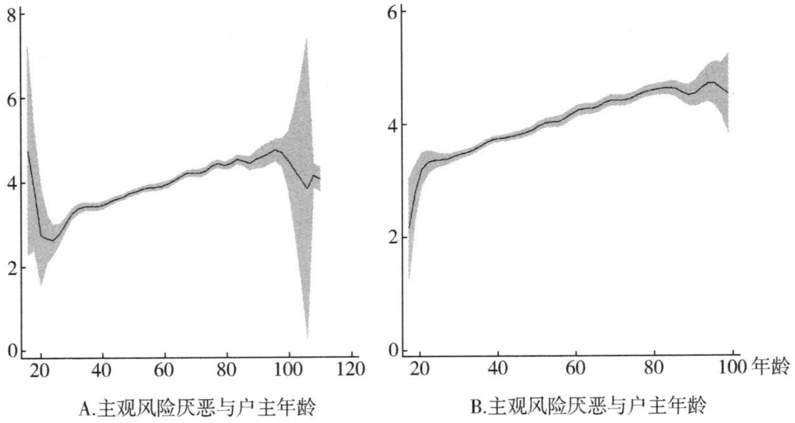

图 1　主观风险厌恶和年龄函数的关系

注：①图中横坐标为户主年龄和家庭平均年龄，纵坐标为主观风险厌恶。

②实线表示主观风险厌恶与年龄的函数图像，阴影为 95% 置信区间。

③非参数估计的核函数选用高斯核，采用异方差稳健标准误。

（六）分组回归

基准估计结果显示主观和客观风险厌恶存在时变特征。我们将按照年龄和地区对样本进行分组重新估计，为风险厌恶时变规律提供更多的年龄分布和地区集聚信息。

1. 年龄分组

我们对户主年龄和家庭平均年龄进行分组估计。样本筛选时剔除了户主年龄小于 16 岁的家庭，因此年龄分组估计分为三组：年少的中年组（25 ~ 44 岁）、年长的中年组（45 ~ 64 岁）和老年组（65 岁及以上）①。结果显示，主观风险厌恶仍随年龄单调递增，不受年龄分组的影响，在户主年龄和家庭平均年龄估计中均稳健成立。以市场参与和投资组合表现的客观风险厌恶均呈“U”形年龄阶段特征：25 ~ 44 岁年

① 根据联合国的界定，0 ~ 24 岁属于少年，25 ~ 44 岁属于年少的中年，45 ~ 64 岁属于年长的中年，65 岁及以上属于老年。本文微观样本中剔除了户主年龄小于 16 岁的样本，而 16 ~ 24 岁的样本共 23 个，样本偏少，因此我们只估计三组年龄分组结果。

少时期，客观风险厌恶随年龄的增长下降；45～64岁年长的中年阶段，时变特征表现不明显；65岁及以上年龄段中，年龄越大风险厌恶程度越高。

2. 地区分组

地区分组旨在消除宏观经济发展和文化差异的影响，刻画风险厌恶时变特征的地区差异。我们估计出主观和客观风险厌恶与户主年龄的系数，并以地图形式报告并比较（见图2）。其中主观风险厌恶仍然沿用主观认知调查数据，客观风险厌恶此处用风险资产市场参与衡量。主观风险厌恶的生命周期单调递增规律在大部分地区（25个省市中的20个）成立，客观风险厌恶随年龄而变则存在较为明显的地域差异。可能因为主观风险厌恶是居民对自身的风险态度的把握，受客观条件的影响较小。而客观风险厌恶受地区经济发展程度影响，在不同省市间差异较大。同时，有效样本不足也是造成客观风险厌恶出现差异的可能原因。

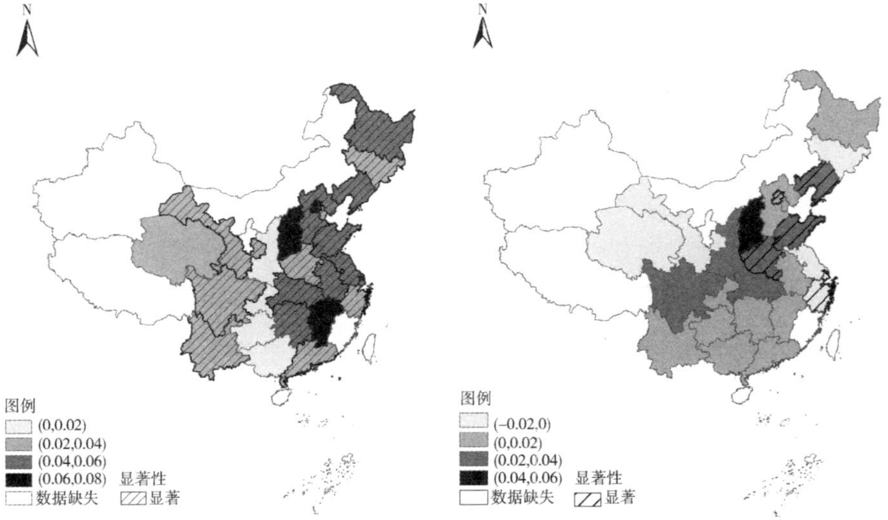

图2　风险厌恶生命周期变化的省际差异

数据来源：利用不同地区样本估计而得。

注：①左、右分别为主观、客观风险厌恶；

②图中白色区域表示数据缺失区域，颜色越深表示回归系数越大，具体系数估计值备索。

四、 宏观证据

（一） 宏观实证模型与变量

宏观风险厌恶与年龄关系的基准计量模型设定如下：

$$RA_{it} = \alpha_0 + \alpha_k AGE_{it} + \boldsymbol{X_{it}\beta} + \mu_i + \lambda_t + v_{it} \tag{15}$$

式（15）中，RA_{it}表示风险厌恶，AGE_{it}表示平均年龄，$\boldsymbol{X_{it}}$为控制变量矩阵；α_0和α_k（$k=1, 2, \cdots, n$）为常数项和解释变量系数，$\boldsymbol{\beta}$为控制变量系数向量；扰动项由$\boldsymbol{\mu}_i + \boldsymbol{\lambda}_t + v_{it}$三部分组成，其中$\boldsymbol{\mu}_i$为个体固定效应，$\boldsymbol{\lambda}_t$表示时间固定效应，$v_{it}$为随机扰动项。

风险厌恶可能具有调整黏性，除静态模型外，我们将滞后一期风险厌恶引入基准模型，得到动态回归模型如下：

$$RA_{it} = \alpha_0 + \rho RA_{it-1} + \alpha_k AGE_{it} + \boldsymbol{X_{it}\beta} + \mu_i + v_{it} \tag{16}$$

其中，ρ为自回归系数。

本文还考虑人口结构与风险厌恶的关系。经济体平均年龄不能刻画年龄分布，因此将人口年龄结构引入式（16）。考虑到共线性，我们将人口变量进行分别估计。回归模型为：

$$RA_{it} = \alpha_0 + \rho RA_{it-1} + \alpha_k D^{(k)it} + \boldsymbol{X_{it}\beta} + \mu_i + v_{it} \tag{17}$$

其中，$D_{it}^{(k)}$表示处于第k组人口占总人口的比例。

本文从金融市场和社会行为角度选取风险厌恶代理变量。参考前文微观计量模型的风险厌恶代理变量选取方式，用金融机构存款与股票市值之比衡量金融风险厌恶。行为风险厌恶用女性吸烟人数占成年人比例代表①。我们利用1减去女性吸烟人数占成年人比例作为风险厌恶代理变量，选取包含126个国家2000年、2005年和2010年历史数据为

① 戴夫等（Dave & Saffer, 2008；Ida & Goto, 2009）将女性吸烟人数占成年人比例看作风险态度的信号，从这一角度构造行为金融风险厌恶衡量指标。通常吸烟、重度饮酒、超重和不使用安全套等非金融市场“危险”行为负向反映风险厌恶，随着年龄的上升，这些行为会有所下降。虽然这看起来更像是生物学、医学或社会学研究，但还是可以通过不健康行为衡量社会风险态度，获得非金融市场考量的证据。

样本。

解释变量中的人口变量分为两类。一类是经济体平均年龄，数据根据健康营养与人和统计数据库提供的人口分布数据估算；另一类是人口占比变量，以5岁为组距分为17个年龄组。人口年龄占比分组有两种方式：一种是根据大多数文献讨论人口结构与宏观经济运行的分组方式，将人口按照年龄分为少年人口（0~24岁）、年少的中年人口（25~44岁）、年长的中年人口（45~64岁）和老年人口（65岁及以上）4组，这种分组方式可以初步判断风险厌恶是否存在时变特征。另一种以5岁为组距将人口分为17组（80岁以上人口分为一组），验证时变特征的年龄组内和组间异质性。我们选择细致的人口分组方式，并选择通货膨胀率、人均收入、劳动人口增长率、实际利率、经济发展阶段和经济增长等为控制变量。

（二）数据与方法

本文数据来自世界银行健康营养与人口统计（HNPS）、世界发展指标（WDI）和全球金融发展（GFD）数据库。样本区间为1989—2012年，样本包含105个国家。我们对全球数据进行如下筛选：第一，剔除关于某变量数据完全缺失的国家或地区；第二，剔除数据不可得的国家或地区；第三，剔除连续观察值小于5年的国家或地区。篇幅所限，变量描述性统计信息略。我们用最小二乘法（OLS）估计静态模型，用差分广义矩估计（DIF - GMM）和系统广义矩估计（SYS - GMM）方法估计动态模型。

（三）金融风险厌恶和行为风险厌恶

1. 平均年龄估计

行为风险厌恶受样本限制，仅估计式（15）的静态模型结果[①]，动

---

① 行为风险厌恶样本年份为2000年、2005年、2010年和2012年，样本时间间隔并不相等，不适合使用动态模型进行估计。而2000年、2005年和2010年三个等间距年份的样本连续性较差，动态模型估计时样本损失较大。

态模型结果备索。作为对照，我们在表4中的（1）和（5）栏汇报了混合回归（PA）估计量。表4估计结果显示，金融风险厌恶和行为风险厌恶均随年龄上升而上升，这与微观估计结果一致，并在不同风险厌恶度量方式下稳健。

表4　平均年龄与风险厌恶估计结果

解释变量	金融风险厌恶				行为风险厌恶	
	（1）	（2）	（3）	（4）	（5）	（6）
	PA	FE	DIF－GMM	SYS－GMM	PA	FE
风险厌恶（t－1）	—	—	－0.004 0*** （0.000 1）	－0.012 8*** （0.003 1）	—	—
平均年龄	0.136 2*** （0.025 7）	0.045 8 （0.194 7）	1.859 5*** （0.022 2）	1.513 5*** （0.306 0）	－0.804 0*** （0.120 5）	0.902 2*** （0.188 4）
控制变量	控制	控制	控制	控制	控制	控制
样本数	1513	1513	1355	1458	373	373
调整的 R^2	0.128 9	0.069 1	—	—	0.370 0	0.355 5
Sargan 检验	—	—	1.000 0	0.079 6	—	—
AR（2）检验	—	—	0.459 0	0.598 9	—	—

进一步，我们也估计了宏观金融和行为风险厌恶与年龄的面板半参数模型，结果备索。金融和行为风险厌恶的非线性特征表现为：①平均年龄为20～23岁左右时平均年龄与风险厌恶呈现负相关关系，而高于这一年龄，二者同向变化，这与微观层面的估计结果一致；②行为风险厌恶整体随年龄上升表现出上升趋势。

2. 人口年龄占比估计

本文还以5岁为组距将人口细分为17个年龄段，使用SYS－GMM方法估计了以金融风险厌恶为被解释变量的式（17），行为风险厌恶采用FE估计量估计式（17）对应的静态模型。简明起见，我们用图3中的曲线连接了不同年龄段系数估计值的描点，并标注了对应的置信区间。图中以阴影分割的四个区间分别对应0－24岁、25－44岁、45－64岁和65岁及以上四个年龄段，描点为该年龄区间内不同子年龄段人口占比对风险厌恶的回归系数，横坐标的星号显示显著程度。系数和标准误具体数值备索。

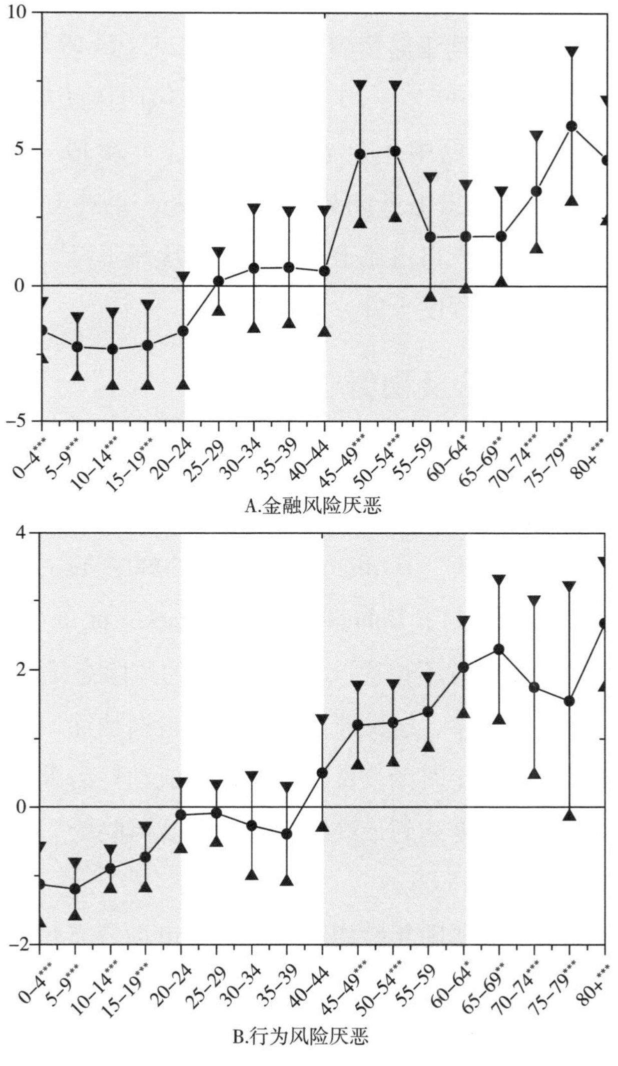

图3　人口年龄结构与金融风险厌恶动态面板系数汇总

注：①图中横坐标表示人口年龄分组，纵坐标表示回归系数及置信区间取值，横轴 *，***，*** 分别表示回归系数在10%，5%，1%的水平上显著；

②回归结果中包含常数项和控制变量回归系数，篇幅所限，未作报告。

图3估计结果显示，风险厌恶因人口年龄结构而变。0 ~24 岁各年

龄组（0～4岁、5～9岁、10～14岁、15～19岁、20～24岁）人口占比上升导致风险厌恶下降，45及以上年龄区间（45～49岁、50～54岁、55～59岁、60～64岁、65～69岁、70～74岁、75～79岁、80岁及以上）内，人口占比均正向影响风险厌恶。25～44岁年龄区间（25～29岁、30～34岁、35～39岁、40～44岁）对风险厌恶的影响不显著，连接了少年负向和年长的中年及老年正向两个年龄段。图3（A）和（B）中估计系数线表现出上升趋势，年龄越大，年龄与风险厌恶的同向变化关系越强。少年人口占比上升引起风险厌恶下降，而中年和老年人口上升导致风险厌恶程度上升。

五、 实证结果讨论及稳健性检验

（一） 实证结果讨论

第一，主观风险厌恶随年龄增长而上升，呈现生命周期的时变特征。这一结论得到文献（Hariharan et al.，2000；Yao et al.，2004、2005；Ahmad et al.，2011；Dohmen，2011；Larkin et al.，2013）的支持。少年时期“初生牛犊不怕虎”，持有乐观的风险态度，表现为风险厌恶程度较低。步入中年，居民对风险的认识逐渐加深，主观风险厌恶情绪逐渐增强。进入老年时期，资金安全性和流动性需求使得风险承受能力下降，风险厌恶程度达到最高。因此，主观风险厌恶在生命周期内表现出单调递增的规律。

第二，客观风险厌恶随年龄增长而上升。市场参与和投资组合角度刻画的客观风险厌恶在生命周期内还表现出“U”形的二次函数关系。本文的参数估计和半参数估计中，客观风险厌恶均随年龄增长而上升，结果稳健。

第三，宏观风险厌恶呈现随年龄增长而上升的趋势。这与微观层面的估计结果一致，并在金融风险厌恶和行为风险厌恶中表现稳健。随着经济体平均年龄的上升，拥有更高风险厌恶的中年人口较多，整体风险承受能力下降，表现为平均年龄越高，风险厌恶程度越高。

第四，宏观视角下人口年龄结构也能解释风险厌恶时变特征。0～

24岁少年人口占比上升导致风险厌恶程度下降。直觉认为，少年属于社会抚养人口，不提供劳动并进行负储蓄，该阶段人口越多会造成消费上升和储蓄下降，整体表现为风险厌恶程度较高。实证结果不支持这一判断，可能的原因是：由于存在贝克尔式权衡①，少年人口增加并不会引起家庭支出同比例上升。储蓄的"远期化"和劳动供给的内生化使得0~24岁人口占比上升引起教育性和投资性储蓄增加，引致对金融产品的需求。这部分长期储蓄偏好收益性，相对忽略安全性和流动性，主要投向金融风险资产，表现为风险厌恶程度下降。

25~44岁年少的中年人口占比上升引起风险厌恶上升。年少的中年人口因为组建家庭需要，对金融产品需求替换为房产需求，风险厌恶程度增强。但当考虑风险厌恶调整的滞后效应时，少年人口的负向效应将产生持续性，人到中年时仍保持负向影响。这在动态模型中有所体现。

45岁及以上年长的中年和老年人口占比上升推高风险厌恶。基于理性预期的思想，少年人口较多的经济体未来消费预期较大，因而中年人口由于预防性和投资性动机而增加储蓄（Lindh，1999）。在老年人口相对稳定的条件下，少年人口与中年人口此消彼长，理性预期使得少年和中年人口分别引起风险厌恶的下降和上升。

（二）稳健性检验

1. 替换数据库

基准模型中我们运用了2011年中国家庭金融调查数据。此处我们利用2013年中国家庭金融调查数据进行稳健性检验。在新的样本数据中，主观风险厌恶依旧随年龄的增长单调上升。考虑性别和收入水平的估计结果与基本估计结果保持一致，不改变前有结论。篇幅所限，稳健

---

① 贝克尔等（Becker & Barro，1988）认为，利他的父母将在生育和消费之间进行决策以最大化动态效用函数，消费变化率取决于利率和时间偏好，稳态条件下人均消费随少儿抚养负担的上升而增加，但这种变化并不同比例。杨继军和张二震（2013）称生育和消费之间的决策为"贝克尔式"权衡。

性检验具体估计结果略。

2. 分位数回归

本文以主观风险厌恶为被解释变量进行分位数回归，利用自举法（Bootstrap）在0.1，…，0.7分位点处估计回归方程。分位数估计结果同样支持主观风险厌恶随年龄而上升的结论。这说明回归结果不存在明显的年龄异质性和风险厌恶程度异质性。

3. 危机时期的极端证据

我们将全球金融危机发生年份作为特定样本，运用宏观模型和数据对结论进行极端情况讨论。我们选取全球金融市场出现动荡的年份进行研究，包括1990年日本泡沫经济崩溃，1994年全球债券市场崩盘，1997—1998年东南亚金融危机，2001年股市崩盘，2007—2011年美国“次贷危机”及全球性金融危机。少年人口占比负向、中年和老年人口占比正向解释风险厌恶。估计系数基本在全年龄段都显著，并具有较小的置信区间和接近0.9的拟合优度。这说明该结论在金融市场剧变时期风险厌恶急剧变化的条件下仍然保持稳健。

六、一个推论的验证：人口结构与金融资产收益率

风险厌恶随年龄而变，表现为少年人口占比负向、中年和老年人口占比正向影响风险厌恶。风险厌恶较高，则对于风险资产的需求低，从而金融市场整体风险水平低，根据收益与风险的正比关系，金融资产收益率也应处于较低水平。这样，风险厌恶与金融资产收益率间应相背而行。因此我们推论：少年人口占比将推高金融资产收益率，中年和老年人口占比则存在负向影响。风险偏好改变的结果将在金融市场反映出来，金融资产收益率将获得人口学角度的解释。

本文以式（18）刻画人口年龄结构对金融资产收益率的影响。

$$R_{it} = \alpha_0 + \rho R_{it-1} + \alpha_k D^{(k)it} + \boldsymbol{X}_{it}\boldsymbol{\beta} + \mu_i + v_{it} \tag{18}$$

其中，R_{it}表示金融资产收益率。

我们参考文献中的变量设计，选取股票市场收益率、长期债券市场收益率和短期债券市场收益率作为被解释变量，反映金融资产收益率在不同风险条件下的异质性（Yoo，1994；Poterba，2001；Brooks，2006；Arnott and Chaves，2012；Ichiue and Shimizu，2015）。本文采用 SYS－GMM 方法对动态模型进行估计，结果见图 4。

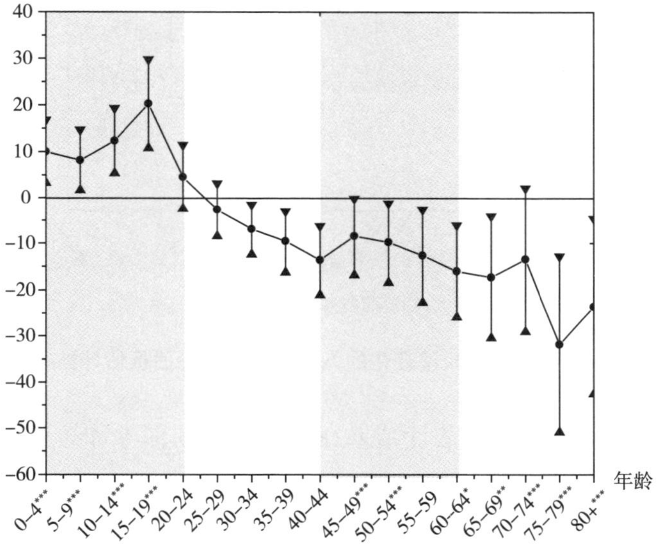

A.股票市场

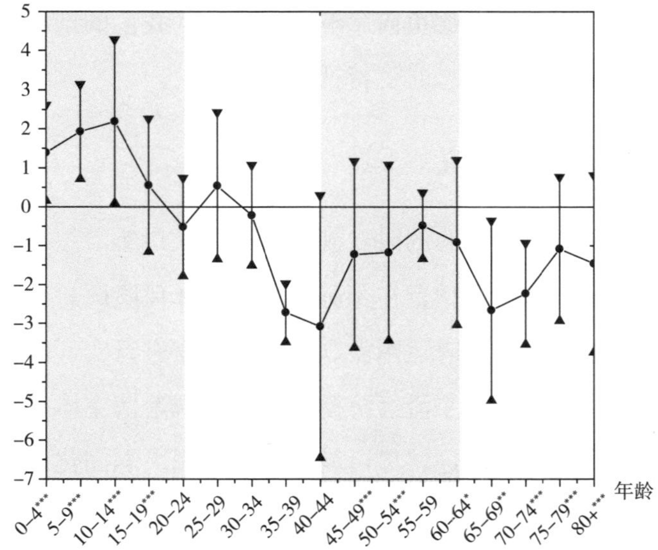

B.长期债券市场

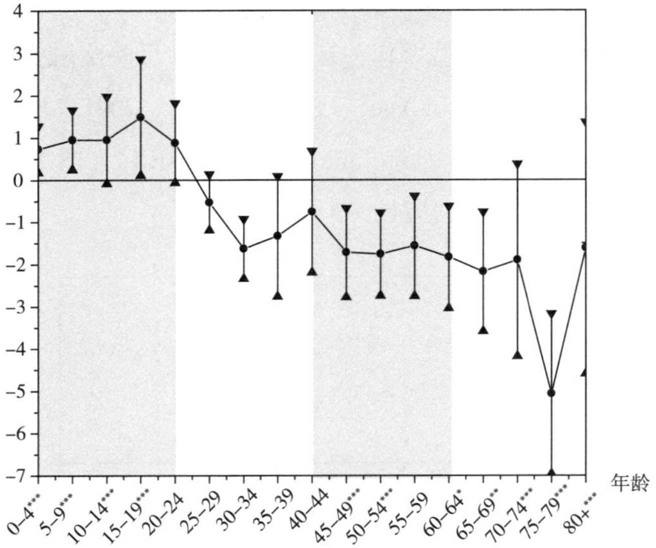

C.短期债券市场

图 4　金融资产价格变化的人口学解释动态面板估计结果

图 4 中，动态模型的估计结果在股票、长期债券和短期债券市场收益率中表现稳健，估计系数呈明显下降趋势。0 ~ 24 岁人口占比显著推高金融资产收益率，25 岁及以上人口对金融资产收益率产生负向影响，且随年龄增长老年人口占比负向影响大于中年。我们的推论得到数据的验证，支持了关于风险厌恶时变特征的发现。

七、 结论与政策含义

本文试图探寻风险厌恶的时变规律，搭建人口年龄结构与金融市场风险结构的桥梁，构建模型旨在刻画出经济主体风险厌恶在生命周期中的时变特征。随后我们同时运用微观和宏观数据进行实证研究探寻这种特征的变化规律。这对于主流经济模型往往忽视经济主体对风险感知随年龄而变是一个有效的改进，尽可能避免风险因厌恶固化造成刻画人口结构影响宏观经济的机制和效应偏差。

我们的发现是：第一，理论模型显示经济主体的风险厌恶在生命周期中表现出时变性。第二，实证研究发现风险厌恶在生命周期内也表现出时变特征。微观视角下风险厌恶受年龄正向影响，且影响程度单调上升；宏观视角下，平均年龄与风险厌恶同向变化。进一步考虑宏观人口年龄结构与风险厌恶发现，少年人口占比负向影响风险厌恶，中年和老年人口占比降低风险偏好，风险态度趋于保守。第三，金融资产收益率可以获得人口学角度的解释，少年人口占比将推高金融资产收益率，中年和老年人口占比则存在负向影响。这也同时验证了风险厌恶的时变规律。实际上，考虑风险偏好后，中老年人口比例与较低的金融资产收益率相联系，这一特征并不符合生命周期理论关于中年期高储蓄推高资产收益率的论断，因此这一问题需要进一步讨论。

本文通过宏观、微观数据验证了主流经济学模型风险厌恶不变是一个强假设，需要进行放松以更准确地描述现实。微观视角下我们使用2011 年和 2013 年中国家庭金融调查中心的数据，从主观认知、风险资产市场参与和投资组合风险结构三个角度讨论风险厌恶的时变特征。宏观视角下我们运用以 5 岁为组距的人口调查数据，从金融和行为因素中更细致地刻画宏观风险厌恶受人口结构的影响。总体来说，风险厌恶的生命周期时变特征表现为年龄越大风险厌恶越强，可谓“江湖越老，胆子越小”。这一规律对于后续建模中设定风险厌恶参数也是一个有效的思路借鉴。本文尝试建立微观和宏观联系，将风险厌恶时变特征的研究延伸至宏观领域。从某种意义上说，微观经济主体的风险厌恶加总后可以得到人口总体的风险态度，从而将人口年龄结构、生命周期、金融市场风险结构联系起来。

本文的结论可以从人口学视角预判未来金融市场风险结构。中国人口政策的实施和改革使人口年龄结构已经并还将继续呈现剧烈变化。这一研究的重要性体现在可以通过人口结构变化预测未来金融市场风险结构和资产配置。人口年龄结构将对未来金融市场价格体系和金融服务特征均产生深远影响。在老龄化的背景下，人口年龄重心上移，风险厌恶上升将增加固定收益产品的需求。从供给侧来说，有可能导致中国金融体系从直接金融向间接金融倾斜。基于“人”的基础性因素，我们可以对直接金融与间接金融的合理结构进行更多的思考。

参考文献

[1]王晟，蔡明超．中国居民风险厌恶系数测定及影响因素分析——基于中国居民投资行为数据的实证研究[J]．金融研究，2011(8).

[2]杨继军，张二震．人口年龄结构、养老保险制度转轨对居民储蓄率的影响[J]．中国社会科学，2013(8).

[3]尹志超，吴雨，甘犁——金融可得性、金融市场参与和家庭资产选择[J]．经济研究，2015(3).

[4]周业安，左聪颖，袁晓燕．偏好的性别差异研究：基于实验经济学的视角[J]．世界经济，2013(7)。

[5]Ahmad A, N Safwan, M Ali, et al. How demographic characteristics affect the perception of investors about financial risk tolerance [J]. Interdisciplinary Journal of Contemporary Research in Business, 2011(3):412 - 417.

[6]Arnott R D, D B Chaves. Demographic changes, financial markets, and the economy [J]. Financial Analysts Journal, 2012(68): 23 - 46.

[7]Attanasio O P, G Weber. Intertemporal substitution, risk aversion and the euler equation for consumption[J]. The Economic Journal, 1989(99):59 - 73.

[8] Bakshi G, Z Chen. Baby boom, population aging and capital markets [J]. Journal of Business, 1994(67):165 - 202.

[9]Becker G S, R J Barro. A reformation of the economic theory of fertility[J]. The Quarterly Journal of Economics, 1988(103): 1 - 25.

[10]Bellante D, C A Green. Relative risk aversion among the elderly[J]. Review of Financial Economics, 2004(13):269 - 281.

[11]Bodie Z, R C Merton, W F Samuelson. Labor supply flexibility and portfolio choice in a life cycle model[J]. Journal of Economic Dynamics and Control, 1992(16): 427 - 449.

[12] Brooks R. Demographic change and asset prices [Z]. Demography and Financial Markets, 2006: 235 - 261.

[13]Brunnermeier M K, S Nagel. Do wealth fluctuations generate time - varying risk aversion?

micro – evidence on individuals' asset allocation[J]. The American Economic Review, 2008(98):713 – 736.

[14] Chetty R. A new method of estimating risk aversion[J]. American Economic Review, 2006(96): 1821 – 1834.

[15] Chiappori P A, M Paiella. Relative risk aversion is constant: evidence from panel data [J]. Journal of the European Economic Association, 2011(9): 1021 – 1052.

[16] Cohn A, J Engelmann, E Fehr et al. Evidence for countercyclical risk aversion: an experiment with financial professionals[J]. American Economic Review, 2015(105): 860 – 885.

[17] Cohn R A, W G Lewellen, R C Lease et al. Individual investor risk aversion and investment portfolio composition[J]. The Journal of Finance, 1975(30):605 – 620.

[18] Dave D, H Saffer. Alcohol demand and risk preference[J], Journal of Economic Psychology, 2008(29): 810 – 831.

[19] Dohmen T, A Falk, et al. Individual risk attitudes: measurement, determinants, and behavioral consequences[J]. Journal of the European Economic Association, 2011(9): 522 – 550.

[20] Eisenhauer J. G, M Halek. Prudence, risk aversion, and the demand for life insurance [J], Applied Economics Letters, 1999(6):239 – 242.

[21] Faff R, T Hallahan, M McKenzie. Nonlinear linkages between financial risk tolerance and demographic characteristics[J]. Applied Economics Letters, 2009(16): 1329 – 1332.

[22] Halek M, J G Eisenhauer. Demography of risk aversion[J]. Journal of Risk and Insurance, 2001(68): 1 – 24.

[23] Hallahan T A, R W Faff, M D, et al. An empirical investigation of personal financial risk tolerance[J]. Financial Services Review, 2004(13): 57 – 78.

[24] Hariharan G, K S Chapman, D L Domian. Risk tolerance and asset allocation for investors nearing retirement[J], Financial Services Review, 2000(9): 159 – 170.

[25] Hartog J, A Ferrer – i – Carbonell, N Jonker. Linking measured risk aversion to individual characteristics[J]. Kyklos, 2002(55): 3 – 26.

[26] Ichiue H, Y Shimizu. Determinants of long – term yields: a panel data analysis of major countries[Z]. Japan and the World Economy, 2015: 34 – 35, 44 – 55.

[27] Ida T, R Goto. Simultaneous measurement of time and risk preferences: stated preference discrete choice modeling analysis depending on smoking behavior [J]. International Economic Review, 2009(50): 1169 - 1182.

[28] Larkin C, B M Lucey, M Mulholland. Risk tolerance and demographic characteristics: preliminary irish evidence[J]. Financial Services Review, 2003(22): 77 - 91.

[29] Lindh T. Age structure and economic policy: the case of saving and growth [J]. Population Research and Policy Review, 1999(18): 261 - 277.

[30] Morin R A, A F Suarez. Risk aversion revisited[J]. The Journal of Finance, 1983(38): 1201 - 1216.

[31] Poterba J M. Demographic structure and asset returns[J]. Review of Economics and Statistics, 2001(83): 565 - 584.

[32] Riley Jr W B, K V Chow. Asset allocation and individual risk aversion[J]. Financial Analysts Journal, 1992(48): 32 - 37.

[33] Tanaka T, C F Camerer, Q Nguyen. Risk and time preferences: linking experimental and household survey data from vietnam[J]. The American Economic Review, 2010(100): 557 - 571.

[34] Wang H, S D Hanna. Does risk tolerance decrease with age? [J]. Financial Counseling and Planning, 1997(8): 27 - 31.

[35] Watson J, M McNaughton. Gender differences in risk aversion and expected retirement benefits[J]. Financial Analysts Journal, 2007(63): 52 - 62.

[36] Weber E U, R A Milliman. Perceived risk attitudes: relating risk perception to risky choice[J]. Management Science, 1997(43): 123 - 144.

[37] Yao R, M S Gutter, S D Hanna. The financial risk tolerance of blacks, hispanics and whites[J]. Financial Counseling and Planning, 2005(16): 51 - 62.

[38] Yao R, S D Hanna, S Lindamood. Changes in financial risk tolerance, 1983 - 2001[J]. Financial Services Review, 2004(13): 249 - 266.

[39] Yoo P S. Age dependent portfolio selection[R]. Federal Reserve Bank of St. Louis Working Paper Series, 1994:003.

关税政策不确定性如何影响中国企业就业与工资

李胜旗　毛其淋

摘要： 在一个准自然实验的框架下，本文采用双重差分法考察了永久正常贸易关系（PNTR）政策实施后，关税政策不确定性下降对中国制造业企业就业与工资的影响。我们发现，关税政策不确定性下降显著促进了企业就业净增长，并且随时间推移逐步增强；进一步的渠道检验表明，关税政策不确定性下降同时通过"提高就业创造"与"降低就业破坏"促进了企业就业净增长，其中前者的作用更为突出。另外，出口扩张也是关税政策不确定性下降促进企业就业净增长的重要渠道。本文还从平均工资与工资差距两个角度进一步研究了关税政策不确定性与中国制造业企业工资的关系，结果表明：①关税政策不确定性下降显著提高了企业平均工资，影响机制检验发现，出口扩张与企业利润率提升是关税政策不确定性下降，提高企业平均工资的重要途径；②关税政策不确定性下降显著缩小了企业工资差距，进一步检验发现，关税政策

作者简介：李胜旗，首都经济贸易大学金融学院讲师；
毛其淋，南开大学经济学院国际经济研究所。
感谢匿名审稿人的建设性修改意见，文责自负。

不确定性下降显著提高了企业劳动密集型产品的出口占比，而劳动密集型产品出口规模的相对扩张会促进企业更多地雇佣非技术劳动力，进而有助于缩小企业工资差距。本文研究结论意味着，降低关税政策不确定性可以充分发挥国际贸易对我国就业创造、收入再分配的带动作用。

关键词：关税政策不确定性；就业；工资；出口

一、引言

长期以来，国际贸易与劳动力市场的关系是国际经济学与劳动经济学领域广泛关注的焦点（Revenga，1997；Feenstra 和 Hong，2010；Amiti 和 Davis，2012；Autor 等，2013；Groizard 等，2015；Acemoglu 等，2016；Martincus 等，2017）。对这个问题的高度关注源于就业与工资本身的重要性，它们不仅关系到人们的切身利益，更会影响一国改革发展稳定的大局。2017 年，中国第十二届全国人大五次会议政府工作报告重点强调，稳增长的重要目的是为了保就业、惠民生，要坚持就业优先战略，实施更加积极的就业政策。另外，党的十八大报告也明确指出，要努力实现居民收入增长和经济发展同步，劳动报酬增长和劳动生产率提高同步，提高劳动报酬在初次分配中的比重。改革开放 40 年来，中国抓住了经济全球化的历史性机遇，逐步深入地融入国际分工体系，而随着国际分工体系的深化，国内劳动力市场受外部政策冲击的影响也会越来越大（Bertrand，2004）。然而，目前有关国际贸易与中国劳动力市场关系的文献主要从出口贸易（Feenstra 和 Hong，2010；毛日昇，2009；于洪霞和陈玉宇，2010；邵敏和包群，2011；张川川，2015a，2015b）、进口贸易（盛斌和牛蕊，2009；魏浩和刘士彬，2012）以及贸易自由化（Chen 等，2013；周申，2006；毛其淋和许家云，2016）的角度展开研究，鲜有文献关注外部关税政策不确定性如何影响中国制造业企业就业与工资变化，从这个角度而言，当前研究对于国际贸易与中国劳动力市场关系的认识仍然是不全面的。

美国在2002年正式授予中国“永久性正常贸易关系”（Permanent Normal Trade Relation，PNTR），这一历史事件为本文考察关税政策不确定性下降对中国制造业企业就业与工资的影响提供极好的准自然实验。虽然从1980年起，美国就给予中国最惠国待遇（或正常贸易关系地位），但这一时期的“正常贸易关系”只是临时性的，美国众议院一直坚持按照《1974年贸易法》有关条款对中国最惠国待遇进行年度审议，如果审议不通过，美国将终止给予中国正常贸易关系关税优惠，此时中国出口商将会面临被征收非常高的二类关税（Column 2 tariff）威胁。直到中国加入WTO之后，美国政府才正式授予中国永久正常贸易关系地位，结束了美国众议院对中国正常贸易关系地位进行年度审议的历史，这在很大程度上消除了关税政策不确定性（Pierce和Schott，2016）。据此，本文拟在一个准自然实验的框架下，采用双重差分法（difference in difference，DID）考察“永久性正常贸易关系”政策实施后，关税政策不确定性下降对中国制造业企业就业与工资的影响。

与既有的研究相比，本文可能的贡献可归结为三个方面。第一，在研究视角上，已有文献主要从进出口和贸易自由化的角度，研究国际贸易与就业之间的关系（Fu，Balasubramanyam，2005；毛日昇，2009；Feenstra，Hong，2010；邵敏和包群，2011；Autor et al.，2013；Groizard et al，2015；Acemoglu et al.，2016；Acharya，2107；Martincus et al.，2017），与此不同的是，本文或许是首篇从关税政策不确定性的角度考察国际贸易与中国制造业就业关系的文章，更重要的是，我们还将企业就业净增长分解为企业就业创造（job creation）与企业就业破坏（job destruction），在此基础上深入揭示了关税政策不确定性影响企业就业变动的作用渠道。第二，在研究方法上，本文以中国加入WTO后获得美国授予的“永久性正常贸易关系”作为外生政策冲击，在一个准自然实验的框架下，采用双重差分法系统地考察关税政策不确定性下降，对中国劳动力市场的影响效应及其作用机制，较好地解决了潜在的内生性问题，进而保证了估计结果的可靠性。第三，在为数不多的研究关税政策不确定性与劳动力市场关系的文献中（Pierce，Schott，2016），学者们主要关注企业就业问题，考虑到工资也是劳动力市场的重要维度，本文还从平均工资与工资差距两个角度，进一步考察了关税政策不确定性下降与中国制造业企业工资的关系，进而在一定程度上丰富和拓展了该领域的研究文献。

本文余下部分的结构安排为：第二部分为文献综述；第三部分为模型设定与数据说明；第四部分实证分析关税政策不确定性对企业就业的影响；第五部分从平均工资与工资差距两个角度考察关税政策不确定性与企业工资的关系；最后是本文的结论。

二、 文献综述

本文研究主要与三类文献有关。与本文相关的第一类文献是国际贸易与就业关系的研究，在这类文献中，大部分学者考察了出口对就业的影响（Fu，Balasubramanyam，2005；Feenstra，Hong，2010；Martincus et al.，2017；毛日昇，2009；邵敏，包群，2011；张川川，2015a、2015b）。付等（Fu，Balasubramanyam et al.，2005）基于1987—1998年中国省级面板数据，采用劳动需求回归法检验了出口贸易对就业的影响，结果表明，出口扩张显著提高了就业水平。芬斯特拉等（Feenstra et al.，2010）利用投入产出表测算了出口对中国就业的贡献，发现在1997—2002年，中国的出口扩张可以解释同期就业增长的1/3。比上述文献更进一步的是，马丁库斯等（Martincus et al.，2017）利用2003—2010年秘鲁企业层面数据检验了道路基础设施、出口与就业的关系，研究发现，道路基础设施的改善显著推动了企业出口，而出口扩张进一步促进了企业就业的增长。国内学者毛日昇利用中国1999—2007年制造业面板数据研究了出口与FDI对制造业就业的影响，结果发现，出口和FDI通过产出扩张途径显著增加了制造业劳动需求。张川川（2015a，2015b）利用中国人口普查数据所进行的两项实证研究也都发现了出口扩张促进就业增长的证据。邵敏和包群（2011）利用中国工业企业数据检验了出口企业转型对劳动力就业的影响，他们发现，出口型企业向完全内销型企业的转型会显著降低企业的就业水平，因此也从侧面印证了出口有利于提升企业就业的结论。

另外，一部分学者关注了进口对就业的影响。奥托尔等（Autor et al.，2013）考察了来自中国的进口竞争对美国劳动力市场的影响，研究发现，进口竞争的加剧显著提高了失业水平与降低了劳动力参与，这一因素可以解释美国制造业就业总量下降的25%。随后，阿西莫格鲁等（Acemoglu et al.，2016）进一步分析了来自中国的进口竞争对美国制造业的影响程度，测算结果显示，来自中国的进口竞争导致美国制造业的就业规模在1999—2011年缩减了200万人~240万人；阿查里亚（Acharya，2107）则研究了进口密集度对加拿大制造业就业的影响，结果表明，进口密集度提升对就业的影响十分有限。近年来，学者们也开始关注贸易自由化与企业就业变动的关系（Groizard et al，2015；毛其淋和许家云，2016）。其中，格罗伊萨德等（Groizard et al.，2015）利用美国加州企业层面数据进行研究发现，关税减免对不同生产率企业的就业变动存在差异，即关税减免会导致低生产率企业的就业破坏，同时会促进高生产率企业的就业创造。毛其淋和许家云（2016）则专门研究了中间品贸易自由化对中国制造业就业变动的影响，发现中间品贸易自由化一方面提高了就业创造；另一方面降低了就业破坏，进而在总体上促进了企业就业净增长，此外，在制度环境越好的地区，中间品贸易自由化的就业效益越大。

与本文研究密切相关的第二类文献是考察国际贸易与工资的关系。其中大多数学者研究了进出口对企业工资水平的影响，这类文献研究往往显示，进口竞争与出口扩张对企业工资水平的影响存在明显的差异。例如，雷文佳（Revenga，1997）对墨西哥、奥托尔等（Autor et al.，2013）对美国、多思等（Dauth et al.，2014）对德国的研究均发现，进口竞争显著降低了企业平均工资水平；与此形成鲜明对比的是，胡梅尔斯等（Hummels et al.，2010）对丹麦、阿米提等（Amiti et al.，2012）

对印度尼西亚、于洪霞和陈玉宇（2010）以及张川川（2015a）对中国的研究则认为，出口扩张有利于提高企业平均工资。此外，近年来国际贸易与工资差距的关系也引起了学者们的广泛关注（Xu，Li，2008；Han et al.，2012；Anwar，Sun，2012；Baumgarten，2013；陈波，贺超群，2013；杜威剑，李梦洁，2017）。其中，许等（Xu et al.，2008）利用1998—2000年世界银行调查数据研究了对外贸易对中国企业工资差距的影响，结果发现，出口扩张显著扩大了技术工人与非技术工人的工资差距。汉等（Han et al.，2012）以“南方谈话”和中国入世为背景考察了对外开放对工资差距的影响，发现中国加入WTO引致的全球化显著提高了中国工资差距的程度。安瓦尔等（Anwar et al.，2012）利用中国2000年、2003年和2006年企业层面数据，研究了出口与市场竞争对制造业部门工资差距的影响，他们发现，出口显著提高了技术工人与非技术工人的工资差距，而市场竞争加剧有助于缩小工资差距。此外，鲍姆加滕（Baumgarten，2013）对德国、陈波和贺超群（2013）以及杜威剑和李梦洁（2017）对中国的研究也都发现了出口扩大企业工资差距的证据。除此之外，巴斯科等（Basco et al.，2013）从理论和实证上研究了贸易成本对企业工资差距的影响，结果表明，关税率与通信成本的下降显著扩大了企业工资差距；陈等（Chen et al.，2013）还专文考察了中间品贸易自由化对企业工资差距的影响，利用2000—2006年中国企业层面数据进行实证研究发现，中间品贸易自由化显著扩大了企业工资差距，并且该效应对于进口企业尤为明显。

此外，本文研究还与评估关税政策不确定性变动的经济效应文献有关。在这类文献中，汉德林（Handley，2014）构建了一个动态异质性企业模型进行理论分析，发现关税政策不确定性会延缓企业进入新的出口市场，他们还进一步利用澳大利亚产品层面数据进行实证分析，结果表明，因加入WTO而引致的关税政策不确定性下降显著促进了更多产品进入出口市场。汉德林等（Handley et al.，2014）以中国入世为背景研究了关税政策不确定性对中美贸易的影响，发现在2000—2005年，关税政策不确定性下降可以解释中国对美国出口增长的1/3。汉德林等（2015）基于葡萄牙微观数据进行的一项实证研究表明，关税政策不确定性下降不仅促进了更多企业进入出口市场，而且还显著提高了企业的出口销售额。冯等（2017）利用中国企业—产品层面的微观数据系统，考察了关税政策不确定性对企业出口决策的影响，发现关税政策不确定性下降，一方面会引致生产高质低价产品的企业进入出口市场；另一方面会迫使生产低质高价产品的企业退出出口市场，进而提高了企业间出口活动的再配置效率。

与上述文献主要从出口角度评估关税政策不确定性变动的经济效应不同的是，佟家栋和李胜旗（2015）以及刘等（Liu & Ma，2016）利用中国微观数据专门研究了关税政策不确定性对制造业企业创新的影响，这两篇文献均发现，关税政策不确定性下降显著提高了企业的新产品销售额和增加了企业的专利申请量。实际上，与本文联系最为紧密的是皮尔斯等（Pierce et al.，2016），他们以美国授予中国永久性正常贸易关系为背景，利用美国1990—2007年制造业企业数据，实证考察了关税政策不确定性对美国制造业就业的影响，发现关税政策不确定性下降促进了美国对中国的进口，进而显著降低了美国制造业就业水平。但本文与其相比在三个方面存在明显不同：首先，在研究视角上，尽管皮尔斯等（2016）也是以永久性正常贸易关系政策实施后关税政策不确定性下降为背景，但他们考察的是关税政策不确定性下降对美国制造业就业的影响，强调的是“进口竞争”渠道，而本文则着重研究关税政策不确定性下降对中国制造业企业就业变动的影响，强调的是“出口扩张”机制，并且得到了截然不同的研究结论；其次，皮尔斯等的文章主要从就业水平变化的角度研究关税政策不确定性下降与美国制造业就业的关系，而本文则从就业结构变动的视角，研究关税政策不确定性下降对中国制造业就业变动的影响，其优势在于使得我们可以对企业就业变动进行分解，进而揭示出“就业创造”与“就业破坏”两个途径的相对重要性；再次，皮尔斯等主要关注企业就业问题，然而企业工资也是劳动力市场的重要维度，据此，本文还从平均工资与工资差距两个角度进一步考察了关税政策不确定性下降与企业工资的关系，进而在一定程度上丰富了关税政策不确定性下降的劳动力市场效应的文献。

三、 模型设定与数据

（一） 识别策略与模型

本文的研究目的之一在于考察关税政策不确定性对中国制造业企业就业的影响。为了有效地识别二者的因果效应，我们将中国加入 WTO 后获得美国授予的永久正常贸易关系作为准自然实验，采用 DID 方法进行实证研究。具体而言，我们从中国加入 WTO 后，不同行业面临的关税政策不确定性的下降幅度存在显著差异性切入构造处理组与控制组，其中，初始关税差额（即加入 WTO 前二类关税与最惠国关税的差额）较高的行业在永久性正常贸易关系政策实施之后所经历的关税政策不确定性的下降幅度较大；相反的，初始关税差额较低的行业在永久性正常贸易关系政策实施之后所经历的关税政策不确定性的下降幅度相对较小。需要特别指出的是，非正常贸易关税（或二类关税）与最惠国关税（或一类关税）进而初始关税差额在 1930 年的斯穆特 · 霍利法案就已经设定，具有很强的外生性，这为本文准确识别关税政策不确定性对企业就业的因果影响提供了一个较为理想的准自然实验。我们将基准 DID 模型设定如下：

$$Jobgr_{fit} = \alpha_f + \beta TGap_{i01} \times After_t + X'_{fit}\,\delta + \gamma_t + \varepsilon_{fit} \tag{1}$$

其中，f 表示企业，i 表示行业，t 表示年份。被解释变量 $Jobgr_{fit}$ 表示企业 f 在 t 期的就业净增长，其测算方法为 $Jobgr_{fit} = \Delta jobs_{fit}$，这里 $jobs_{fit}$ 为企业 f 在 t 期的就业人数。连续处理组变量 $TGap_{i01}$ 为每个 4 位码行业在 2001 年的关税差额，用于反映中国加入 WTO 之前行业 i 面临的关税政策不确定性程度，其构造方法为：首先，采用 HS 6 位码产品的非正常贸易关系关税（或二类关税）与最惠国关税（或一类关税）的比值取对数来衡量产品层面的关税政策不确定性，表示为 $TGap_h = \log(tariff_h^{COL2}/tariff_h^{MFN})$，其中 $tariff_h^{COL2}$ 和 $tariff_h^{MFN}$ 分别表示产品 h 在 2001 年的二类关税税率与最惠国关税税率；其次，进一步将产品层面的关税差额加总到工业行业分类 4 位码层面，得到行业层面的关税差额指标 $TGap_i$。$After_t$ 为时间虚拟变量，其中 2002 年及其之后的年份取值为 1，2002 年之前的年份取值为 0；我们最为感兴趣的是交互项 $TGap_{i01} \times After_t$，它的估计系数 β 刻画了关税政策不确定性下降对企业就业变动的因果影响效应，具体的，如果 $\hat{\beta} > 0$，表明高关税差额行业的企业净增长率相较于低关税差额行业上升更多，即关税政策不确定性下降促进了企业就业净增长，反之则表明关税政策不确定性下降抑制了企业就业净增长。X_{fit} 为影响企业就业变动的其他因素，主要包括：企业规模（Size），采用企业资产的自然对数表示；企业成立年限（Age），采用当年年份与企业开业年份的差衡量；资产负债比（Zfratio），采用企业总资产占企业总负债的比重衡量；企业出口虚拟变量（ExpDum），如果企业 f 在 t 期的出口额大于零，则 ExpDum 取值为 1，否则取值为 0。国有企业虚拟变量（SoesDum），如果企业属于国有企业，则 SoesDum 取值为 1，否则为 0。外资企业虚拟变量（ForeiDum），如果企业属于外资企业，则 ForeiDum 取值为 1，否则为 0。此外，我们还在模型中加入企业固定效应 α_f 和年份固定效应 γ_t，前者主要控制企业层面不随时间变化的因素对企业就业的影响，后者则用于控制宏观经济波动等共同时间冲击对企业就业的影响。ε_{fit} 为随机误差项。

另外，考虑到与非出口企业相比，那些向美国市场出口的企业会更直接地受到永久性正常贸易关系政策实施的影响，与此相关的一个重要问题是，关税政策不确定性下降对这部分企业就业变动的影响是否与非出口企业显著不同？为了对此进行检验，我们在基准 DID 模型（1）的基础上引入对美出口企业哑变量（$ExtoUS_f$），以及它与 DID 估计量的交互项（$TGap_{i01} \times After_t \times ExtoUS_f$），将基准 DID

模型扩展为：

$$Jobgr_{fit} = \alpha_f + \beta_1 TGap_{i01} \times After_t + \beta_2 TGap_{i01} \times After_t \times ExtoUS_f + X'_{fit}\delta + \gamma_t + \varepsilon_{fit} \tag{2}$$

其中，$ExtoUS_f$ 为对美出口企业哑变量，如果企业 f 曾经向美国进行出口贸易，则 $ExtoUS_f$ 取值为 1，否则取值为 0。在式（2）中，交互项 $TGap_{i01} \times After_t$ 的估计系数 β_1 刻画了关税政策不确定性下降，其他企业（即不包含对美出口的企业）就业净增长的平均影响效应，三重交互项 $TGap_{i01} \times After_t \times ExtoUS_f$ 的估计系数 β_2 则刻画了关税政策不确定性下降，对美出口企业就业净增长的影响与对其他企业就业净增长的影响的差异。

（二）数据

本文研究所用的数据有三个来源。第一，企业层面的生产数据，来自国家统计局中国工业企业数据库，其统计调查的对象涵盖了全部国有工业企业以及“规模以上”（主营业务收入大于 500 万元）非国有企业，时间跨度为 1998—2007 年。这套数据库包含了丰富的企业层面的信息，例如，企业名称、法人代码、经营年份、所有制类型、就业人数、工业增加值、工业销售产值、固定资产总额、固定资产折旧、所得税、出口交货值等上百个指标。第二，美国从中国进口的关税数据，包括 HS8 位码层面的非正常贸易关税率（或二类关税）与最惠国关税（或一类关税），这两种类型的关税数据均来自芬斯特拉等（Feenstra et al.，2002）。我们利用该数据构造行业层面的关税差额指标。第三，产品层面的中国进口关税数据，时间跨度为 1998—2007 年，来自 WTO 的 Tariff Download Facility 数据库，主要用于测算行业层面的最终品关税与中间品关税。

与现有的国内外文献保持一致，我们选取制造业进行研究，即在原始样本中删除采矿业、电力、燃气及水的生产和供应业数据。由于中国在 2002 年颁布了新的《国民经济行业分类》，并于 2003 年开始正式实施，这里我们根据勃兰特等（Brandt et al.，2012）对中国工业行业分类（CIC）四位码进行了调整。此外，本文进一步参照芬斯特拉等（Feenstra，2014；Yu，2015）的做法，对异常样本进行了删除。最后，为了降低奇异值的干扰，本文还对连续变量在 1% 水平上进行了 WINSOR 缩尾处理。

四、关税政策不确定性对企业就业的影响

（一）基本估计

表 1 报告了关税政策不确定性对企业就业变动影响的基准估计结果。

在表 1（1）列中，我们只控制企业固定效应和年份固定效应，结果显示，交互项的估计系数显著为正，表明初始高关税差额行业（对应于关税政策不确定性下降幅度较大的行业，即处理组）的企业就业净增长率，相比于初始低关税差额行业（对应于关税政策不确定性下降幅度较小的行业，即控制组）在中国加入 WTO 之后出现更大幅度的上升，即表明，关税政策不确定性下降显著促进了企业就业净增长。

表 1（2）列在此基础上进一步加入了企业层面的控制变量，我们发现，交互项的估计系数仍然显著为正，表明在控制了其他影响因素之后，关税政策不确定性下降仍然显著促进了企业就业净增长。考虑到在中国加入 WTO 之后，中国的进口贸易自由化程度得到了进一步推进，这可能会对企业就业产生影响（毛其淋和许家云，2016）。

为了降低遗漏变量偏差，表 1（3）列中通过加入行业层面的最终品关税与中间品关税来控制贸易自由化因素。在这里，最终品关税率（OutputTariff）用各行业所进口的 HS 6 位码产品的简单平均关税率衡量；此外，我们借鉴阿米提等（Amiti et al.，2007，Topalova & Khandelwal，2011）的做法，采用 $InputTariff_{it} = \sum_j \theta_{ij} \cdot$

$OutputTariff_{jt}$测算行业中间品关税，其中 θ_{ij}表示要素 j 的投入权重，用投入要素j 的成本占行业 i 总投入要素成本的比重来衡量[①]。表 1（3）列的回归结果显示，中间品关税减免有利于促进企业就业净增长，这与格罗伊萨德等（Groizard et al.，2015）对美国加州以及毛其淋和许家云对中国的研究发现是一致的；此外，没有明显的证据表明最终品贸易自由化是影响企业就业变动的重要因素。更为重要的是，在控制了贸易自由化因素之后，我们关注的交互项的估计系数仍然显著为正，即再次表明关税政策不确定性下降显著促进了企业就业净增长。

实际上，在中国加入 WTO 前后，还有两项重要的政策改革同时发生，一是进行国有企业改革；二是放松了对外资进入的管制。这两项政策变动也可能会对企业就业变动产生影响。在表 1（4）列中，我们通过引入国有企业改革与外资放松管制两个变量对上述两个政策效应的影响进行控制。具体的，借鉴白重恩等（2006）的做法，采用非国有资本占总资本的比例来表示国有企业改革，此外，与陆等（2015）类似，采用行业层面外资企业数的对数值来衡量外资放松管制措施。从表 1（4）列可以看到，交互项的估计系数为正且在 1% 水平上显著，这说明关税政策不确定性下降，显著促进企业就业净增长的核心结论不受同时期其他政策变化的干扰。

在表 1（5）列中同时控制了进口贸易自由化、国有企业改革与外资放松管制政策，不难发现，核心解释变量的估计系数依然显著为正，即再次表明关税政策不确定性下降显著促进了企业就业净增长。有必要指出的是，皮尔斯等（2016）利用美国企业层面数据进行实证研究表明，美国授予中国永久性正常贸易关系政策而引致的关税政策不确定性

① 鉴于数据的可获得性，这里的投入权重根据 2002 年中国投入产出表计算得到。此外，考虑到投入权重可能随时间变化，在计算 1998—2001 年、2002—2004 年和 2005—2007 年时间段的投入权重时，分别使用了 1997 年、2002 年和 2007 年的中国投入产出表，计算结果非常相似。

下降，显著降低了美国制造业企业就业水平，很显然，本文的研究发现与皮尔斯等的结论截然不同①，意味着，因永久性正常贸易关系政策而引致的关税政策不确定性变化对中国与美国制造业企业就业的影响是非对称的。

从逻辑上讲，由于出口企业是关税政策不确定性变动的直接受影响者（Liu，Ma，2016），故其就业净增长受关税政策不确定性下降的影响可能更明显。在表1（6）列，对此推测进行检验。我们构造了出口企业虚拟变量（$Expdum_{ft}$），当企业 f 在 t 期的出口额大于零时，$Expdum_{ft}$取值为1，否则取值为0；然后将它与 $TGap_{01} \times After$ 形成三重交互项，并将该三重交互项加入基准双重差分模型（1）进行估计。结果显示，三重交互项的估计系数为正且通过了1%水平的显著性检验，表明与非出口企业相比，关税政策不确定性下降对出口企业就业净增长产生了更大程度的促进作用，进而验证了前面的理论推断。另外，鉴于那些对美出口的中国企业会更直接地受到永久性正常贸易关系政策所引致的关税政策不确定性变动的影响，据此，我们预期关税政策不确定性下降会对这部分对美出口企业的就业变动产生更大程度的影响效应。为了检验上述推测是否成立，我们对扩展回归式（2）进行估计，结果报告在表1（7）列。我们发现，三重交互项的估计系数显著为正，并且其估计系数在数值上要明显大于（6）列中的估计系数，这进一步说明，关税政策不确定性下降对那些对美出口企业的就业净增长确实产生了最大程度的促进作用，这与我们的理论预期也是相吻合的。

① 考虑到皮尔斯等是以企业就业人数的对数为因变量，进而考察关税政策不确定性下降与美国企业就业水平的关系，为了便于与其进行更直接的比较，我们也尝试用企业就业人数的对数（即 $\ln Emp$）为因变量对式（1）进行估计，发现交互项的估计系数显著为正，表明关税政策不确定性下降也显著提高了企业就业水平。

表 1　基准回归结果

	(1)	(2)	(3)	(4)	(5)	(6)	(7)
初始关税差额 × *After*	0. 041 9 ***	0. 037 2 ***	0. 033 1 ***	0. 036 3 ***	0. 035 4 ***	0. 025 5 ***	0. 022 3 ***
	(6. 60)	(5. 89)	(4. 74)	(5. 46)	(4. 83)	(3. 13)	(2. 91)
初始关税差额 × *After* × 出口企业	—	—	—	—	—	0. 020 7 *** (3. 09)	—
初始关税差额 × *After* × 对美出口企业	—	—	—	—	—	—	0. 049 5 *** (7. 09)
企业规模	—	0. 058 4 ***	0. 058 6 ***	0. 058 6 ***	0. 058 6 ***	0. 058 6 ***	0. 058 4 ***
		(46. 08)	(42. 59)	(45. 78)	(42. 59)	(42. 58)	(42. 36)
企业成立年限	—	−0. 000 2 **	−0. 000 3 **	−0. 000 2 **	−0. 000 3 **	−0. 000 3 **	−0. 000 3 ***
		(−2. 39)	(−2. 50)	(−2. 54)	(−2. 51)	(−2. 55)	(−2. 60)
资产负债比	—	−0. 000 9 ***	−0. 000 9 ***	−0. 000 9 ***	−0. 000 9 ***	−0. 000 9 ***	−0. 000 9 ***
		(−4. 33)	(−3. 99)	(−4. 27)	(−4. 00)	(−4. 00)	(−3. 99)
出口企业	—	0. 013 5 ***	0. 014 6 ***	0. 013 4 ***	0. 014 6 ***	0. 010 1 ***	0. 014 3 ***
		(6. 72)	(6. 70)	(6. 60)	(6. 69)	(4. 45)	(6. 55)
国有企业	—	0. 000 8	0. 002 1	0. 000 5	0. 002 1	0. 002 0	0. 001 9
		(0. 24)	(0. 56)	(0. 13)	(0. 56)	(0. 53)	(0. 50)
外资企业	—	0. 012 6 **	0. 012 3 **	0. 012 7 **	0. 012 3 **	0. 012 5 **	0. 01 25 **
		(2. 55)	(2. 30)	(2. 53)	(2. 30)	(2. 33)	(2. 33)
最终品关税	—	—	0. 000 1	—	0. 000 1	0. 000 1	0. 000 1
			(1. 22)		(1. 31)	(1. 30)	(1. 30)
中间品关税	—	—	−0. 000 4 *	—	−0. 000 7 **	−0. 000 8 ***	−0. 000 8 ***
			(−1. 91)		(−2. 35)	(−2. 63)	(−2. 59)
国有企业改革	—	—	—	−0. 010 0	0. 001 3	0. 004 9	0. 005 4
				(−0. 83)	(0. 10)	(0. 38)	(0. 42)
外资放松管制	—	—	—	−0. 002 2	−0. 003 4	−0. 003 4	−0. 003 3
				(−1. 03)	(−1. 39)	(−1. 43)	(−1. 38)

续表

	(1)	(2)	(3)	(4)	(5)	(6)	(7)
常数项	-0.022 7***	-0.610 5***	-0.615 2***	-0.594 7***	-0.591 1***	-0.588 9***	-0.588 3***
	(-12.37)	(-46.93)	(-42.79)	(-28.26)	(-26.08)	(-25.97)	(-25.95)
企业固定效应	是	是	是	是	是	是	是
年份固定效应	是	是	是	是	是	是	是
观测值	1 343 802	1 342 944	1 216 118	1 331 665	1 216 118	1 216 118	1 216 118
R^2	0.326	0.329	0.354	0.330	0.354	0.354	0.354

注：括号内数值为纠正了异方差后的 *t* 统计量；***，**，*分别表示1%，5%，10%的显著性水平。

（二）双重差分模型设定的有效性检验

为了确保双重差分法估计结果的可靠性，我们将从多个方面对双重差分模型设定的有效性进行检验。

1. 预期效应

为了检验企业是否存在预期效应，我们在基准 DID 模型（1）的基础上引入 $TGap_{01} \times OneYearBefore$，其中 *OneYearBefore* 表示中国加入 WTO 前一年哑变量，如果这一新的交互项的估计系数显著不为0，那么意味着企业在中国加入 WTO 之前就已形成了就业调整的预期，在这种情形下，本文双重差分法估计中处理组与控制组的结果变量在政策冲击发生之前不具有可比性，进而 DID 估计结果是有偏差的。从表2（1）列可以看到，$TGap_{01}$ 与入世前一年哑变量的交互项的估计系数为正但不显著。表2（2）列在此基础上进一步引入交互项 $TGap_{01} \times TwoYearBefore$，*TwoYearBefore* 表示中国加入 WTO 前两年哑变量，结果显示，这一新增交互项的估计系数未能通过常规水平的显著性检验。因此，总体而言，企业在中国加入 WTO 之前并没有形成就业调整的预期，即中国加入 WTO 以及美国授予中国永久性正常贸易关系政策具有较强的外生性。

表2　DID设定有效性检验结果

	预期效应	预期效应	加入WTO之前	产业时间趋势	动态效应	两期双重差分法
	(1)	(2)	(3)	(4)	(5)	(6)
初始关税差额×*After*	0.036 8*** (4.57)	0.041 0*** (4.57)	—	0.033 7*** (4.46)	—	0.038 1*** (2.84)
初始关税差额×入世前一年	0.004 8 (0.70)	0.005 9 (0.83)	—	—	—	—
初始关税差额×入世前两年	—	0.009 1 (1.46)	—	—	—	—
关税差额	—	—	0.027 4 (1.09)	—	—	—
初始关税差额×2000年	—	—	—	—	0.010 9 (0.80)	—
初始关税差额×2001年	—	—	—	—	0.008 0 (0.60)	—
初始关税差额×2002年	—	—	—	—	0.029 4** (1.98)	—
初始关税差额×2003年	—	—	—	—	0.035 1** (2.26)	—
初始关税差额×2004年	—	—	—	—	0.049 4*** (2.76)	—
初始关税差额×2005年	—	—	—	—	0.055 1*** (2.87)	—
初始关税差额×2006年	—	—	—	—	0.068 7*** (4.55)	—
初始关税差额×2007年	—	—	—	—	0.060 2*** (3.94)	—
控制变量	是	是	是	是	是	是
企业固定效应	是	是	是	是	是	是
年份固定效应	是	是	是	是	是	是
观测值	1 216 118	1 216 118	281 647	1 216 118	1 216 118	475 791
R^2	0.354	0.354	0.541	0.354	0.354	0.910

注：括号内数值为纠正了异方差后的t统计量；***，**，*分别表示1%，5%，10%的显著性水平；限于篇幅，未报告各控制变量和常数项的回归结果，后表同。

2. 安慰剂检验

我们进行安慰剂检验，以进一步保证双重差分估计结果的可靠性。具体的做法是，使用中国加入 WTO 之前的样本（1999—2001 年）进行安慰剂检验，其基本逻辑是：由于关税差额在中国加入 WTO 之前的年份变化幅度十分微小，因此，由此进行 OLS 估计得到变量 *TGap* 的估计系数应当不显著，否则意味着存在其他非观测因素对回归结果产生干扰，那么在此情形下前文双重差分估计所得的结果是有偏的。从表 2（3）列的安慰剂检验结果可以看到，变量 *TGap* 的估计系数为正但不显著，表明在中国加入 WTO 之前，关税政策不确定性对企业就业没有产生明显的影响，这进一步印证了本文双重差分估计结果的可靠性。

3. 控制产业时间趋势

考虑到在现实中，企业就业变化可能会受到其所在行业某些非观测的产业特定因素的影响，进而导致在不同行业中，企业就业变化具有不同的时间趋势。如果事实确实如此，那么在给定（X'_{fit}，α_f，γ_t）的情况下，交互项 $TGap_{01} \times After$ 与随机误差项 ε_{fit} 可能存在相关性，处理组与控制组的结果变量（即企业就业净增长率）将沿着不同的时间趋势变动，进而将导致双重差分估计出现偏误。为了检验非观测的产业特定因素是否会对本文估计结果带来实质性影响，这里借鉴刘等（2016）的做法，将产业特定的线性时间趋势项（$\alpha_i \cdot t$）作为额外的控制变量加入 DID 模型进行估计。从表 2（4）列可以看到，在控制产业特定的线性时间趋势之后，交互项仍然显著为正且其估计系数大小与基准回归结果较为接近，即表明，非观测的产业特定因素并未对本文核心结论产生实质性影响。

4. 同趋势性假设检验及动态效应估计

前文基准 DID 估计实际上是比较处理组与控制组企业就业净增长率在中国加入 WTO 前后的平均差异，即揭示关税政策不确定性下降对企业就业净增长的平均影响效应。另外，我们还可以估计和比较二者的年度差异，具体的做法是，将基准 DID 模型中政策冲击时间虚拟变量 $After_t$ 替换为各年份时间虚拟变量（即 $Year^{\tau}$，τ = 2000，2001，…，2007），得到扩展后的 DID 模型如下：

$$Jobgr_{fit} = \alpha_f + \sum_{\tau=2000}^{2007} \beta_\tau TGap_{i01} \times Year^{\tau} + X'_{fit}\delta + \gamma_t + \varepsilon_{fit} \tag{3}$$

在式（3）中，$Year^{\tau}$ 为各年份时间虚拟变量，如果是第 τ 年，则该变量取值为 1，否则取值为 0。需要说明的是，这里将 1999 年作为缺省比较组。对式（3）进行估计的好处在于，一方面可以用于检验处理组与控制组企业就业净增长率变化在政策冲击之前是否满足同趋势线假设；另一方面可用于考察关税政策不确定性下降对企业就业净增长的动态影响效应，特别是前者，是 DID 估计的重要识别假设。

表 2（5）列报告了对式（3）的估计结果。从中可以看到，在 2002 年之前，交互项的估计系数均未能通过常规水平的显著性检验，这表明，处理组与控制组企业就业净增长率在中国加入 WTO 之前并没有明显的差异，即在政策冲击发生之前满足同趋势性假设。有趣的是，从 2002 年开始，交互项的估计系数显著为正，并且估计系数绝对值在总体上呈现逐渐增大的趋势，这意味着在中国加入 WTO 之后，关税政策不确定性下降显著促进了企业就业净增长，该效应随着时间的推移在总体上不断增强。为了更直观起见，我们将表 2（5）列的估计结果绘制在图 1 中，其中实线部分刻画了关税政策不确定性下降的边际效应，虚线部分描绘的是 95% 置信区间。从中可以清晰地看到，在 2002 年之前，边际效应线十分平坦，但在 2002 年及其之后的年份，边际效应线开始向右上方倾斜并且幅度越来越大，即在中国加入 WTO 之后，关税政策不确定性下降对企业就业净增长率的提升效应逐步变大。很显然，上述检验总体上支持了处理组与控制组企业就业净增长率的变化，在入世冲击发生之前是满足同趋势性假设的。

5. 两期双重差分法估计

前文，我们所构建的 DID 模型实际上属于多期双重差分法（multi –

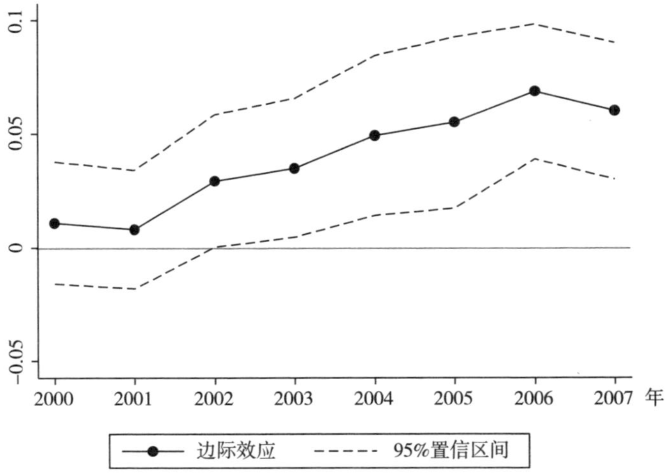

图1　动态影响效应

period)。然而根据贝特朗等（Bertrand et al.，2004）的研究，多期双重差分法往往存在序列相关问题，进而可能会高估 DID 估计量的显著性水平。为了处理潜在的序列相关问题，我们构建两期双重差分法模型（two-period）重新进行估计。首先以中国加入 WTO 作为时间节点，将样本划分为两个阶段：第一阶段为 1999—2001 年（加入 WTO 之前），第二阶段为 2002—2007 年（加入 WTO 之后）；然后在每一阶段，对每一家企业的变量求算术平均值。表 2（6）列列示了两期双重差分法的估计结果，我们发现，与多期双重差分法的回归结果类似，交互项的估计系数显著为正，再次表明关税政策不确定性下降显著促进了企业就业净增长。

（三）影响渠道

通过前文分析，我们得到的核心结论是，关税政策不确定性下降显著促进了企业就业净增长。与此相关的一个重要问题是，关税政策不确定性下降可能通过什么渠道促进企业就业净增长？我们旨在对关税政策不确定性下降影响企业就业净增长的作用机制进行检验，以此深入地揭示关税政策不确定性与企业就业变动的内在关系。

首先，我们借鉴戴维斯等（Davis et al.，1996；Groizard et al.，2015）的方法，将企业就业净增长分解为企业就业创造（job creation）与企业就业破坏（job destruction）两部分，分解式为：

$$Jobgr_{ft} = JobCre_{ft} - JobDes_{ft} = \max(\Delta jobs_{ft}, 0) - \max(-\Delta jobs_{ft}, 0)$$

其中 $JobCre_{ft} = \max(\Delta jobs_{ft}, 0)$ 表示企业就业创造，$JobDes_{ft} = \max(-\Delta jobs_{ft}, 0)$ 表示企业就业破坏。借助这种分解方法，我们可以进一步考察关税政策不确定性下降对企业就业净增长的影响究竟是更多地通过“企业就业创造”，还是通过“企业就业破坏”途径起作用。具体的，我们构建如下回归模型对影响渠道进行检验：

$$JobCre_{ft}(JobDes_{ft}) = \alpha_f + \beta TGap_{i01} \times After_t + X'_{fit}\delta + \gamma_t + \varepsilon_{fit} \quad (4)$$

其中，因变量 $JobCre_{ft}$ 和 $JobDes_{ft}$ 分别表示企业 f 在 t 期的就业创造率与就业破坏率，此外，其余变量的定义与式（1）相同。表 3 前两列报告了相应的估计结果，其中（1）列以企业就业创造（*JobCre*）为因变量，（2）列以企业就业破坏（*JobDes*）为因变量。从表 3（1）列可以看到，交互项的估计系数为正且通过了 1% 水平的显著性检验，这表明，与初始低关税差额行业（对应于关税政策不确定性下降幅度较小的行业）中的企业相比，初始高关税差额行业（对应于关税政策不确定性下降幅度较大的行业）的企业，在中国加入 WTO 之后具有更高的就业创造率，也即，关税政策不确定性下降显著促进了企业就业创造。另外，表 3（2）列的回归结果显示，交互项的估计系数显著为负，表明关税政策不确定性下降显著抑制了企业就业破坏。由此可见，关税政策不确定性下降同时通过提高企业就业创造与降低企业就业破坏两个途径显著促进了企业就业净增长。进一步的，通过比较表 3（1）列与（2）列中交互项的估计系数不难发现，“企业就业创造”方程中交互项不论是在系数大小上，还是在显著性水平上均远高于“企业就业破坏”方程，这说明，关税政策不确定性下降更多通过“提高就业创造”的途径促进企业就业净增长。

另外，还有大量的文献研究表明，出口对于拉动就业具有重要的作用（Fu，Balasubramanyam，2005；Feenstra，Hong，2010；张川川，2015a、2015b），受此启发，我们检验出口扩张是否是关税政策不确定性下降促进企业就业净增长的重要渠道。为了严谨起见以及保持研究的完整性，我们首先建立 DID 模型来检验关税政策不确定性下降如何影响企业出口：

$$export_{ft} = \alpha_f + \beta TGap_{i01} \times After_t + X'_{fit}\delta + \gamma_t + \varepsilon_{fit} \tag{5}$$

其中，因变量 $export_{ft}$ 表示企业 f 在 t 期的出口额，考虑到有些企业的出口额为 0，我们采用“1 + 企业出口额”的对数值来衡量 $export_{ft}$。对（5）式的回归结果报告在表3（3）列，从中可以看到，交互项的估计系数显著为正，表明关税政策不确定性下降显著促进了企业出口，这与汉德林等（Handley，2014；Handley & Limão，2014；Handley & Limão，2015）部分学者（Feng et al.，2017）的研究发现是一致的，这主要是因为关税政策不确定性下降，降低甚至消除了企业在出口市场被征收高额的二类关税的风险，进而会激励企业进行更多的出口。下面我们转向检验企业出口扩张是否是关税政策不确定性下降影响企业就业变动的渠道，为此，我们在基准 DID 模型的基础上引入企业出口变量（$export_{ft}$），构建如下扩展后的回归模型：

$$\begin{aligned} Jobgr_{ft} = {} & \alpha_f + \beta_1 TGap_{i01} \times After_t + \beta_2 TGap_{i01} \times After_t \times export_{ft} \\ & + \beta_3 TGap_{i01} \times export_{ft} + \beta_4 After_t \times export_{ft} + X'_{fit}\delta + \gamma_t + \varepsilon_{fit} \end{aligned} \tag{6}$$

在式（6）中，三重交互项是我们最为关注的，如果其估计参数 β_2 显著为正，则表明关税政策不确定性下降通过企业出口渠道促进了企业就业净增长。表3（4）列报告了对（6）式的估计结果。我们发现，三重交互项的估计系数为正且通过了 1% 水平的显著性检验，表明关税政策不确定性下降通过出口扩张渠道显著促进了企业就业净增长。此外我们还发现，与表1（5）列的基准回归结果相比，双重差分变量 $TGap_{01} \times After$ 在加入企业出口变量之后（表3（4）列），不论是在估计系数大小还是显著性水平方面均出现一定幅度的下降，这进一步表明，出口扩张的确是关税政策不确定性下降促进企业就业净增长的重要渠道。

表 3　影响渠道检验结果

	(1) 企业就业创造	(2) 企业就业破坏	(3) 企业出口	(4) 企业就业净增长率
初始关税差额 × *After*	0.024 5 *** (4.58)	-0.010 9 * (-1.78)	0.309 3 *** (5.13)	0.022 8 (2.44)
初始关税差额 × *After* × 出口	—	—	—	0.004 8 *** (3.01)
初始关税差额 × 出口	—	—	—	0.000 5 (0.30)
After × 出口	—	—	—	0.002 8 *** (5.66)
出口	—	—	—	0.001 3 ** (2.31)
控制变量	是	是	是	是
企业固定效应	是	是	是	是
年份固定效应	是	是	是	是
观测值	1 216 118	1 216 118	1 216 118	1 216 118
R^2	0.398	0.385	0.852	0.354

五、 关税政策不确定性与企业工资

到目前为止，我们细致地研究了关税政策不确定性与中国制造业企业就业的关系，结果表明，关税政策不确定性下降显著促进了企业就业净增长。我们还对其背后的作用机制进行了考察，发现关税政策不确定性下降同时通过“提高就业创造”与“降低就业破坏”两个渠道促进企业就业净增长，不过前者的作用更大。另外，出口扩张也是关税政策不确定性下降促进企业就业净增长的重要渠道。实际上，劳动力市场包含就业与工资两个方面，特别是在劳动供给缺乏价格弹性的情形下，就业需求的变化会对均衡工资产生影响。但是遗憾的是，目前文献仅仅关注关税政策不确定性与就业的关系（Pierce & Schott，2016），而尚未有文献研究关税政策不确定性究竟会如何影响企业工资。在这一部分，我们将从平均工资与工资差距两个视角进一步考察关税政策不确定性下降与企业工资的关系，试图弥补既有研究的欠缺。具体的，我们设定如下双重差分模型：

$$y_{fit} = \alpha_f + \beta TGap_{i01} \times After_t + X'_{fit}\delta + \gamma_t + \varepsilon_{fit} \tag{7}$$

在式（7）中，因变量 y_{fit} 表示企业 f 在 t 期的平均工资（$\ln wage_{fit}$）或工资差距（$Wgap_{fit}$）。其中，对于企业平均工资，我们借鉴包群等（2011）的做法，采用“企业应付工资”与“企业应付福利费”之和除以从业人员数表示。对于企业工资差距，我们借鉴陈等（2013）的方法进行测算。除此之外，其余变量的定义与式（1）相同。

（一）关税政策不确定性与企业平均工资

表 4 报告了关税政策不确定性对企业平均工资影响的双重差分回归结果①。其中（1）列只控制企业固定效应与年份固定效应，结果显示，交互项的估计系数显著为正，表明关税政策不确定性下降显著提高了企业的平均工资。（2）列在此基础上加入各个企业层面的控制变量，研究发现，交互项的估计系数依然为正，且通过了 1% 水平的显著性检验，这说明在控制了其他影响因素之后，关税政策不确定性下降对企业平均工资仍然具有显著的提升作用，具体而言，关税政策不确定性下降可使得企业平均工资提高 6.6%。上述双重差分估计结果的可靠性依赖于处理组与控制组企业平均工资变化在政策冲击之前是否满足同趋势性假设，为此，我们进行了同趋势性假设检验，为了直观起见，我们将检验结果绘制在图 2。从图 2 可以清晰地看到，在 2002 年之前，边际效应线十分平坦且边际效应系数不显著，表明处理组与控制组企业平均工资在中国加入 WTO 之前具有相似的变化趋势；但在 2002 年及其之后的年

① 为了处理潜在的序列相关问题和减少短期干扰因素对回归结果的影响，我们还采用两期双重差分法考察关税政策不确定性对企业平均工资的影响（结果备索），发现交叉项的估计系数显著为正，表明关税政策不确定性下降显著提高了企业平均工资，这与多期双重差分法的回归结果是一致的。

份，边际效应线开始向右上方倾斜并且幅度越来越大，即在中国加入WTO之后，关税政策不确定性下降对企业平均工资的提升效应逐步增强。总起来看，上述检验意味着同趋势性假设是成立的，故此处进行双重差分估计是有效的。

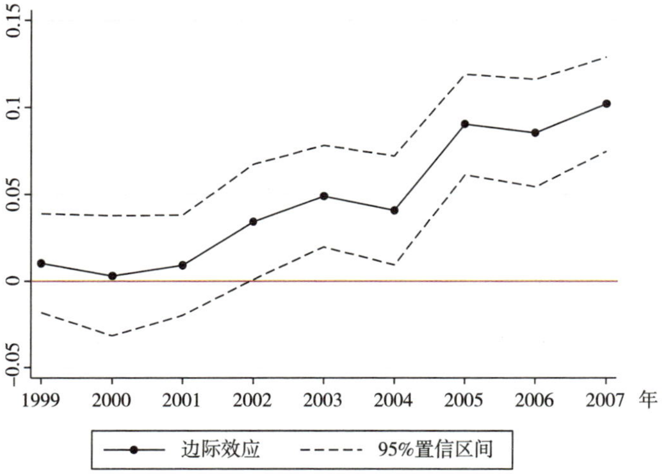

图2　关税政策不确定性对企业平均工资的动态影响效应

表4　关税政策不确定性对企业平均工资的影响

	(1)	(2)	(3)	(4)	(5)	(6)
	平均工资	平均工资	出口企业	对美出口企业	企业出口	企业利润
初始关税差额×*After*	0.065 0*** (6.90)	0.065 6*** (6.23)	0.039 4** (2.55)	0.050 9*** (4.45)	0.3 093*** (5.13)	0.147 4* (1.95)
初始关税差额×*After*×出口企业	—	—	0.027 8** (2.51)	—	—	—
初始关税差额×*After*×对美出口企业	—	—	—	0.041 9*** (4.74)	—	—

续表

	(1) 平均工资	(2) 平均工资	(3) 出口企业	(4) 对美出口企业	(5) 企业出口	(6) 企业利润
控制变量	否	是	是	是	是	是
企业固定效应	是	是	是	是	是	是
年份固定效应	是	是	是	是	是	是
观测值	1 906 927	1 726 792	1 726 792	1 726 792	1 726 792	1 726 792
R^2	0. 760	0. 768	0. 768	0. 768	0. 852	0. 576

在表4（3）列，我们将企业出口虚拟变量与 $TGap_{01} \times After$ 形成三重交互项，以此考察关税政策不确定性下降对出口企业与非出口企业平均工资的差异性影响效应。结果显示，三重交互项的估计系数为正且通过了5%水平的显著性检验，表明关税政策不确定性下降对出口企业平均工资具有更大幅度的提升作用，具体而言，与非出口企业相比，关税政策不确定性下降可使得出口企业的平均工资额外提升 2. 78%。进一步，表4（4）列检验了关税政策不确定性下降对那些对美出口企业与其他企业平均工资的影响效应是否存在差异，为此，我们在这一列回归中引入对美出口企业虚拟变量与 $TGap_{01} \times After$ 相乘的三重交互项。从表4（4）列可以看到，三重交互项的估计系数显著为正，并且其估计系数值甚至大于（3）列回归中三重交互项的估计系数，这表明与其他企业相比，关税政策不确定性下降在更大程度上提高了对美出口企业的平均工资。对其可能的解释是，与其他类型企业相比，中国出口企业尤其是对美出口企业会更直接地受到永久性正常贸易关系政策实施的影响。不过到目前为止，我们还没有回答关税政策不确定性下降为何提高了企业平均工资。我们进一步考察关税政策不确定性下降影响企业平均工资潜在的作用机制。目前已有大量文献研究发现了“出口工资溢价”的证据（Bernard，Jensen，1995；Alvarez，López，2005；Verhoogen，2008；李静，彭飞，2012；赵春燕，黄汉民，2013），即出口扩张有利

于提高企业平均工资。受此启发，我们在表4（5）列检验了关税政策不确定性下降对企业出口的影响，结果显示，交互项的估计系数显著为正，表明关税政策不确定性下降促进了企业出口扩张，进一步结合伯纳德等（Bernard et al.，1995；Verhoogen，2008；李静，彭飞，2012）的研究结论可以得知，出口扩张是关税政策不确定性下降提升企业平均工资的一个渠道。此外，从逻辑上讲，企业的经营效益越好，利润率越高，通常也会对其员工支付更高的工资报酬。这一点也得到了赵红梅等（2016）的经验支持。为此，在表4（6）列，我们估计了关税政策不确定性下降对企业利润率的影响，这里企业利润率用营业利润与企业销售额的比值衡量。从表4（6）列可以发现，交互项的估计系数为正且通过了常规水平的显著性检验，表明关税政策不确定性下降显著提高了企业利润率，结合前面的分析可以得到，企业利润率的提高是关税政策不确定性下降提升企业平均工资的一个可能的渠道。

（二）关税政策不确定性与企业工资差距

我们从工资差距的视角进一步分析关税政策不确定性下降与企业工资的关系。表5前两列报告了以企业工资差距（Wgap）为因变量的DID估计结果，其中，表5（1）列只控制企业固定效应与年份固定效应，结果显示，交互项的估计系数显著为负，表明关税政策不确定性下降显著缩小了企业工资差距。表5（2）列在此基础上进一步控制了企业层面的其他影响因素，研究发现，尽管交互项的估计系数绝对值有所下降，但仍然显著为负，表明关税政策不确定性下降对企业工资差距具有显著的降低效应①。为了确保上述估计结果的可靠性，我们进行了同趋势性假设检验，此外为了直观起见，将该检验结果绘制为图3。从中不难发现，在2002年之前，边际效应线十分平坦且边际效应系数不显

① 为了处理潜在的序列相关问题和减少短期干扰因素对回归结果的影响，我们还采用两期双重差分法进行估计（结果备索），发现交叉项的估计系数为负且通过了5%水平的显著性检验，表明关税政策不确定性下降显著缩小了企业工资差距，这与多期双重差分法的回归结果相似。

著，这表明，处理组与控制组企业工资差距在中国加入 WTO 之前具有非常相似的变化趋势，换言之，同趋势性假设是成立的，因此这里进行双重差分估计是有效的。此外根据图 3 我们还可以看到，在 2002 年及其之后的年份，边际效应线向右下方倾斜的幅度越来越大，这意味着，关税政策不确定性下降对企业工资差距的降低效应随时间推移逐步增强。

表 5　关税政策不确定性对企业工资差距的影响

	(1)	(2)	(3)	(4)	(5)
	工资差距	工资差距	出口企业	对美出口企业	劳动密集型产品出口占比
初始关税差额 × *After*	-1.830 4*** (-16.67)	-0.3 760*** (-2.63)	-0.242 6* (-1.92)	-0.290 3** (-2.14)	0.023 2** (2.35)
初始关税差额 × *After* × 出口企业	—	—	-0.269 8** (-2.06)	—	—
初始关税差额 × *After* × 对美出口企业	—	—	—	-0.462 9*** (-3.53)	—
控制变量	否	是	是	是	是
企业固定效应	是	是	是	是	是
年份固定效应	是	是	是	是	是
观测值	1 212 469	1 094 586	1 094 586	1 094 586	253 846
R^2	0.915	0.924	0.924	0.924	0.970

我们还比较感兴趣的问题是，关税政策不确定性下降对企业工资差距的影响效应是否与企业出口状态有关？为了回答这个问题，在表 5（3）列加入企业出口虚拟变量与 $TGap_{01} \times After$ 相乘所得的三重交互项。可以看到，三重交互项的估计系数显著为负，表明与非出口企业相比，关税政策不确定性下降对出口企业工资差距产生了更大幅度的降低效

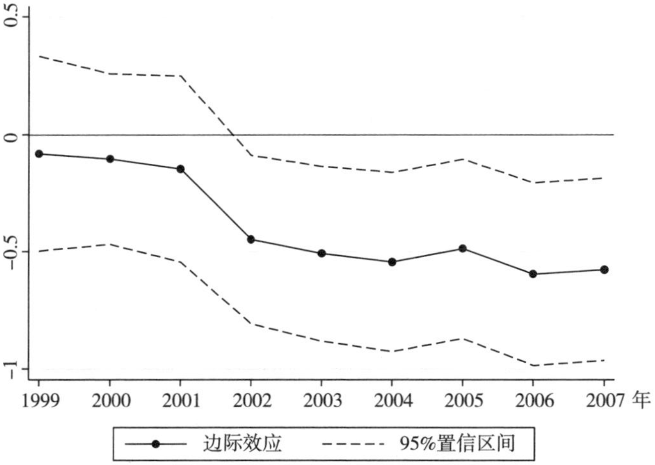

图3　关税政策不确定性对企业工资差距的动态影响效应

应。表5（4）列检验关税政策不确定性下降对美出口企业与其他企业工资差距的影响是否存在差异时，回归结果显示，三重交互项的估计系数为负且通过了1%水平的显著性检验，另外我们还注意到，该估计系数绝对值要明显大于（3）列中三重交互项系数的绝对值，这意味着，关税政策不确定性下降对美出口企业的内部工资差距产生了最大幅度的降低效应。其实不难理解这一差异性影响结论，因为与其他类型企业相比而言，出口企业尤其是对美出口企业是永久性正常贸易关系政策实施的直接影响对象，故其工资差距受关税政策不确定性变化的影响程度较大。上述检验的主要发现是，关税政策不确定性下降有利于降低企业工资差距，即关税政策不确定性下降导致技术劳动力工资上涨幅度大于非技术劳动力工资的上涨幅度。

关税政策不确定性下降究竟通过什么机制缩小了企业工资差距？根据伯纳德等（Bernard et al.，1995；Verhoogen，2008；李静，彭飞，2012）的研究，出口扩张会倾向于提高工资水平，在一般情况下，技术劳动力和非技术劳动力的相对需求与企业出口产品的劳动密集度有关。具体而言，劳动密集度较高的产品出口扩张会促使企业相对更多地雇佣非技术劳动力，进而会倾向于降低企业工资差距；与之相反，劳动密集度较低的产品出口扩张会使得企业减少对非技术劳动力的需求，而对技术劳动力的需求增加，进而会倾向于扩大企业工资差距。根据这一逻辑，我们测算企业层面劳动密集型产品出口占比指标（*Labintshare*），并以该指标为因变量进行双重差分估计，以此考察关税政策不确定性下降对企业劳动密集型产品出口占比的影响。我们借鉴马双和邱光前（2016）的方法来识别劳动密集型产品，即将海关 HS 编码为 39 章、42 章、60～65 章和 90～95 章的产品定义为劳动密集型产品，然后利用中国海关贸易数据库计算企业劳动密集型产品出口占比指标。表 5（5）列报告了相应的双重差分估计结果①。从中可以看到，交互项的估计系数为正且通过了 5% 水平的显著性检验，表明关税政策不确定性下降显著提高了企业劳动密集型产品的出口占比，即与资本密集型产品出口相比，关税政策不确定性下降促使企业劳动密集型产品出口得到更大幅度的增长；进一步结合前文的分析，劳动密集型产品出口规模的相对扩张会促进企业相对更多地雇佣非技术劳动力，而对技术劳动力的需求相对减少，进而有助于缩小企业工资差距。

六、结论

美国在中国加入 WTO 后授予中国永久正常贸易关系地位，在很大程度上降低了关税政策不确定性，本文在此准自然实验框架下，采用双重差分法系统考察了关税政策不确定性对中国制造业企业就业及工资的影响效应和作用机制。本文发现，关税政策不确定性下降显著促进了企业就业净增长，并且关税政策不确定性下降对企业就业净增长的提升效应随时间推移逐步增强。从影响渠道看，关税政策不确定性下降同时通过“提高企业就业创造”与“降低企业就业破坏”两个途径显著促进

① 为了研究的需要，借鉴俞（2015）的方法对中国工业企业数据库与中国海关贸易数据库进行合并，合并之后的样本期是 2000—2007 年。

了企业就业净增长，其中前者的作用更突出。另外，出口扩张也是关税政策不确定性下降促进企业就业净增长的重要渠道。考虑到工资与就业是劳动力市场的两个重要维度，本文还从平均工资与工资差距两个视角进一步考察关税政策不确定性下降与企业工资的关系。结果发现，关税政策不确定性下降显著提高了企业平均工资，且该效应在中国加入WTO之后不断增强，影响机制检验表明，出口扩张与企业利润率的提高是关税政策不确定性下降提高企业平均工资的重要渠道。此外，关税政策不确定性下降显著缩小了企业工资差距，进一步检验发现，关税政策不确定性下降显著提高了企业劳动密集型产品的出口占比，这意味着与资本密集型产品相比，劳动密集型产品的出口规模得到更大幅度的扩张，这会促进企业相对更多地雇佣非技术劳动力，而对技术劳动力的需求相对减少，进而有助于缩小企业工资差距。

本文的研究结论具有重要的政策含义。我们发现，关税政策不确定性下降不仅显著促进了企业就业净增长，而且有利于提高企业的平均工资水平，同时还明显缩小了企业工资差距。这意味着，进一步降低关税政策不确定性与推进贸易自由化改革有助于创造更多的就业岗位，对于缓解当前就业难问题大有裨益；更为重要的是，消除关税政策不确定性和营造稳定有序的外部经济环境还能够有效提升员工报酬和改善收入分配格局。据此，我国政府应当积极探究和参与国际规则的制定，并致力于通过签订自由贸易协定和实施“一带一路”倡议等举措，有效降低乃至消除贸易政策潜在的不确定性，以此充分发挥国际贸易对我国就业创造、收入再分配的带动作用。

参考文献

[1]白重恩,路江涌,陶志刚. 国有企业改制效果的实证研究[J]. 经济研究,2006(8).

[2]包群,邵敏,侯维忠. 出口改善了员工收入吗?[J]. 经济研究,2011(9).

[3]陈波,贺超群. 出口与工资差距:基于我国工业企业的理论与实证分析[J]. 管理世界,2013(8).

[4]杜威剑,李梦洁．出口会扩大企业内工资差距吗——基于市场进入视角的微观解释[J]．财贸研究,2017(2).
[5]李静,彭飞．出口企业存在工资红利吗？——基于1998—2007年中国工业企业微观数据的经验研究[J]．数量经济技术经济研究,2012(12).
[6]马双,邱光前．最低工资对中国劳动密集型出口产品价格的影响[J]．世界经济,2016(11).
[7]毛其淋,许家云．中间品贸易自由化与制造业就业变动——来自中国加入WTO的微观证据[J]．经济研究,2016(1).
[8]毛日昇．出口、外商直接投资与中国制造业就业[J]．经济研究,2009(11).
[9]邵敏,包群．出口企业转型对中国劳动力就业与工资的影响:基于倾向评分匹配估计的经验分析[J]．世界经济,2011(6).
[10]盛斌,牛蕊．贸易、劳动力需求弹性与就业风险:中国工业的经验研究[J]．世界经济2009,(6).
[11]佟家栋,李胜旗．贸易政策不确定性对出口企业产品创新的影响研究[J]．国际贸易问题,2015(6).
[12]魏浩,刘士彬．对外贸易与国内就业:基于中国机电产业的实证分析[J]．中央财经大学学报,2012(9).
[13]于洪霞,陈玉宇．外贸出口影响工资水平的机制探析[J]．管理世界,2010(10).
[14]张川川．出口对就业、工资和收入不平等的影响——基于微观数据的证据[J]．经济学(季刊),2015,14(4).
[15]张川川．“中等教育陷阱”？——出口扩张、就业增长与个体教育决策[J]．经济研究,2015(12).
[16]赵春燕,黄汉民．出口工资溢价:自我选择效应还是出口学习效应？——基于企业异质性视角的经验研究[J]．国际贸易问题,2013(9).
[17]赵红梅,吴婷,周云波．企业利润与员工工资的门限效应研究——基于天津市滨海新区企业数据的分析[J]．劳动经济研究,2016(6).
[18]周申．贸易自由化对中国工业劳动需求弹性影响的经验研究[J]．世界经济,2006(2).
[19]Acemoglu D, D Autor et al. Import competition and the great US employment sag of the 2000s[J]. Journal of Labor Economics, 2016, 34 (S1): S141 - S198.
[20]Acharya R C. Impact of trade on canada's employment, skill and wage structure [J].

World Economy, 2107, 40(5): 849 -882.

[21]Alvarez R, R A López. Exporting and performance: evidence from chilean plants[J]. Canadian Journal of Economics, 2005, 38(4): 1384 -1400.

[22]Amiti M, D R Davis. Trade, firms, and wages: theory and evidence[J]. Review of Economic Studies, 2012, 79(1):1 -36.

[23]Amiti M, J Konings. Trade liberalization, intermediate inputs, and productivity: evidence from indonesia[J]. American Economic Review, 2007, 97(5): 1611 -1638.

[24]Anwar S, S Sun. Trade liberalisation, market competition and wage inequality in China's manufacturing sector[J]. Economic Modelling, 2012, 29(4): 1268 -1277.

[25]Autor D H, D Dorn, G H Hanson. The china syndrome: local labor market effects of Import competition in the united States[J]. American Economic Review, 2013, 103(6): 2121 -2168.

[26]Basco S, M Mestieri. Heterogeneous trade costs and wage inequality: a model of two globalizations[J]. Journal of International Economics, 2013(89): 393 -406.

[27]Baumgarten D. Exporters and the rise in wage inequality: evidence from german linked employer - employee data [J]. Journal of International Economics, 2013 (90): 201 -217.

[28]Bernard A, B Jensen. Exporters, jobs, and wages in U. S. manufacturing: 1976 - 1987 [Z]. Brookings Papers on Economic Activity, 1995: 67 -119.

[29]Bertrand M. From the invisible handshake to the invisible hand? how import competition changes the employment relationship[J]. Journal of Labor Economics, 2004, 22(4): 723 -765.

[30] Brandt L, J Van Bieseboreck, Y Zhang. Creative accounting or creative destruction? firm -ievel productivity growth in chinese manufacturing[J]. Journal of Development Economics, 2012, 97(2): 339 -351.

[31] Chen B, M Yu, Z Yu. Wage inequality and input trade liberalization: firm - level evidence from china[Z]. Working Paper No. E201 3005, 2013.

[32]Dauth W, S Findeisen, J Suedekum. The rise of the east and the far east: german labor markets and trade integration[J]. Journal of the European Economic Association, 2014, 12 (6): 1643 -1675.

[33]Davis S J, J C Haltiwanger, S Schuh. Job creation and destruction[M]. The MIT Press,

Cambridge, MA, 1996.

[34] Feenstra R C, C Hong. China's exports and employment[C]. in Feenstra R C, Shang – Jin Wei(ed.). China's growing role in world trade[M]. NBER and University of Chicago Press, 2010: 167 – 199.

[35] Feenstra R C, J Romalis, P K Schott. US imports, exports, and tariff data, 1989—2001 [Z]. NBER Working Paper No. 938 7, 2002.

[36] Feenstra R C, Z Li, M Yu. Exports and credit constraints under incomplete information: theory and evidence from china[J]. Review of Economics and Statistics, 2014, 96(4): 729 – 744.

[37] Feng L, Z Li, D L Swenson. Trade policy uncertainty and exports: evidence from china's WTO accession[J]. Journal of International Economics, 2017(106): 20 – 36.

[38] Fu X, V N Balasubramanyam. Exports, foreign direct investment and employment: the case of china[J]. World Economy, 2005, 28(4): 607 – 625.

[39] Groizard J L, P Ranjan, A Rodriguez – Lopez. Trade costs and job flows: evidence from establishment – level data[J]. Economic Inquiry, 2015, 53(1): 173 – 204.

[40] Han J, R Liu, J Zhang. Globalization and wage inequality: evidence from urban china [J]. Journal of International Economics, 2012, 87(2): 288 – 297.

[41] Handley K. Exporting under trade policy uncertainty: theory and evidence[J]. Journal of International Economics, 2014(94): 50 – 66.

[42] Handley K, N Limao. Policy uncertainty, trade and welfare: theory and evidence for china and the U. S[Z]. NBER Working Paper No. 19 376, 2014.

[43] Handley K, N Limão. Trade and investment under policy uncertainty: theory and firm evidence[J]. American Economic Journal: Economic Policy, 2015, 7(4): 189 – 222.

[44] Hummels D, R Jorgensen, J Munch. The wage and employment effects of outsourcing: evidence from danish matched worker – firm data[Z]. Mimeo, Purdue University, 2010.

[45] Liu Q, H Ma. Trade policy uncertainty and innovation: firm level evidence from china's WTO accession[Z]. Working Paper, 2016.

[46] Liu Q, L D Qiu. Intermediate input imports and innovations: evidence from chinese firms' patent filings[J]. Journal of International Economics, 2016(103): 166 – 183.

[47] Lu Y, L Yu. Trade liberalization and markup dispersion: evidence from china's WTO accession[J]. American Economic Journal: Applied Economics, 2015, 7(4):

221 – 253.

[48] Martincus C V, J Carballo, A Cusolito. Roads, exports and employment: evidence from a developing country[J]. Journal of Development Economics, 2017(125): 21 – 39.

[49] Pierce J R, P K Schott. The surprisingly swift decline of US manufacturing employment [J]. American Economic Review, 2016, 106(7): 1632 – 1662.

[50] Pierce J R, P K Schott. Investment responses to trade Liberalization: evidence from U. S. industries and plants[Z]. NBER Working Paper No. 24071, 2017.

[51] Revenga A. Employment and wage effects of trade liberalization: the case of mexican manufacturing[J]. Journal of Labor Economics, 1997, 15(S3): S20 – S43.

[52] Topalova P, A Khandelwal. Trade liberalization and firm productivity: the case of india [J]. Review of Economics and Statistics, 2011, 93(3): 995 – 1009.

[53] Verhoogen E A. Trade, quality upgrading, and wage inequality in the mexican manufacturing sector[J]. Quarterly Journal of Economics, 2008, 123(2): 489 – 530.

[54] Xu B, W Li. Trade, technology, and china's rising skill demand[J]. Economics of Transition, 2008, 16(1): 59 – 84.

[55] Yu M. Processing trade, tariff reductions and firm productivity: evidence from chinese firms[J]. Economic Journal, 2015, 125(585): 943 – 988.

百年目标下的中国金融治理与金融功能

高杰英　刘佳民

摘要： 金融治理对应的金融功能不限于金融部门，还应对应宏观经济以及社会范畴。百年目标的实现是中国治理努力的方向，也是中国金融治理的首要任务。本研究以马克思主义唯物史观为分析方法，用矛盾论剖析金融治理在解决大国发展中所面临的主要矛盾与主要问题，指出目前我国金融治理在解决主要矛盾中存在的问题，提出中国在实现百年目标过程中，金融治理应该发挥的功能以及如何完善现有的金融治理。

关键词： 金融治理；矛盾分析；内部矛盾治理；外部矛盾治理

金融治理服务于国家经济发展，是国家治理的组成部分[①]。因此，金融治理所对应的金融功能不仅是清算支付、微观风险管理等中性的纯金融、纯技术范畴，还包括国家治理所希望实现的促进经济增长的目

作者简介：高杰英，首都经济贸易大学教授，博士生导师；
刘佳民，首都经济贸易大学研究生。

① 本文并不支持货币中性的观点。从历史唯物观看，自凯恩斯以来，各国央行货币政策目标都表明金融治理努力在经济运行中发挥作用，尤其是美国次贷危机后的货币量化宽松政策和近期的货币紧缩政策，对美国自身和新兴市场都产生了重大影响。

标，表现为充分就业、物价稳定以及防范宏观金融风险等社会范畴。小国可以放弃货币主权，可以放弃商业银行控制权，但是大国发展历程中没有出现过此类现象，全球化下大国的发展通过使本国货币成为国际货币，构建有利于本国经济发展的国际金融治理机制，以实现本国经济发展模式的最优化。

中国已经处于大国行列，中国特色社会主义建设以及中国文化历史背景，都使得中国不可能套用英美所构建的金融治理模式，在发展目标、发展内涵以及具体操作上都存在不同。

一、 文献综述

国际金融治理是国际金融机构以及国际资金的运行规则，目标是构建稳定的全球资金清算、流动。国内金融治理是金融机构的设立以及相应监管规则的建立，目标是实现支付清算、风险管理等功能。相对于国内金融治理，国际金融治理的目标并不是特别清晰，治理机制通常由大国设计。

（一） 金融治理相关文献回顾

国际金融治理，也就是全球金融治理。詹姆斯·罗西斯（1992）最先提出“没有政府的治理”，认为国际范围内的一系列活动，虽未得到政府认证授权，但能取得一定成效。个人、集团和国家之间通过利益的调整，能形成人类共同利益。全球治理委员会（1995）明确提出，治理是公私各方面个人与政府协调合作处理相同事务的方式的总和。但无论是詹姆斯·罗西斯，还是全球治理委员会，都认为政府不能独立承担全部责任，个人和组织都应该参与到整个社会治理上来。学者罗茨（1996）将“治理”定义为六个方面，体现政府全新统治过程和方法，将激励机制和管理手段注入公共部门，是政府与民间互动的手段，以信任互利为基础的社会协调过程。斯托克（1999）分别从治理主体、治理手段、治理方法、治理过程和治理结果五个方面阐述治理，较为细致地剖解了治理的全过程。后来，基斯·冯·克斯伯根（2004）对治理进行了新的概述，认为治理客体不再停留于政治层面，治理也要作用于经济层面；治理主体由政府到政府、社会团体和个人相互协作；最重要的一点是提出了建立合理有效的规则制度来治理社会与经济。这一观点算是真正把治理的方向转向经济层面。俞可平（2002）区分了“善政”与“善治”。善政是个人寄希望于政府，政府全权管理，社会能否良好发展完全取决于政府的作为。善治则代表公共利益达到最大化的程度，政府和个人合作，个人得到充分认可，共同面对机遇和挑战，推动社会良好运行。将全球治理定义为，通过国际秩序和国际规则的约束，维护全人类的和平、稳定、发展，实现全人类的共同利益。国内学者蔡拓（2004）认为，全球治理要以人类整体论和共同利益论为中心，协商合作，共同应对全球变革和全球挑战。

国际金融治理是在金融问题上，世界各国放下大小国身份，作为全球一员，平等享有话语权，从各国实情出发，实事求是，求同存异，共同面对世界问题和挑战，实现了人类共同利益的改良、调整与提高。我国学者多从参与国际金融治理的角度展开研究。黄仁伟（2013）从全球治理机制和新兴大国崛起的关系角度，认为金融危机带来了新一轮的全球治理，全球治理带给新兴国家更多机遇和挑战。王宇（2016）认为，全球治理离不开特别提款权（Special Drawing Right，SDR）货币的扩大使用。中国自从加入 SDR 一篮子货币，目前来说起到的作用很显著。G20 各国在扩大 SDR 的作用上形成共识。提高人民币 SDR 的作用，增加中国货币的话语权，有利于更好地治理全球经济和金融。路杨（2017）认为，我国亟须建立大型信用评级公司和推动亚投行的建设。美国信用评级公司非常多，比如，穆迪、标准普尔。而我国目前仍没有一所大型权威的信用评级公司，这使得我国基本没有信用评级话语权，因此需要大力加强建设。

相对于国际金融治理，金融治理的概念很少提及。因为国际金融治理过程中没有权威的国际政府，因此金融治理的概念不可能是在国际金融治理和国内金融治理之上的概念，而更多地对应于国内金融治理的概念。从这个角度看，金融治理是政府建立合理有效的规则制度来治理金融的有关活动。金融活动范围广泛，可以按比较成熟的金融功能观来界定金融发挥作用的活动范畴。

（二）金融功能相关文献回顾

国内学者白钦先（1989）分析了各金融要素之间的关系，以及金融要素与社会的关系，将金融“总体效应”作为一种要素进行研究，着力于金融的扩散功能和独立化倾向。但是白钦先的功能观研究并没有在国内继续展开。洪霞管（1998）认为，金融发展到近代至少包括五种功能：筹资融资功能、核心市场功能、调节经济功能、金融中介综合化功能以及沟通、衔接国与国之间经济金融活动的功能。

但是国内学者并没有普遍使用和接受本国学者的金融功能轮速观，而是采用西方学者的功能观，而且主要集中在默顿等（Merton，et al.）的功能观上。默顿等（1995）以“资源配置”作为金融最基本的功能，将金融功能划分为六项：资源时空转移、风险管理、清算交易、资源储备、价格提供和解决信息不对称。同时，将以前的研究重点——金融机构的观点称为“机构观”。莱文（Levine，1997）提出，金融功能有五个方面的作用：风险规避、信息获取、企业监控、增加储蓄、完善交易。在这里，莱文看到了金融与企业的关系，进一步坚定了企业应该加强与金融机构的合作；同时，在默顿研究的基础上，确立了金融储蓄的作用，强化了金融机构与个人的联系。后来，艾伦等（Allen，et al. 2001）在莱文研究的基础上削减了储蓄增加和促进交易，进一步将金融功能缩减为三大功能。由此可以看出，国外学者大都认同金融是规避风险的利器，投资者在风险防范时首先想到的是金融机构。其次，大多数投资者交易时由于市场信息不对称，都愿意根据评级机构的评分以及证券市场上市公司的报表来分析是否值得投资，以及应该短期投资还是长期投资。

国内学者林毅夫（2003）认为，金融机构可以动员资金、配置资金和规避资金风险。孙立坚（2004）认为，金融体系有六大基本功能：

投融资服务、流动性供给、风险分散、价格发现、信息传递和公司治理。可以看出，大多数国内学者对金融功能的研究都离不开风险、价格和资源等几大因素，也认可金融机构在这些因素上能发挥很大的作用，但遗憾的是没有细分。白钦先（2006）将金融功能划分为四个等级：基础功能、核心功能、扩展功能和衍生功能。他认为，这四个功能之间呈递进关系，其中核心功能和拓展功能并不是时间上的递进，而是空间上的递进，两者是横向的。他认为，核心功能与扩展功能构成了金融功能的主要部分。

（三）社会主义金融论述文献回顾

对马克思主义金融的研究主要集中在两方面。

一是从马克思著作中寻找有关金融部分。主要是从马克思著作中寻求关于金融和资本的论述。

二是对习近平新时代中国特色社会主义金融的相关阐述。邹新月（2018）将习近平新时代中国特色社会主义金融思想逻辑体系概括为：一个关系处理，即金融发展战略应处理好政府与市场之间的关系，市场对金融资源配置发挥决定性作用，同时政府承担有效的宏观调控功能；两个服务到位，即金融服务于供给侧结构性改革，服务于国家重大战略布局；三个体系创新，即金融供给体系创新、金融监管体系创新、金融调控体系创新；四个安全管理，即金融机构内控安全、金融市场主体规范安全、金融开放监控安全、金融环境生态安全；五大理念贯彻，即金融创新、金融协调、金融绿色、金融开放、金融共享等核心内容。这是按照中国特色社会主义主要特征对社会主义金融逻辑的一个思想架构。韩汉君和王玉（2018）认为，金融必须回归服务实体经济的本源，是金融服务实体经济思想的明确要求；完善综合协调监管机制、防范系统性金融风险，是金融服务实体经济思想特别强调的新理念；政府调控与市场导向并举，是金融服务实体经济思想的新思路。这三部分内容构成了习近平金融服务实体经济思想的主体部分，也充分体现了习近平注重实践、稳中求进的经济建设工作方法论特点。

以上文献研究表明，金融治理主要集中于国际金融治理，而国内金融治理研究相对较少。金融功能几乎以莫顿的功能论为主导，不区别金融功能的国际差异，也几乎不包括金融的社会功能研究，例如金融对经济的作用，似乎这只是一种附加的现象，而不是其内在本质的功能。金融治理的研究视角、金融功能的界定都源自国外经济学家的社会研究，尤其是美国经济学家的研究，有合理性和前沿性，但是也有片面性。因为此类研究大多基于发达国家的经济金融市场，基于发达国家对国际金融治理的需要，其研究框架的设立都是基于英美发达市场以及全球化地位来构建的。因此，虽然对次贷危机以来国际金融治理失效展开了一些研究，但是都未触及核心问题，或是触及了而未能在实践中加以解决。

中国金融改革与实践非常重要。中央经济工作会议、中央政治局学习会议以及全国金融工作会议上，习近平多次谈到金融问题，其中既涉及金融发展中的基础性问题，也涉及金融调控监管、金融风险、金融稳定、金融开放和金融安全问题。在改革实践中，金融杠杆、资产价格波动以及金融安全都是影响国民经济持续健康发展的重大问题。但是相应的研究都是基于西方思维逻辑对中国数据分析的研究，而少有基于中国思维逻辑对中国数据分析的研究。这样的研究很难提出真问题，即使局部问题与分析是对的，提出的解决方案也可能是错误的，因为没有放在中国经济问题的整体逻辑和框架中来分析问题和解决问题。

理论来自实践。党的十八大以来，习近平把发展哲学社会科学摆在突出重要位置，多次就哲学社会科学工作发表重要讲话，做出了一系列重大决策部署。党的十九大报告提出了“深化马克思主义理论研究和建设，加快构建中国特色哲学社会科学，加强中国特色新型智库建设”的要求。

资本主义制度确立以来，资本文化发挥着重要作用，已经成为意识形态的一个重要组成部分。它的某些内容是现阶段社会主义文化中的一部分，需要发挥其在资本融通激励创新中的积极作用，同时也需要改造成为社会主义金融文化，本文的创新之处在于以马克思主义思想为指导，以中国金融治理和金融功能为研究对象，以有利于中国金融经济发展为目标，通过矛盾分析法提出完善中国金融治理的解决方案。

二、 大国发展中的金融治理

（一） 大国发展中的主要矛盾

大国发展中的主要矛盾分为内部矛盾和外部矛盾。内部矛盾是国家在发展过程中所面临的国内经济、政治、文化等各因素的制约，如国内生产力与生产关系、阶级之间、区域之间的矛盾，矛盾激化时导致国内战争。外部矛盾是国家在发展过程中所面临的国际经济、政治、文化等各因素的制约，如贸易纠纷、汇率贬值、经济危机传导等，矛盾激化时导致国家战争。

大国发展过程中内部矛盾为主要矛盾，大国崛起都是在处理好内部矛盾的基础上在国家竞争中脱颖而出成为强国。通过外部矛盾解决内部矛盾从而实现国家利益短期内可能有效，长期来看是不稳定的。例如元朝，通过征战迅速扩张了领土，但是没有稳定的本国根基，这种国家体制很快就成为历史。

在没有发生国家战争的情况下，国家发展面临的主要矛盾为内部矛盾，在没有发生国内战争的情况下，内部矛盾的主要表现为经济矛盾，其他矛盾包括政治矛盾、社会矛盾、文化矛盾等都存在，并且相互影响，但是解决问题的时候一定是抓住主要矛盾，尤其是对于发展中国家，发展才是硬道理。大国崛起必须具备的因素是强大的经济实力（解决经济矛盾）、良好的国家治理（解决政治矛盾和社会矛盾）、文化舆论引导（解决文化矛盾）以及强有力的军事实力（解决外部矛盾）。经济实力的一个重要方面就是金融实力，因此金融治理是主要矛盾中主要方面的一个非常重要的问题。

外部矛盾是国家在发展过程中面临的次要矛盾，可能在特殊时期成为制约国家发展的主要矛盾或重要矛盾。例如，外部矛盾激化导致的世界战争，或者修昔底德陷阱所描述的第一大国对可能超越的第二大国的发展的限制与打压。但是，外部矛盾必然要通过内部矛盾发挥作用。因此，国家或国际战争期间外部矛盾成为主要矛盾。内部矛盾服从于外部矛盾的时候，存在两种情况，一种是内部矛盾处理不善可能被激化从而不仅外部矛盾恶化，而且内部矛盾也进一步恶化，导致国家利益内外受损；另一种是在妥善处理下内部矛盾减少或消化有利于外部矛盾解决，同时也解决了部分内部矛盾，最终导致国家整体利益增长。当外部矛盾成为重要矛盾时，尤其需要通过内部矛盾的解决来处理外部矛盾，因为一国的发展终究是要靠自己而不是别人。

当然，更优的结果是外部矛盾也得到妥善的解决，同时有利于所有国家的发展，即在矛盾中实现共同发展。换言之，大国博弈不应是零和博弈，而应该寻找正和博弈之路。

（二） 金融治理与内部矛盾

金融在提升经济实力中发挥两方面的作用：融资功能和风险管理。

1. 融资与经济发展

大国发展过程中都离不开资金融通，资本运作是经济发展的一个重要推动力和引领力。已有研究一致表明，亚洲国家的高储蓄特征是亚洲经济高速增长的一个重要动力来源。不论是曾经的“四小龙”“四小虎”，还是“中国经济奇迹”，都是高储蓄率国家（地区），为国家（地区）经济高投入、高增长奠定了基础。

历史上的荷兰也通过高储蓄实现了高增长，更由于其金融业的发达而助推荷兰成为第一个世界强国。

自中世纪以来，欧洲有两大经济中心：意大利北部城市国家如威尼斯、佛罗伦萨、热那亚和由西北欧城市群为骨干的“低地国家”（相当于今日的荷兰、比利时、法国北部、卢森堡等地区）。这两个地区汇聚了城市的工商贸易，与中世纪的乡村农耕经济对比，经济发达国民富裕。荷兰是清教徒的社会，大部分居民克勤克俭。同时，荷兰对消费课以重税，更助长了荷兰人的节俭，导致其储蓄率惊人，有人估算其储蓄达到收入的25%以上。

从16世纪开始，美洲白银的输入和金融技术的改善在欧洲引起了“价格革命”，通货膨胀成为经济生活的常规。荷兰是人均收入最高、储蓄率最高的国度，必须通过投资实现资产的保值。1609年成立的阿姆斯特丹银行成为欧洲的储蓄和兑换中心，其股票业的发达，被誉为“17世纪的华尔街”。金融发展有利于荷兰经济的快速发展。到17世纪时，荷兰的海运能力已经取代威尼斯、热那亚成为欧洲第一。阿姆斯特丹成为国际贸易的中心，港内经常有2 000多艘商船停泊。荷兰东印度公司在这一时期一直压倒英国东印度公司而主宰亚洲贸易。在美洲和非洲，荷兰的影响也迅速扩大。

阿姆斯特丹金融市场以年金券的形式将起源于意大利的政府信贷做到极致。16世纪90年代，荷兰省政府发行的永久性年金券利率年息为8.33%，到1608年就跌到了6.25%，1640年为5%，1655年为4%，世纪末时跌到了3.5%。进入18世纪后，则经常为2.5%～3%。相比之下，西班牙哈布斯堡王朝为了镇压荷兰的独立运动，有时要以20%以上的高息借贷。这是小小的荷兰能够成为17世纪的世界霸主，以军力支持贸易，势力范围超越欧洲，遍及美洲、非洲，以及从印度、东南亚到日本的重要原因。

2. 风险管理与经济发展

工业经济发展规模远大于农业自给自足的小农经济，不仅需要资金融通的支持，而且需要资金期限配置等风险管理功能的发挥。

1694年，英法战争中，英国以货币发行权为抵押组建了具有垄断货币发行权的英格兰银行。伦敦金融城的商人几天之内为政府筹集了120万英镑，政府按照8%付息，同时缴纳4 000英镑管理费。英格兰银行逐渐垄断了英国的货币发行权，成为全球中央银行创立的典范，也成为全球央行进行货币管理、金融管理的开端。

伦敦金融业的风险管理功能一个重要方面是保险市场的发展。伦敦是一个自由贸易的港口，伴随着欧洲经济中心从地中海向大西洋的转移，伦敦成为欧洲、亚洲、美洲贸易网络的枢纽之地。1688 年，当时从事远洋航运的船东、船长、商人、高利贷者、经纪人都在伦敦大街的劳埃德咖啡馆交换航运信息，海上保险由此发展，全球第一个保险公司出现。1773 年，劳埃德租赁皇家交易所的房屋，在劳埃德咖啡馆原业务的基础上成立了劳合社。1871 年，英国议会批准劳合社成为一个保险社团组织。300 年来，劳合社作为一个重要的国际保险市场，承保的业务无所不包：船舶保险、货物运输保险、汽车保险、飞机保险、工厂火险、农作物保险、牲畜保险、石油保险、卫星保险、航天飞机保险以及各种责任保险和社会保险等。保险的功能主要体现为风险保障。保险人通过向投保人收取保险费的方式集散风险，用建立保险责任准备金的方式补偿损失。保险公司被视为一种损失补偿公司，为贸易、为机构发展、为社会发展提供了众多保障功能。发展延续至今，英国保险市场是世界第四大非寿险市场，是全球第三大非寿险再保险市场。

金融产业的发展使其成为第三产业的重要组成部分，金融在融资、风险处置上的服务功能使其规模迅速扩大，从原生产品到衍生产品，从现货到期货。金融产业的过度发展或者说“金融泡沫”会对经济形成巨大的冲击。

法国的密西西比泡沫使得 16 世纪 20 年代的法国的支付方法又恢复到以硬币为基础的旧体制，同时导致法国的银行体系发展缓慢。

英国的南海泡沫事件使国民对托利党及乔治一世大失信心，政府诚信破产。相反，辉格党的罗伯特・沃波尔却因为在事件中成功收拾残局，使其声望日隆，继而于 1721 年起成为英国历史上的首位首相（虽然当时未有首相一职，但沃波尔却有首相之实），主导政局。此后，辉格党政府持续主导政坛至 1770 年，其间只曾有托利党的标得伯爵在 1762 年至 1763 年短暂出任首相，其余时间尽由辉格党人任相。

1929 年，纽约股票市场近乎崩溃，在一个月的时间里，股票价值下跌了 160 亿美元（当时 20. 67 美元可购 1 盎司黄金），参加投机买卖的千家万户均破了产。这一危机的严重后果是，美国国内生产总值由

1929 年的 8 218 亿美元下降到 1933 年的 5 871 亿美元，失业率由 1929 年的 3.3% 上升到 1933 年的 24.9%。

（三） 金融治理与外部矛盾

解决外部矛盾中的问题突出表现为两个方面：第一，经济制裁；第二，金融危机冲击或传染。在正常的国际经济交往中，大国货币政策对其他国家的影响，例如，货币政策外溢效应普遍存在。战争筹款也是金融治理解决外部矛盾的一种重要方式，其运作机制属于融资方式的一种，此处不再加以论述。

1. 经济制裁

经济制裁是处理国际竞争的一种常用手段。经济制裁必然依靠全球支付体系的建立。

环球同业银行金融电讯协会（Society for Worldwide Interbank Financial Telecommunications，SWIFT）是国际银行间非营利性的国际合作组织，总部设在比利时的布鲁塞尔，同时在荷兰阿姆斯特丹和美国纽约分别设立交换中心（Swifting Center），并为各参加国开设集线中心（National Concentration），为国际金融业务提供快捷、准确、优良的服务。目前世界上大多数银行间信息是通过 SWIFT 传输的，SWIFT 将 200 多个国家和地区的 11 000 多家金融机构联系起来。SWIFT 为全球资金的结算提供了安全、可靠、快捷、标准化、自动化的通信业务。

美联储的公开市场、黄金储备以及银行间实时清算系统（Fedwire）及其运作，集中在纽约，由纽约联储银行实际操作。美联储提供流动性资金，将联储的清算系统与美元的银行间跨境清算系统（CHIPS）连接，为后者提供结算资金支撑，在纽约建立了全球第一个同时具有高效率、安全性、流动性和节省功能的实时净额清算系统。这一安排，使得跨境清算系统的每一笔结算都可以通过联储清算系统在成员账户间贷/借记完成最终结算，所以跨境清算系统的大部分成员同时也是联储清算系统的成员。

借助美元的国际货币地位，SWIFT 支付结算中以美元结算的资金，美国都可以掌握，这为美国执行金融制裁提供了先决条件与制度保障。在对目标国实施金融制裁时，美国会先针对目标国的领导采取罚款与冻结资产等举措，还会冻结重要机构与组织的资产并进行大额罚款，但这给制裁目标带来的损失是有限的。最致命的是通过 SWIFT 及跨境清算系统切断制裁目标组织或国家与外界的支付清算通道。2008 年，美国以防止核扩散的理由对伊朗发起金融制裁，主要是通过位于纽约的美元跨境支付系统切断了伊朗国际石油交易的美元支付通道，导致伊朗的石油贸易只能使用本地或中东国家货币进行结算，对伊朗的石油出口造成巨大打击。2012 年，该系统对伊朗做出金融制裁，伊朗因此无法获得数十亿美元的收入。

2015 年，为进一步整合人民币跨境清算渠道，适应我国跨境贸易形势发展的需要，中国人民银行分期组织建设了人民币跨境支付系统（Cross - Border Interbank Payment System，CIPS），为人民币国际化铺设"高速公路"。2018 年，在美国的制裁政策下，一些国家为了自身经济安全，都准备建立非美元的清算系统。2018 年根据俄罗斯消息报称，俄罗斯将区块链技术整合到俄罗斯本土银行结算系统（SPFS）以取代 SWFIT 系统，让该系统变得比环球银行金融电信协会系统更可靠。2018 年 8 月 27 日，德国外长马斯在柏林欧盟外长会议开幕式上表示，需要增强欧洲在贸易、经济和金融政策领域的自主权，建立一个独立于美国的欧洲支付渠道，创立欧洲货币基金并建立独立的银行结算系统。

2. 国际金融危机冲击

大国金融必须具备防御外在金融危机冲击的能力。

从 1997 年 7 月 2 日泰国中央银行宣布泰铢实行浮动汇率制度、泰铢当天下浮 20% 算起，不到 10 天，菲律宾、马来西亚、印度尼西亚等国的货币纷纷贬值。国际游资在阻击港币受阻后，继续北上，导致韩国元、新加坡元、马来西亚林吉特等货币兑美元的汇价跌至历史新低点。1997 年 12 月中旬，韩国、泰国、马来西亚的汇市与股市双双大幅度下降，韩国元一度跌至2 000合1美元。在股市方面，下跌幅度也相当惊人。如按危机发生前的最高点与危机中最低点比较，泰国和韩国股市约下跌3/4，中国香港股市下跌1/3，其他如印度尼西亚、马来西亚、菲律宾的股市均不同程度下跌，日本股市也曾下跌约1/4。这场危机给东南亚各国造成巨大损失。危机爆发初期，东南亚各国为维持本币的汇价，动用了数以百亿计美元的外汇储备，时隔不久，货币贬值，巨额外债便需以加倍的出口物资去偿还。以印度尼西亚为例，它的外债达120亿美元，按贬值后的印尼盾1 100合1美元的比率计算，这项外债总额超过了它的国民生产总值的2.5倍。

东南亚金融危机以及次贷危机中，中国因为外汇资本管制而独善其身，没有受到国际金融危机的直接冲击。但是，新技术发展下全球化是必然趋势，防范国际金融危机冲击的治理机制建设问题需要考虑。

三、中国金融治理的矛盾分析

（一）金融治理是当下国家治理的重要内容

改革开放初期，金融改革主要是引入更多的市场主体，从“大一统”的体制转变为中央银行和商业银行共同构建的二级银行体制。这一时期金融发展的指导思想是邓小平提出的“金融是现代经济的核心”“把银行真正办成银行”。20世纪90年代后，银行体系改革不断深入，从专业银行到商业银行和政策性银行，从国有全资到建立股份制、民营资本的各类银行。同时，资本市场从无到有蓬勃发展。

21世纪以来，按照加入世界贸易组织、完善市场经济的要求，金融改革进一步深化。2015年10月，党的十八届五中全会以公报的形式第一次明确提出了“习近平治国理政新理念新思想新战略”的概念。党的十八大以来，以习近平为核心的党中央高度重视金融改革与发展，围绕两个百年目标，重塑金融调控、监管、服务体系，从全局和战略的高度提出了一系列新的政策和要求，使金融发展更好地体现基础性制度要求和社会价值，逐步形成了新时代中国特色社会主义金融发展思想。

中国正处于“三期叠加”的困难时期，从经济周期看，尚未走出低谷。经济增长不再依靠量的增长，而靠质的增长，简单的宽松货币政策作用不大。金融如何在“调结构、稳增长”上发挥作用，是个历史难题。

2018 年一个重要的外在矛盾——中美贸易摩擦。这个问题已经超越国内经济转型的焦虑而成为中国当下和未来经济发展的首要问题。在处理这个矛盾的时候，金融治理是非常重要的一个方面。

从目前看，中美贸易摩擦是长期的、战略性的。因为美国认为中国经济增长潜力巨大，美中最后的经济竞争是不可调和的，因此，现在抑制中国经济增长、产业升级是最好的时机，如果现在不与中国竞争，任由中国继续做大，未来就未必有这么明显的竞争优势了。

此次竞争不仅是在经济层面，因为中国具备完整的工业体系，中国是全球唯一的一个可能在各个产业都与美国竞争，挤压美国市场份额和利润的大国。班农在日本演讲说：“要防止中国 2025 年高端制造动摇美国高科技的领先地位，要延缓人民币国际化的进程，维护石油美元地位。”因此中美贸易摩擦是表面现象，实质是大国在军事、货币、科技、工业体系、贸易规则、意识形态、地缘政治等方面的竞争。而金融治理在各方面都发挥着重要作用。

（二） 中国解决内部矛盾所需的金融治理

内部矛盾主要是经济增长，2018 年，中兴事件表明中国经济增长中的主要矛盾是技术创新。去产能、去库存都是对旧经济增长方式的修正，新的增长动力只能来自技术创新下的劳动生产率提高。

1. 服务于技术创新的金融治理

全球性的经济增长乏力在于没有新技术的突破。因此，技术创新投资成为未来经济增长的原动力。Cowboy Ventures 的创始人李（Aileen Lee）将市场上成立时间较短（通常不超过 10 年），估值超 10 亿美元的初创公司称为“独角兽”，其中估值超过 100 亿美元的公司称为“超级独角兽”。“独角兽”企业特指成立10年左右，估值在10亿美元以上，创新意识和影响力强的创业企业，是创新创业浪潮中的耀眼“明星”，是地区新经济发展的重要引擎、新产业发展的开拓先锋。2018年，全球互联网公司市值排名前三名的都是美国的公司，第四和第五名是中国的公司（阿里巴巴和腾讯），此外还有百度进入前十名。此外，中国的独角兽企业还有小米科技、蚂蚁金服、京东、奇虎360、滴滴出行、网易、美团、大众点评等。

中国新技术企业在全球占有一席之地，但是新技术企业的融资是全球性的，并且BAT都是在美国证券市场上市，而非在中国的证券市场上市，这表明中国金融治理在新技术企业融资支持上存在问题。中国的风险投资，从种子孵化到最后上市退出的产业链中都存在着亟待解决的问题。

2. 服务于自我发展的金融治理

目前金融已经脱离实体经济，进入自我循环的泡沫发展状态，所以需要金融治理的自我修复或对冲功能来规范经济活动，例如，商业银行逆周期资本要求等，以防范系统性金融风险。尤其是在金融工具复杂的情况下，金融业已经发展为一大产业，这个产业的负外部性效应特别明显。服务于自我发展的金融治理表现为金融监管，表现为对金融发展的核心指导思想“金融为实体经济服务”的坚持。目前中国建立了一行两会的监管架构，不仅要解决日常行为合规性的监管问题，更需要倡导良好的监管理念，引导金融为实体经济服务。

（三）中国应对外部矛盾所需的金融治理

1. 国际金融治理不完善

以“金砖国家”为代表的外围国实力不断提高使得“外围”不容忽视。金砖国家占全球外汇储备的一半以上，全球GDP的1/4，全球人口的2/5。2012年，金砖国家共同提出对国际货币基金组织（IMF）增资550亿美元，而美国在这次增资中没有提供1美元，反映了全球经济和政治力量的转变。经济上中国创造了“中国奇迹”。2010 年，中国 GDP 总量超过日本，2014 年成为资本净流出国，目前是世界 128 个经济体的最大贸易伙伴，第一大货物贸易国和制造业大国。2009—2014 年，中国国内生产总值年均实际增长 8.7%，远高于同期世界经济 2.0% 的年均增速，对世界经济增长的贡献率超过 30%，高于同期美国 18% 的贡献率。政治上俄罗斯不断显示本国参与全球治理的抱负。2008 年格鲁吉亚战争、2014 年乌克兰战争，以及 2015 年俄罗斯介入叙利亚事件，均表明军事上美国霸权的权威受到挑战。

2010 年伦敦峰会通过了 IMF 份额改革方案，改革之后的中国、巴西、印度、俄罗斯等新兴市场国家将同时与美国、日本、法国、德国、意大利、英国跻身 IMF 前十大成员国，新兴市场将比从前增加超过 6% 的 IMF 份额，IMF 的 SDR 货币储备规模也从原来的 2 385 亿美元翻番至 4 770 亿美元。改革方案显著增加了 IMF 的核心资源以应对危机，并且改善了 IMF 的治理，反映出有活力的新兴市场和发展中国家在全球经济中日渐上升的影响力。但是美国国会长期不通过该方案，使得 IMF 无法修订协议改变投票权结构，影响 IMF 的全球治理功能。对世界银行的研究也表明，世行贷款会附加条件，对国家规模、投票权、执行董事会以及投票人数量等政治因素都会受到影响。研究表明，美国在世界银行的国际开发协会贷款决定中作用显著。世界银行的援助可以改善基础设施，但也可能因出现“寻租效应”或“替代效应”而失败。

G20 的成立是为了解决国际金融危机问题，作为布雷顿森林体系框架内非正式对话的一种机制，在应对国际金融危机时取得了较好的效果，防止了危机的全球蔓延与全球经济深度下滑的局面。但是金融危机后，在论坛中有着绝对优势的美国和欧洲国家压力减小，它们对推进国际金融市场上衍生品合约、结构性债务以及信用违约互换等监管改革的意愿不强，金融危机管理的成就不能转变为联合预防危机爆发的措施。发达国家不愿意承担日益复杂和交错发展的国际金融交易带来的风险，最终的结果是金融政策重新国家化。

G20的决策机制中心仍然在中心国家，中心国家的议题从金融治理扩散至贸易、投资和可持续发展等更广泛的领域，但是相关执行力受到阻碍。前五届峰会国际金融治理都是针对国家首脑商讨的首要问题并取得了相对明显的效果。但是G20并没有明确的章程，因此其“合法性”问题以及随之而来的“效率”问题，成为这一全球主要经济体参与治理的重要问题。首先面临的是成员国的合法性，成员国的构成由美国利益主导G7国家来决定，但是作为成员国的标准究竟是什么不透明、不清晰。此外众多首脑聚集在一起，达成协议的交易成本相当高昂并可能达不成实质性协议。缺乏合法性意味着G20只能相对保守和在次优选择中达成共识。在产出合法性上，表现为议题纷繁复杂（Truman，2011），在某些方面比较积极（例如，加速全球金融监管和资本管理），但是在其他方面表现较差（例如，全球经济监管）。

2. 大宗商品以及资金定价权

国际大宗商品价格对各国经济的运行具有重要的影响。20世纪70年代的石油价格上涨曾经被认为是导致世界经济出现滞胀的原因，而90年代较低的大宗商品价格，一方面使得美国等国家经历了一段高增长、低通胀的时期；另一方面石油和农产品输出国，比如，墨西哥、印度尼西亚、俄罗斯、巴西和阿根廷等却面临经济增长乏力的窘境。随着中国经济的快速发展，中国已经成为世界工厂，对于大宗商品需求越来越大。

2008年次贷危机爆发后，大宗商品价格随着经济状况和美国联邦储备委员会制造量化宽松货币政策剧烈波动，大宗商品价格的变化对于中国经济来说非常重要，直接影响企业的利润，并传导到下游影响物价水平。

中国虽然为大宗商品的巨大需求方，但是几乎没有对大宗商品的定价权，其中的原因，一方面是因为中国并不是资源输出大国；另一方面主要是金融方面的原因：全球大宗商品价格大多以美元定价，并且具有价格影响力的期货交易所都位于欧美发达国家，参与大宗商品期货市场交易的也多是欧美发达国家的资本，中国只能被动地接受大宗商品价格的波动，并且承担巨大的损失。例如，中国大豆的压榨企业就曾经因为大豆价格的剧烈波动导致大规模的亏损以及破产，外资趁机收购从而控制了中国豆油压榨行业。

金融资产定价权取决于国际资本。第一次世界大战前，各国中央银行只追求汇率稳定的单一目标，而到了20世纪30年代，各国开始注意运用货币政策实现国内经济目标，内外目标之间的相互冲突开始产生约束力。在国内层面，任何一种调节方式都是有代价甚至是充满“痛苦”的，都会产生国民收入的再分配效应，损害国内某些阶层或者某些领域从业者的福利，因而任何一种主动调节措施在政府政治层面都是不受欢迎的并且会遭遇到强大的阻力，很自然，每个国家都倾向于让其他国家“主动调节”，而自己“避免”或“推迟”调节。尤其是金融危机后美国货币政策完全考虑本国经济状况，而不承担美元作为国际货币的稳定义务，从而造成全球货币体系不稳定。以致于近年来，俄罗斯、土耳其、巴西等国家货币纷纷巨额贬值，导致经济动荡。

美联储公开市场委员会通过其纽约联储银行，借助在纽约的公开市场操作确定联邦基金利率。联邦基金的市场利率是美国乃至全球短期存款、贷款利率定价的基准。在美联储每次调整联邦基金利率目标之后，美国的大银行会率先相应调整其优惠利率，华尔街日报则根据这些大银行优惠利率的变化，编制和发布全国统一的优惠利率指数，而其他银行通常会在该指数发布之后立即相应调整各自的优惠利率，作为零售短期贷款利率定价的基准。因此，纽约成为银行短期利率的主要定价基地。长期利率，即10年期国库券和房贷利率的定价，虽然更多取决于市场因素，但联储在其中也起着重要作用。特别是次贷危机以来，这一作用更加明显。联储通过购买大额长期资产QE，直接影响中长期国库券利率以及房贷利率，而联储大额资产的购买正是通过纽约的债券市场和经纪商完成的。因此，纽约也成为长期利率的主要定价基地。这些利率的变动都深刻影响到国际金融市场资金定价，进一步影响到包括中国在内的发展中国家。

四、 完善中国金融治理的对策建议

（一） 建设中国特色社会主义的金融话语体系

中国特色社会主义金融治理的目标、对象等都与资本主义制度的金融治理不同。中国特色社会主义金融话语体系的建设首先需要注重金融的社会属性，要以历史唯物观来塑造社会主义金融发展的目标与历史使命。

其次要依照历史唯物观的目标为指导，建设社会主义金融理论。中国金融实践有许多不同于资本主义金融的特征。“大一统”银行体系的构建与改革、资本管制与对外资本投资理论、中国金融市场发展的功能等，都需要结合中国的实践进行科学的解读，分析目前存在的问题，并在社会主义经济发展的大框架下构建金融发展理论。

（二） 不断完善国内金融治理

完善中国资本市场，从种子和天使基金、VC 和 PE 到创业板市场融资，锻造更多的独角兽企业。同时要预防当前独角兽企业估值可能存在的泡沫。在棘轮效应的驱动下，经过多轮巨额融资，投资者期望通过推动企业 IPO 上市、并购或其他资本手段实现已经高估的市值套现退出。这最终会损害整个科技企业融资体系，损害科技企业的发展。如果独角兽企业缺乏核心技术与自主研发能力，缺乏经济价值和未来增长潜力，仅靠资本市场的鼓吹一定不会持久。

同时，根据独角兽企业的多元化金融需求，一些大型企业集团，依托集团下银、证、保的综合性金融服务，为独角兽企业提供信贷、基金、投资、担保、租赁等相应的一揽子融资服务。

在应对整体金融风险上，应加强金融监管，坚定不移地按照中国特色社会主义建设方向，遵循金融服务实体经济的原则，加强金融行业监管。

（三）积极参与国际金融治理

1. 完善现有国际金融体系

中国是全球第二大经济体，也是产业结构种类齐全的国家，因此，中国具备同时与发达国家和发展中国家合作的基础。2014 年金砖银行成立，反映了全球经济和政治力量的转变。2015 年亚投行的成立反映了国际社会对多边发展金融机构的需求，以及中国参与国际金融治理的决心。同时还要致力于大力推进“一带一路”的实施，配套推进“亚投行”“丝路基金”“金砖国家开发银行”等新型国际金融和基金组织建设，以新的模式、新的力量推动包括 IMF 在内的传统国际金融组织的改革。

G20 平台需要代表发展中国家的国际金融机构的参与，引起全球关注并吸引全球资金的进入。加快丝路基金组建运营，深化中国—东盟银行联合体、上合组织银行联合体务实合作，以银团贷款、银行授信等方式开展多边金融合作。支持沿线国家政府和信用等级较高的企业以及金融机构在中国境内发行人民币债券。符合条件的中国境内金融机构和企业可以在境外发行人民币债券和外币债券，鼓励在沿线国家使用所筹资金。

另一方面，加强金融监管合作，推进在区域内建立高效监管协调机制。积极与有关国家共同完善风险应对和危机处置制度安排，构建区域性金融风险预警系统，加强征信管理部门、征信机构和评级机构之间的跨境交流与合作，充分发挥丝路基金以及各国主权基金的作用，引导商业性股权投资基金和社会资金共同参与“一带一路”重点项目建设。

2. 争取大宗商品定价权以及资金定价权

在过去的 15 年，全球各期货交易所针对亚洲市场推出的原油期货品种共有 16 个，到目前为止只有 3 个品种还在交易，从这个统计可以看出建立石油期货市场的难度。我国建立石油期货市场有利于从国家层面加强对石油期货市场的认识，统一监管，控制市场风险。其次，增加在交易、结算、交割、风控等制度设计以及运行管理方面经验的积累，有利于保障人民币计价原油期货上市后平稳运行。原油期货既可以用来作为石油现货交易商对冲风险工具，也可以用来吸引大量全球投资者。因此除了要吸引现货市场的参与者，如原油出口商、我国石油石化企业、贸易商等，也要吸引基金、保险公司、投资银行、散户投资者等参与交易，逐渐形成人民币石油期货定价权。

在人民币石油期货的基础上，在大宗商品价格，例如我国占优势的钨矿资源上取得定价主动权，以保证大宗商品交易安全。

在资金定价权上，目前中国货币供应已经逐渐脱离了与外汇储备的关系，逐渐形成独立于美联储的货币政策，根据本国经济发展情况决定人民币利率的高低。未来仍应在利率、汇率等方面形成自我定价机制，并通过资本市场开放不断影响国际市场。

3. 积极稳妥推进人民币国际化

“一带一路”倡议的实施，加速了人民币在“一带一路”国家中国际贸易、融资及投资中的使用。有数据显示，近两年人民币业务在中亚国家和马来西亚等东南亚国家发展前景良好。随着“一带一路”倡议的持续推进，我国与“一带一路”国家在商品贸易、投资、基础设施建设等领域的合作不断深化，“一带一路”沿线国家对人民币的信心增强，一些国家在与中国进行大宗商品交易时开始使用人民币作为交易货币，这表明人民币的国际化有很大的发展空间。

建立适应开放的大国金融体系。一是改革中央银行治理运行机制，推进人民币国际化，利率和汇率由市场决定，把人民币发展为可以在世界自由兑换并广为使用的国际货币。积极扩大 SDR 的使用，包括使用 SDR 作为报告货币和发展 SDR 计值的资产市场。中国将于近期使用美元和 SDR 作为外汇储备数据的报告货币，并积极研究在中国发行 SDR 计值的债券。深化金融合作，推进亚洲货币稳定体系、投融资体系和信用体系建设。推动亚洲债券市场的开放和发展。支持沿线国家政府和信用等级较高的企业以及金融机构在中国境内发行人民币债券。符合条件的中国境内金融机构和企业可以在境外发行人民币债券和外币债券，鼓励在相关国家使用所筹资金。

参考文献

[1] Kees Van Kersbergen, Frans Van Waarden. "Governance", as a bridge between disciplines: cross disciplinary inspiration regarding shifts in governance and problems of governability, accountability and legitimacy[J]. European Journal of Political Research, 2004,43(2):143 - 171.

[2] Rhodes R A. The new governance;governing without government[J]. Political Studies,1996(XLIV):652 - 667.

[3] Ross Levine. Financial development and economic growth:views and agenda[J]. Journal of Economic Literature,1997(35):688 - 726.

[4] The Commission on Global Governance. Our global neighborhood: the report of the commission on global governance[M]. Oxford UK: Oxford University Press, 1995.

[5]白钦先. 比较银行学[M]. 郑州:河南人民出版社,1989

[6]白钦先,谭庆华. 论金融功能演进和金融发展[J]. 金融研究,2006(7).

[7]蔡拓. 全球治理的中国视角与实践[J]. 中国社会科学,2004 (1):94 - 106,207.

[8]格里·斯托克. 作为理论的治理:五个论点[J]. 华夏风,译. 国际社会科学(中文版),1999(2):20 - 21.

[9]黄仁伟. 全球经济治理机制变革与金砖国家崛起的新机遇[J]. 国际关系研究,2013,1(1):56 - 72.

[10]韩汉君,王玉. 社会主义金融必须回归本源——学习习近平金融服务实体经济思想的相关论述[J]. 毛泽东邓小平理论研究,2018(7):28 - 36.

[11]洪霞管,试论金融、金融功能和金融危机[J]. 上海金融,1998(3):14 - 16.

[12]路杨. 提高中国参与全球金融治理能力的策略分析[J]. 理论导刊,2017(7):83 - 86.

[13]林毅夫,章奇,刘明兴. 金融结构与经济增长[J]. 世界经济,2003(1).

[14]孙立坚. 金融体系的微观传导机制[J]. 上海财经大学学报,2014(1).

[15]孙立坚. 再论中国金融体系的微弱性[J]. 财贸经济,2014(3).

[16]王宇. 改善全球金融治理[J]. 西部金融,2016(8):2 - 3.

[17]俞可平. 全球治理的趋势及我国的战略选择[J]. 国外理论动态,2012 ,440(10):9 - 12.

[18]姚东,习近平治国理政思想研究综述[J]. 马克思主义研究,2018(7):146 - 152.

[19]詹姆斯·罗西瑙. 没有政府的治理——世界政治中的秩序和变革[M]. 张胜军,刘小林,译. 南昌:江西人民出版社,2001:2.

[20]张云东,构建新型社会主义金融文化[N]. 证券时报,2017 - 11 - 27.

[21]邹新月,蔡卫星,潘成夫. 习近平新时代中国特色社会主义金融思想研究[J]. 广东财经大学学报,2018(2):4 - 11.

外汇衍生品、汇率风险暴露与企业价值

——来自中国制造业上市公司的经验证据

李　梦　陈奉先

摘要： 以218家制造业上市公司2006—2016年的季度数据为基础，分析上市公司汇率风险暴露程度，衍生品使用与企业价值的关系，实证结果表明，外汇风险对中国制造业上市公司影响显著，汇率风险暴露系数为 -4.93%，汇率风险暴露比例达30.96%；技术密集型和资源密集型企业受汇率风险影响显著，行业汇率风险暴露系数为 -8.62%；2015年汇率制度改革后，企业汇率风险暴露系数绝对值由11.80%降至4.87%；在10%~20%的使用比例下，外汇衍生品可为制造业上市公司带来3.20%的价值溢价，显著提升企业价值。

关键词： 汇率风险暴露；企业价值；外汇衍生品

基金项目：国家社科基金青年项目（15CJY081）；北京市教委社科计划一般项目（SM201610038004）；北京市属高校青年拔尖人才培育计划项目（CIT&TCD201704100）；首都经济贸易大学特大城市经济社会发展研究协同创新中心项目（TGD201601）的资助。

作者简介：李梦，首都经济贸易大学金融学院硕士研究生；
陈奉先，首都经济贸易大学金融学院、金融风险研究院副教授，经济学博士。

一、引言

2005年7月21日，人民币汇率开启了市场化改革的序幕，朝着“以供求关系为基础，参考一篮子货币进行调节、有管理的浮动汇率制度”方向前进。此后，中国于2010年进行了“二次汇改”，2015年进行了“8·11汇改”。根据国际清算银行（BIS）2017年1月最新数据显示，2005年7月汇率改革至今，中国实际汇率涨幅已达34.19%。人民币汇率的剧烈波动，对中国上市公司的经营和业绩产生了重大影响。中国南方航空公司2015年的汇兑损失达57亿元，较2014年同期的2.76亿元增长逾20倍，侵蚀企业2015年净利润的1.43%，该指标2014年仅为0.11%。汇率风险暴露严重侵蚀企业利润，成为上市公司面对的棘手问题之一。本文立足人民币多次汇率改革的事实，考察汇率波动如何冲击上市公司企业价值，以及使用外汇衍生品抵御外汇风险的作用。

二、文献综述

跨国公司是经济全球化的主导组织形式。现有理论认为，企业跨国业务参与度越高，越容易受到外汇风险的冲击。但学者在实证研究中发现，企业受汇率风险暴露影响程度远低于预期。乔里奥（Jorion，1990）最早利用资本市场两步检验法测算出美国跨国企业的汇率风险暴露系数仅为5.23%[1]，米勒等（Muller et al.，2006）在对欧洲800余家跨国企业的研究中得到的汇率风险暴露系数为13.95%[2]，多伊奇等（Doidge et al.，2006）在对欧洲、亚洲、北美洲三个地区17 929家公司的研究中得到的汇率风险暴露系数仅为8%[3]。这种即使公司有很多跨国商业活动，但汇率风险暴露程度很小，甚至不显著的现象被称为“汇率暴露之谜”（Exchange Rate Exposure Puzzle）。一些文献针对该现象做了相关解释：乔里奥（Jorion，1990）在早期研究中提出汇率波动对企业价值的正向作用可能被一些负向因素所抵消，造成净效应很小，甚至为零；博德纳尔等（Bodnar et al.，1993）在乔里奥研究的基础上，针对该问题进行了更加深入的研究，认为公司对汇率风险的规避措施降低了企业利润对汇率变化的敏感度[4]；约瑟夫（Joseph，2002）认为，外汇风险暴露度量的分类以及所采用的方法会对汇率风险暴露系数测量结果产生影响[5]；巴特兰（Bartram et al.，2007）得出企业运用金融对冲工具或财务对冲工具可有效减轻汇率波动对企业价值长期影响的结论[6]①。可见，“汇率暴露之谜”并不是方法论或研究理论的问题，而是企业层面财务管理和金融对冲的结果。

长期以来，学者们关于外汇衍生品是否可以降低企业汇率风险的观点不一。有的学者认为使用外汇衍生品可提升企业价值。阿拉尼斯等（Allayannis et al.，2001）在对720家美国跨国公司研究后发现，使用外汇远期合约的公司比不使用的公司平均价值高约5%[7]。克拉克等（Clark et al.，2009）认为，不同类型的风险对冲工具（如远期、期权、掉期和外币债务）避险效果不同，能够产生11%～34%的价值溢价[8]。基姆等（Kim et al.，2006）提出，与经营对冲相比，金融对冲的价值效果是其5倍多[9]。但也有一些学者否认使用外汇衍生品的效果。布朗（Brown，2001）进行实证研究后认为，外汇衍生品无效论更符合事实[10]。巴特兰（Bartram et al.，2011）利用面板数据模型和倾向得分匹配技术（Propensity Score Matching）以47个国家6 888家非金融企业为研究对象进行分析，驳斥了阿兰尼斯特（Allayannis et al.，2001）的观点，认为美国公司使用外汇衍生品与其高企业价值无关[11]。张欣、孙刚对中国全行业1 300余家公司研究后发现，使用外汇衍生品降低企业盈利水平波动性的效果并不明显[12]。

由上文分析可知，国内外学者关于外汇衍生品对冲汇率风险的作用

① 财务对冲，也称经营对冲，指调整经营结构，主要是通过改变生产方式、调整产量、采购地和原产地，实现多元化跨国经营，匹配现金流流入量及流出量，是一种长期避险工具；金融对冲指使用单一的外汇衍生品，或外汇衍生品组合，如：套期保值策略、外汇远期、掉期等，是一种短期避险工具。

看法不一，“汇率暴露之谜”的成因也有待进一步探索。中国一直是制造业大国，但由于人口红利即将消耗殆尽，制造业企业面临着从劳动密集型向技术密集型转型的发展难题。本文将以制造业上市公司为研究对象，探讨汇率风险暴露与企业价值关系问题。

三、 模型设定

学界通常通过计算汇率风险暴露系数来衡量企业的风险状况，方法主要有资本市场法和现金流量法。资本市场法因其数据易得和模型处理简便易行而备受推崇。早期资本市场法使用的是单因素模型，它通过回归同时期的汇率波动率与股票回报率，估计出总体汇率风险暴露系数。但其有一明显的缺陷在于汇率风险暴露系数高估，乔里奥（1990）在单因素模型基础上引入股票市场回报率的变量，将资本市场整体表现对企业个体价值的影响剔除，形成了经典的多因素模型。

近年来，越来越多的学者进行比较研究后认为，运用现金流量法所得结论可信度更强[13]。原因在于：第一，股票收益主要受市场供求、微观结构或宏观经济的影响，可能与企业本身的经营关系不大；第二，企业股票价格非常容易因被经理人控制而主观化，经理人追求自身利益最大化而人为操纵股票价格，使股票价格与企业价值间的直接关系受到扭曲[14]。因此，本文在大量收集数据的基础上，将现金流量法可信度强的优势运用到模型构建之中。

$$y_{i,t} = \alpha_i + \beta_m R_{m,t} + \beta_i X_t + \varepsilon_{i,t} \tag{1}$$

式（1）中，$y_{i,t}$代表企业资产收益率，由汇率损益调整前的经营利润除以企业总资产得到。由于商业周期性波动特征，首先应用自回归模型进行模型处理，$I_{i,t} = \gamma_1 + \gamma_2 I_{i,t-1} + \gamma_3 I_{i,t-2} + \gamma_4 I_{i,t-3} + \gamma_5 I_{i,t-4} + \mu_{i,t}$为计算汇率损益调整前的营业收入的公式，其中，$I_{i,t}$为 i 公司 t 时刻汇率损益调整前的经营收入。一个企业某一时刻的营业收入不仅取决于当期经营状况，还与既往的经营收入有关，故引入滞后项 $I_{i,t-1}$，$I_{i,t-2}$，$I_{i,t-3}$，$I_{i,t-4}$[①]。对公式 $E_{i,t} = \theta_1 + \theta_2 E_{i,t-1} + \theta_3 E_{i,t-2} + \theta_4 E_{i,t-3} + \theta_5 E_{i,t-4} + \delta_{i,t}$ 做相同处理，其中，$E_{i,t}$ 为 i 公司 t 时刻汇率损益调整前的经营成本，引入滞后项 $E_{i,t-1}$，$E_{i,t-2}$，$E_{i,t-3}$，$E_{i,t-4}$。公式中 γ_1，γ_2，γ_3，γ_4，γ_5，θ_1，θ_2，θ_3，θ_4，θ_5 为常数项，μi，t，δi，t 为残差项，也分别是公司 i 在 t 时刻的预期外经营收入和预期外经营成本。其他的，α_n 为常数项，$\varepsilon_{i,t}$ 为随机扰动项，$R_{m,t}$，X_t 分别代表资本市场回报率和汇率变动率，$y_{i,t}$ 为企业 i 的经营收益率，β_i 即为汇率风险暴露系数。其中 X_t 根据 BIS 所公布的月度实际有效汇率计算而得。

$$y_{i,t} = \alpha_i + \beta_m R_{m,t} + \beta_i X_t + \varphi_{\text{mvalue}} \text{mvalue}_{i,t} + \varphi_{\text{btom}} \text{btomi}, + \varphi_{pe} pe_{i,t} + \varepsilon_{i,t} \tag{2}$$

本文将 Fama - French 三因子模型中所提到的三个变量 $\text{mvalue}_{i,t}$，$\text{btom}_{i,t}$，$\text{pe}_{i,t}$ 引入式中，以剔除市值、账面市值比、市盈率对资本市场回报率 $R_{m,t}$ 的影响，得到更加准确的汇率风险暴露系数 β_i。式中，φ_{mvalue}，φ_{btom}，φ_{pe} 分别为它们所对应的系数。

$$y_{i,t} = \alpha_i + \beta_m R_{m,t} + \beta_i X_t + \varphi_{\text{mvalue}} \text{mvalue}_{i,t} + \varphi_{\text{btom}} \text{btom}_{i,t} + \varphi_{pe} pe_{i,t} + \lambda_{\text{der}} \text{derivative}_{i,t} + \sigma_{\text{ownc}} \text{owncon}_{i,t} + \sigma_{\text{owns}} \text{ownstr}_{i,t} + \tau_e e_{i,t} + \varepsilon_{i,t} \tag{3}$$

为了探讨外汇衍生品能否为上市公司带来价值溢价，我们将外汇衍生品虚拟变量 $\text{derivative}_{i,t}$ 引入式中，研究使用衍生品的避险效果问题。阿拉尼斯经过研究提出，企业价值与企业行为和公司治理结构有关。股权集中度可衡量企业股权分布状态、企业稳定性和企业结构，股权结构是公司治理结构的基础，其对企业行为和绩效具有决定性作用，故将上市公司股权集中度 $\text{owncon}_{i,t}$、上市公司股权结构 $\text{ownstr}_{i,t}$ 引入式中，随着“走出去”战略的深化，越来越多的企业参与到跨国经营之中，将出口收入 $e_{i,t}$ 引入式中，探究出口收入、汇率风险暴露与企业价值的关系。式中，λ_{der}，σ_{ownc}，σ_{owns} 和 τ_e 分别为它们对应的系数。

---

① 运用 Eviews9.0 确定变量营业收入和营业成本的最优滞后期均为 4 期。

四、 实证结果

（一）数据与变量

上海证券交易所是内地的第一家证券交易所，其数据具有良好的代表性。故本文选用2006年以前上市的上证A股制造业企业作为研究对象，剔除在2006年第一季度至2016年第三季度出现过ST风险警示的上市公司和在观察期内无出口收入或出口收入小于零的上市公司后，筛选出218家上证A股制造业企业。

本文所用汇率数据分别选自国际清算银行（BIS）和日本独立行政法人经济产业研究所（RIETI）公布的月度实际有效汇率数据。文中所涉及行业分类为证监会2012年发布的最新行业分类。外汇衍生品虚拟变量确定过程中所涉及的财务报告来自上海证券交易所官方网站。其他数据来自国泰安数据库（CSMAR）、锐思数据库（RESSET）、万德数据库（WIND）。本文使用的数据处理软件为Stata14.0。

尽管2006年2月颁布的《企业会计准则》要求各上市公司自2007年1月1日起披露外汇衍生品使用情况，但在我们收集数据过程中发现衍生品使用的披露情况并不理想。对于外汇衍生品的研究，还可使用关键词筛选法确定外汇衍生品虚拟变量。参照斯文等人研究中的做法[15]，利用微软开发工具编制程序，对218家上证A股制造业企业的第一季度报告、半年报、第三季度报告、年报分别进行两组关键词筛选，第一组关键词包括：外汇期权、无本金交割远期外汇交易、NDF、远期、掉期，第二组关键词包括：对冲（管理、规避）汇率（外汇）风险、套期保值，两组可同时筛选出一个及以上关键词的则赋值1，否则为0。经过程序自动筛选和手动抽样检查后，确定外汇衍生品使用情况。

主要变量代码表及其描述性统计情况见表1。由表1可知，资本市场回报率、BIS汇率变化率、RIETI汇率变化率的最小值和最大值出现了符号上的改变，可见2006年第一季度至2016年第三季度的11年，无论是股票市场还是汇率均出现了巨大的变化。样本市值、市盈率、账

表 1　主要变量代码及其描述性统计

变量名称	代码	观测值	平均值	标准差	最小值	最大值	计算方法	来源
资本市场回报率	mratio	9 374	0.009	0.255	-0.702	0.573	资本投入产出/资本回报	CSMAR
汇率变化率	bis	9 374	0.008	0.027	-0.046	0.080	月度数据加权平均转化为季度数据后，利用公式（$bis_t - bis_{t-1}$）/bis_{t-1}计算	BIS
汇率变化率	rieti	9 374	0.002	0.018	-0.038	0.042	同上	RIETI
行业汇率变化率	indrieti	9 244	0.000	1.000	-0.495	15.278	同上	
市值	mvalue	9 244	0.587	0.237	0.040	1.660	每股股票市场价格 × 发行总股数，标准差标准化	
账面市值比	btom	9 244	0.000	1.000	-44.616	21.399	股东权益/公司市值	RESSET
市盈率	*pe*	6 622	0.001	0.020	-0.087	0.286	普通股每股市场价格/普通股每年每股盈利，标准差标准化	
出口收入比	*e*	4 493	0.183	0.211	-0.091	0.998	出口收入/营业收入	WIND
外汇衍生品虚拟变量	derivative	9 374	0.114	0.317	0	1	关键词筛选法，见文中详细描述	上海证券交易所
股权集中度 1	owncon1	9 365	0.359	0.143	0.004	0.852	第一大股东持股比例	RESSET
国有股比例	state	9 374	0.106	0.186	0	0.789	国有股股数/总股本	
机构股比例	institutional	9 373	0.142	0.153	0	0.926	各机构投资者持股比例加总求和	CSMAR
法人股比例	corporate	9 374	0.085	0.161	0	0.834	法人股股数/总股本	

面市值比也存在较大差异，它们对资本市场回报率产生不同程度的影响，可以更好地衡量上市公司股票价值。股权集中度1是用来衡量上市公司股权集中度的变量，国有股持股比例、机构股持股比例及法人股持股比例用于衡量上市公司股权结构。表1中股权集中度及股权结构的差异会对上市公司管理策略产生直接影响，从而影响到其经营业绩和企业价值。近年来，制造业企业受惠于中国人口红利和科技进步，越来越多的企业“走出去”，出口收入占比逐渐增加，中国制造业上市公司对海外业务的依赖程度逐渐升高。

（二）样本实证结果分析

1. 总体回归结果分析

将数据依次代入模型（1）（2）（3）中。首先对面板数据进行过度识别检验（Over identification Test），结果强烈拒绝原假设，认为应该使用固定效应模型，且可同时使用稳健标准误。由表2可知，汇率风险暴露系数符号为负，汇率升值使企业价值受损。在1%的显著性水平下，汇率风险暴露系数绝对值整体呈下降趋势，汇率风险对企业价值的负面影响缩小。表2汇率风险暴露系数的算数平均值仅为-4.93%。

表2　总体回归实证结果

	模型（1）	模型（2）	模型（2.1）	模型（2.2）	模型（2.3）	模型（3）
资本市场回报率 mratio	-0.001 6* (0.000 9)	-0.001 1 (0.000 7)	-0.001 1 (0.000 7)	-0.001 2* (0.000 7)	-0.001 0 (0.000 7)	0.000 3 (0.001 0)
汇率变化率 bis	-0.057 1*** (0.006 3)	-0.051 3*** (0.007 4)	-0.050 2*** (0.007 2)	-0.052 3*** (0.007 2)	-0.048 4*** (0.006 9)	-0.036 5*** (0.010 7)
市值 mvalue	—	0.006 1** (0.003 0)	0.005 9* (0.003 0)	0.006 1** (0.003 0)	0.005 8* (0.003 0)	0.005 3* (0.003 1)

续表

	模型（1）	模型（2）	模型（2.1）	模型（2.2）	模型（2.3）	模型（3）
账面市值比 btom	—	0.002 8 (0.003 0)	0.002 6 (0.003 0)	0.002 7 (0.002 9)	0.001 6 (0.002 9)	8.44E-05 (0.003 0)
市盈率 pe	—	4.35E-05 (0.000 2)	4.07E-05 (0.000 2)	5.17E-05 (0.000 2)	7.19E-05 (0.000 2)	-0.000 2 (0.000 2)
外汇衍生品 derivative	—	—	0.001 9** (0.000 8)	0.002 0** (0.000 8)	0.001 6* (0.000 8)	0.000 8 (0.001 2)
股权集中度1 owncon1	—	—	—	0.023 7 (0.014 4)	0.027 6* (0.015 1)	0.029 6* (0.016 3)
国有股比例 state	—	—	—	—	-0.004 3** (0.001 8)	-0.006 1*** (0.002 0)
机构股比例 intuitional	—	—	—	—	0.000 9 (0.003 2)	0.000 6 (0.004 3)
法人股比例 corporate	—	—	—	—	-0.005 1 (0.004 3)	-0.001 2 (0.003 9)
出口收入比 e	—	—	—	—	—	0.008 0 (0.009 5)
常数项	-0.001 1*** (0.000 1)	-0.003 0* (0.001 7)	-0.003 0* (0.001 7)	-0.011 5** (0.005 7)	-0.011 6** (0.005 6)	-0.011 9* (0.006 5)
观测值	8 502	8 378	8 378	8 369	8 369	4 016
R^2	0.009	0.031	0.032	0.037	0.04	0.033
F	41.32	16.54	16.66	14.35	10.6	5.76

注：括号中的值为稳健标准误，*，**，*** 分别代表10%，5%，1%的显著性水平。

其他变量情况，在5%或10%的显著性水平下，市值对企业价值产生显著正向影响；外汇衍生品虚拟变量（除模型3）、股权集中度1（除模型2.2）的系数符号同为正，说明使用外汇衍生品、提高第一大股东持股比例可显著提升企业价值；国有股比例对企业价值产生显著的负向作用，国有股持股比例提升将降低企业价值。

实际研究中汇率风险暴露系数远低于预期的现象被称为“外汇风险暴露之谜”。艾桑等（Aysun et al.，2011）研究发现，五个新兴经济体——巴西、智利、韩国、墨西哥和土耳其的汇率风险暴露系数分别为17%，29%，53%，19%，44%[16]。中国制造业企业深处跨国经济洪流之中，但本文研究结果显示汇率风险暴露系数的绝对值却不足5%，汇率变动对企业的经营收益影响幅度非常小，与其他学者的研究结果有较大差距。接下来本文将针对回归结果，进一步剖析“外汇风险暴露之谜”产生的原因。

2. 行业总体回归结果分析

证监会最新版行业分类将制造业企业分为24个子类，考虑到个别行业样本量过少，不具有考察意义，故将样本量小于8的行业剔除，将样本数据代入模型，考察余下13个行业的汇率风险暴露情况，结果如表3所示。易知，13个行业中有6个行业受显著的汇率风险影响，分别为：黑色金属冶炼及压延加工业、化学原料及化学制品制造业、造纸及纸制品业、有色金属冶炼和压延加工业、非金属矿物制品业，通用设备制造业。技术密集型企业（化学原料及化学制品制造业、造纸及纸制品业、通用设备制造业）和资源密集型企业（黑色金属冶炼及压延加工业、有色金属冶炼和压延加工业、非金属矿物制品业）外汇风险暴露显著，汇率风险暴露系数算数平均值为-8.62%。铁路、船舶、航空航天和其他运输设备制造业和医药制造业等垄断性行业外汇风险暴露不明显。传统的劳动密集型企业，如纺织业所受汇率风险影响并不显著。

表 3　行业回归实证结果

	ind1	ind2	ind3	ind4	ind5	ind6	ind7	ind8	ind9	ind10	ind11	ind12	ind13
资本市场回报率 mratio	-0.004 3	-0.002 4	0.006 4	0.005 6	-0.003 1	0.001 9	0.002 4	-0.005 2*	0.002 5	0.000 0	0.003 9	-0.005 1	-0.004 8
	(0.004 0)	(0.001 6)	(0.003 9)	(0.003 6)	(0.004 0)	(0.002 9)	(0.003 2)	(0.003 0)	(0.002 4)	(0.001 3)	(0.005 4)	(0.003 4)	(0.007 4)
汇率变化率(BIS) bis	-0.095 4*	0.000 6	-0.077 6	0.015 9	-0.006 9	-0.032 4	0.008 9	-0.061***	-0.026 2	-0.066 8**	-0.094 2*	-0.113***	-0.087***
	(0.044 9)	(0.020 9)	(0.052 2)	(0.039 0)	(0.023 7)	(0.045 4)	(0.024 8)	(0.016 3)	(0.036 1)	(0.027 2)	(0.049 2)	(0.020 6)	(0.020 8)
市值 mvalue	0.004 7*	-0.004 5**	0.015 0*	0.046 0***	0.003 2	0.000 3	-0.006 0	0.005 1	-0.002 9	0.007 5	0.008 2**	0.005 5***	0.024 0**
	(0.002 3)	(0.002 1)	(0.007 9)	(0.015 3)	(0.003 0)	(0.000 4)	(0.012 1)	(0.003 8)	(0.004 3)	(0.007 3)	(0.003 0)	(0.001 5)	(0.010 0)
账面市值比 btom	0.004 8	-0.009***	0.055 5*	0.018 4*	-0.008 4	-0.008 5*	0.004 7	-0.001 3	0.005 4	-0.000 8	-0.014 6**	-0.008 7	0.042 9
	(0.014 6)	(0.003 0)	(0.029 6)	(0.010 2)	(0.008 7)	(0.004 4)	(0.007 8)	(0.008 3)	(0.005 9)	(0.008 1)	(0.005 4)	(0.006 2)	(0.023 5)
市盈率 pe	-0.004 6	-0.000 6	-0.000 1	-0.001 7	0.005 8*	-0.008 1	0.000 1	0.000 3	0.001 2	0.000 0	-0.000 5	0.000 7	-0.001 8
	(0.008 4)	(0.000 8)	(0.000 2)	(0.003 2)	(0.003 4)	(0.008 1)	(0.000 1)	(0.000 2)	(0.001 0)	(0.000 2)	(0.000 5)	(0.002 4)	(0.004 4)
外汇衍生品 derivative	0.009 3**	0.004 3*	0.008 7	-0.005 0	0.000 5	0.000 2	0.001 9	0.000 5	0.002 3	-0.002 0	-0.001 6	-0.001 8	0.006 3
	(0.003 6)	(0.002 1)	(0.008 3)	(0.004 8)	(0.002 6)	(0.001 6)	(0.001 4)	(0.002 0)	(0.003 1)	(0.002 2)	(0.002 3)	(0.002 8)	(0.004 4)
出口收入比 e	0.025 7	-0.005 4	0.018 5	0.011 1	-0.009 0	-0.016 4*	0.008 5	0.002 2	-0.021 5	-0.003 0	-0.022 1*	-0.000 7	-0.014 4*
	(0.025 1)	(0.006 7)	(0.021 6)	(0.008 2)	(0.012 6)	(0.007 7)	(0.004 8)	(0.009 3)	(0.014 2)	(0.005 1)	(0.011 9)	(0.006 8)	(0.006 3)
常数项	-0.047 8	-0.006 6	-0.064 4	-0.041***	0.001 3	0.000 8	-0.005 6	-0.005 3	-0.029 2**	0.006 4	-0.005 1	-0.002 1	0.099 9
	(0.031 7)	(0.008 1)	(0.041 8)	(0.012 2)	(0.014 7)	(0.003 8)	(0.006 9)	(0.003 2)	(0.010 7)	(0.006 1)	(0.004 8)	(0.005 1)	(0.084 2)
观测值	169	300	213	377	445	220	205	440	404	150	204	149	160
R^2	0.28	0.133	0.176	0.459	0.026	0.065	0.045	0.055	0.081	0.128	0.107	0.263	0.297

注：ind1 至 ind13 分别代表黑色金属冶炼及压延加工业，专用设备制造业、铁路、船舶、航空航天和其他运输设备制造业，计算机、通信和其他电子设备制造业，医药制造业，汽车制造业，纺织业，化学原料及化学制品制造业，电气机械和器材制造业，造纸及纸制品业，有色金属冶炼和压延加工业，非金属矿物制品业，通用设备制造业。括号中的值为稳健标准误，*，**，*** 分别代表 10%，5%，1% 的显著性水平。

3. 分时段总体回归结果分析

2005 年“7·21”汇率形成机制改革后，中国汇率制度又于 2010 年和 2015 年进行了改革。如图 1 所示，无论是 BIS 统计口径还是 RIETI 统计口径，中国实际有效汇率除 2008 年全球危机造成的汇率大幅波动外，2010 年第二季度前较为平稳，2010 年二季度至 2015 年“8·11”汇改这一时段汇率整体呈波动式上升趋势，从 2015 年第三季度开始下行（见图 1）。基于此，我们将样本观察期分为 2006 年第一季度至 2010 年第二季度、2010 年第三季度至 2015 年第二季度、2015 年第三季度至 2016 年第一季度三个时段分别考虑，进行回归分析。由于变量出口收入比仅有第二季度和第四季度数据，故时段Ⅲ模型回归结果缺失。具体回归结果见表 4。

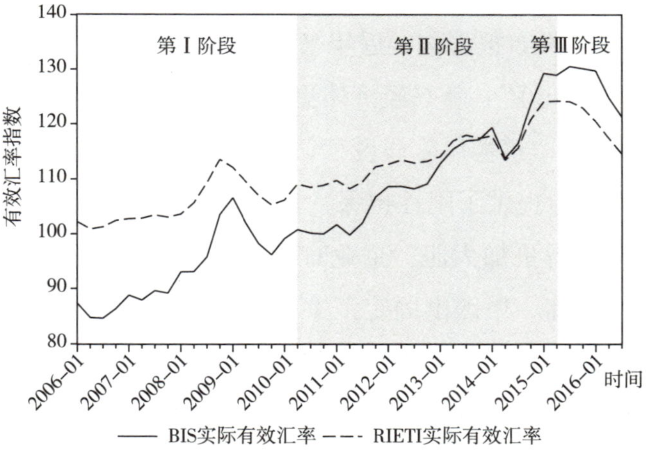

图 1　中国实际有效汇率走势图

表 4　各时段回归实证结果

	模型（1）	模型（2）	模型（2.1）	模型（2.2）	模型（2.3）	模型（3）	平均值
时段Ⅰ 2006q1—2010q2	−0.119*** （0.011 8）	−0.110*** （0.012 8）	−0.107*** （0.012 8）	−0.109*** （0.012 9）	−0.107*** （0.015 3）	−0.157*** （0.035 1）	−11.80%

续表

	模型（1）	模型（2）	模型（2.1）	模型（2.2）	模型（2.3）	模型（3）	平均值
时段Ⅱ 2010q3－2015q2	－0.005 9 （0.109 0）	－0.012 2 （0.009 0）	－0.012 1 （0.009 0）	－0.011 4 （0.009 1）	－0.009 9 （0.009 1）	0.010 3 （0.013 8）	—
时段Ⅲ 2015q4－2016q3	－0.049 0* （0.026 1）	－0.049 5* （0.026 3）	－0.048 0* （0.026 3）	－0.047 6* （0.026 4）	－0.049 5* （0.026 0）	—	－4.87%

注：括号中的值为稳健标准误，*，**，*** 分别代表10%，5%，1%的显著性水平。

时段Ⅰ和时段Ⅲ受到显著的汇率风险暴露影响，时段Ⅱ不显著。这可能是由于2010年第三季度至2015年第二季度情况较复杂。第一，2010年的汇率制度改革真正对经济产生效果有一定的滞后期；第二，2008年全球金融危机影响仍未完全消退，国内外经济情况并不稳定；第三，2014年人民币汇率波幅扩大，使时段Ⅱ的汇率形势变得更加复杂。

2011年IMF发布报告称，近年来新兴经济体存在“浮动汇率恐惧症（Fear of Floating）”，新兴经济体更倾向于相对固定的汇率制度，而不是浮动汇率制。“道德风险假说”认为，在固定汇率制度下，政府为企业应对汇率风险提供了隐性担保，投资者不会遭遇完全的汇率风险，因此投资者会变得更加大胆，企业对货币贬值与升值的影响变得不敏感。2006—2016年，中国由固定汇率制转向有管理的浮动汇率制，逐步克服“浮动恐惧”心理。在这一过程中，中国制造业上市公司所遭受的汇率风险暴露系数绝对值由11.80%（时段Ⅰ汇率风险暴露系数算数平均值）降至4.87%（时段Ⅲ汇率风险暴露系数算数平均值）。与浮动汇率制相比，固定汇率制下企业受暴露影响更大。中国的实际情况支持汇率暴露的道德风险假说。

4. 外汇衍生品、汇率风险暴露与企业价值

对样本数据进行分析，我们发现：218家公司中有139家公司曾使用过外汇衍生品。201家样本跨国公司中有107家曾使用过外汇衍生品，比例高达53.23%。从时间维度看，外汇衍生品使用比例为

11.38%，缩短观察期近五年，这一比例上升至18.10%；近三年使用比例升至20.91%；而近一年来外汇衍生品使用比例已达24.66%，可见近几年中国企业外汇衍生品使用比例显著提升。

控制外汇衍生品虚拟变量进行分组回归分析，分为未使用外汇衍生品组（虚拟变量为0）和使用外汇衍生品组（虚拟变量为1）。回归结果如表5所示。在未使用外汇衍生品的情况下，汇率变化率对企业价值产生显著性影响。在1%的显著性水平下，汇率风险暴露系数显著，其算术平均绝对值为4.62%。针对第二组进行回归时，外汇风险暴露系数不显著，本文认为这可能是因为外汇衍生品使用情况较复杂。虽然自2005年8月至今中国逐步推出外汇远期、掉期、人民币货币掉期、外汇期权交易等品种丰富的外汇合约，但在实际操作中有很多困难，企业运用外汇衍生品的技术能力不成熟。中信泰富豪赌澳元外汇期权合约巨亏155亿港元，暴露出中国上市公司对外汇市场缺乏知识和操作经验，公司治理水平较低的问题。因此，使用外汇合约避险也不一定能达到避险的目的。外汇衍生品对提升价值有一定的作用，但作用大小仍需具体问题具体分析，企业应科学运用外汇衍生品，以最大限度地提升企业价值。

表5　各组汇率风险暴露统计（控制外汇衍生品虚拟变量）

	观测值	模型（1）	模型（2）	模型（2.1）	模型（2.2）	模型（2.3）	模型（3）
虚拟变量=0	8 310	−0.056 3*** (0.009 6)	−0.043 5*** (0.010 5)	—	−0.045 6*** (0.010 2)	−0.037 8*** (0.010 1)	−0.048 0*** (0.015 8)
虚拟变量=1	1 064	−0.025 1 (0.017 6)	−0.000 4 (0.020 0)	—	−0.000 8 (0.020 8)	−0.000 9 (0.020 5)	0.005 2 (0.021 7)
Group 1 $0<d\leqslant 10\%$	3 999	−0.080 9*** (0.014 7)	−0.070 9*** (0.013 7)	−0.069 5*** (0.013 5)	−0.070 6*** (0.013 6)	−0.063 4*** (0.013 7)	−0.070 3*** (0.018 5)
Group 2 $10<d\leqslant 20\%$	2 666	−0.053 1*** (0.012 5)	−0.035 0** (0.016 5)	−0.034 1** (0.015 6)	−0.036 1** (0.014 8)	−0.034 5** (0.014 8)	−0.026 5 (0.025 8)
Group 3 $d>20\%$	2 709	−0.010 0 (0.015 2)	0.005 6 (0.015 8)	0.005 0 (0.015 8)	0.001 1 (0.015 6)	0.010 4 (0.015 6)	−0.007 4 (0.016 0)

注：括号中的值为稳健标准误，*，**，***分别代表10%，5%，1%的显著性水平。

在此基础上，进一步探讨汇率风险暴露问题，以外汇衍生品使用时间长短划分。在43个考察季度内如使用1期，则记外汇衍生品使用率为2.33%（1/43）；使用2期，则记外汇衍生品使用率为4.65%（2/43）。由于20%以上样本量较少，故将样本分为0～10%，10%～20%，20%及以上三组，记为Group1，Group2，Group3。表5显示①，第一组的回归结果在1%的显著性水平下全部显著，第二组前5个模型在1%及5%的显著性水平下显著，而第三组并不显著。按照汇率风险暴露具体数值看，第一组的汇率风险暴露系数算数平均绝对值为7.09%，高于第二组的3.89%。可见，与外汇衍生品使用次数小于5次的企业相比，外汇衍生品使用次数在5～8次的企业产生3.20%的价值溢价。第三组汇率风险暴露不显著的原因，应与控制外汇衍生品虚拟变量为1的整体回归不显著原因一致，外汇衍生品的使用情况非常复杂，存在最优使用比例问题。除此之外，衍生工具对冲风险的能力也与当时的市场情况及企业操作成熟度有很大相关性。但我们可以从目前的结果中发现，随着使用外汇衍生品次数的增加，企业抵御汇率风险的能力也会有所提升，避险策略愈加成熟。

5. 个股回归结果分析

将数据处理为218个子样本，进行时间序列回归分析。结果如表6所示，模型（1）至模型（2.2）个股回归显著数量为67或68家上市公司，所占比例算数平均值为30.96%，负向显著数量明显多于正向显著企业数，可见大多数制造业上市公司企业价值与人民币升值呈负相关。加入变量股权结构后，模型（2.3）的显著个数降至56家，显著比例为25.69%，负向显著的企业数量仍高于正向显著数。加入变量出口收入比后，模型（3）的显著个数降至39，显著占比仅为17.89%，正向显著企业数与负向显著企业数量差距缩小，增至16家。引入出口收

① 以虚拟变量数值划分的两组模型（2.1）回归结果缺失，因为此步在模型（2）基础上添加外汇衍生品变量，不具有考察意义。

入比变量后，有更多的企业受到人民币贬值的负向冲击。

表 6　个股回归结果数量统计

	模型（1）	模型（2）	模型（2.1）	模型（2.2）	模型（2.3）	模型（3）
显著个数	67	68	67	68	56	39
正向显著	9	8	9	10	10	16
负向显著	58	60	58	58	46	23
不显著个数	151	150	151	150	162	179
显著占比（%）	30.73	31.19	30.73	31.19	25.69	17.89

五、结果与讨论

本文选取上海证券交易所 A 股 218 家制造业企业作为研究对象，将资本市场法与现金流量法相结合，引入 Fama – French 三因子、外汇衍生品虚拟变量、股权集中度、股权结构、出口收入等变量，分析汇率风险对中国制造业上市公司的影响①。

研究发现：第一，中国制造业上市公司汇率风险暴露系数为 –4.93%，显著比例达 30.96%，行业样本显著比例 45.45%。技术密集型和资源密集型企业受汇率风险暴露影响显著，且随着出口收入增加，企业所遭受的外汇风险减弱。第二，以 2010 年和 2015 年两次汇率改革为时点，将样本观察期分为三组进行考察，汇率风险暴露系数绝对值由 11.80% 降至 4.87%，支持“道德风险假说”，汇率制度趋于浮动时企业遭受的汇率风险暴露减轻。第三，中国制造业上市企业外汇衍生品使用比例逐年增加，风险意识增强。外汇衍生品使用率在 10% ~20% 的企业，使用外汇衍生品能带来 3.20% 的价值溢价。

中国制造业正在产业升级转型过程中，进口企业利润被国际原材料和能源市场所左右。出口企业缺乏核心竞争力，一方面技术水平有限、创新能力不足；另一方面，人口红利被消耗殆尽，劳动力优势在劳动密

① 本文利用 RIETI 汇率变化率进行稳健性检验，但限于篇幅结果并未列出。

集型企业中逐渐式微。中国制造业企业，无论是进口企业还是出口企业，在国际贸易发展中长期缺乏话语权，汇率波动挤压企业利润空间，企业却无法有力捍卫自身经营利益和企业价值。汇率风险绝非政治问题，而是企业经营管理问题。中国外贸型制造业上市公司普遍遭受汇率风险暴露影响，无论是跨国企业还是非跨国企业都应树立避险意识。综合运用外汇衍生品组合抵御汇率风险，合理地使用外汇衍生品对冲汇率风险，提升企业价值。

参考文献

[1] Jorion P. The exchange rate exposure of US multinationals [J]. Journal of Business, 1990, 163(3): 331 - 345.

[2] Muller A, Verschoor W F C. European foreign exchange risk exposure [J]. European Financial Management, 2006, 12(2): 195 - 220.

[3] Doidge C, Griffin J, Williamson R. Measuring theeconomic importance of exchange rate exposure [J]. Journal of Empirical Finance, 2006, 13 (4 - 5): 550 - 576.

[4] Bodnar G, Gentry W. Exchangerate exposure and industry characteristics: evidence from Canada, Japan, and the USA [J]. Journal of International Money and Finance, 1993, 12 (1): 29 - 45.

[5] Joseph N L. Modelling theimpacts of interest rate and exchange rate changes on UK stock returns[J]. Derivatives Use, Trading & Regulation, 2002, 7(4): 306 - 323.

[6] Bartram S M, Bodnar G M. Theexchange rate exposure puzzle[J]. Manage Finance, 2007, 33(9): 642 - 666.

[7] Allayannis G S, Weston J P. The use of foreign currency derivatives and firm market value [J]. The Review of Financial Studies, 2001, 14(1): 243 - 276.

[8] Clark E A, Judge A. Foreigncurrency derivatives versus foreign currency debt and the hedging premium[J]. European Financial Management, 2009, 1(5): 606 - 642.

[9] Kim Y S, Mathur I, Nam J. Isoperational hedging a substitute for or a complement to financial hedging? [J] Journal of Corporate Finance, 2006, 12(4): 834 - 853.

[10] Brown G W. Managingforeign exchange risk with derivatives[J]. Journal of Financial Economics, 2001, 60(2 - 3): 401 - 448.

[11]Bartram S M, Brown G W, Conrada J. The effects of derivatives on firm risk and value [J]. Journal of Financial and Quantitative Analysis, 2011,46(4):967－999.

[12]张欣,孙刚. 外汇衍生品、汇率风险对冲和出口企业盈利能力——来自中国上市公司的经验证据[J]. 财经论丛,2015(1).

[13]Martin A D, Mauer L J. Anote on common methods used to estimate foreign exchange exposure[J]. Journal of International Financial Markets Institutions & Money, 2005, 15(2): 125－140.

[14]陈学胜,周爱民. 新汇率体制下中国上市公司外汇风险暴露研究[J]. 经济管理, 2008(8).

[15]斯文. 外汇衍生品对冲汇率风险的企业价值效应研究——来自中国制造业上市公司的经验证据[J]. 中南财经政法大学学报,2013(3).

[16]Aysun U, Guldi M. Derivatives market activity in emerging markets and exchange rate exposure[J]. Emerging Markets Finance & Trade, 2011, 47(6): 46－67.

金融知识和中国家庭财富差距

——来自 CHFS 数据的证据

尹志超　张号栋

摘要： 本文基于 2013 年中国家庭金融调查（CHFS）数据，首先采用因子分析中的极大似然方法提取金融知识指标，然后采用两阶段最小二乘法（2SLS）估计发现，金融知识可显著缩小家庭财富差距。进一步，我们利用分位数回归法（QR）估计发现，金融知识对家庭财富有显著的正向影响，并且金融知识对低财富组家庭财富的促进作用更大，也就是说，财富越多的家庭，金融知识的创富效应越小。同样，金融知识对社区财富的创富效应呈递减趋势。本文的政策含义是，加强金融知识基础教育，开展金融知识技能培训，普及金融知识，可缩小家庭财富差距。

关键词： 金融知识；财富；差距

莫迪利亚尼等（Modigliani et al.，1954）的传统生命周期理论假设

基金项目：国家自然科学基金一般项目（71373213）；国家社科基金重点项目（16AZD014）；北京市社科重大项目（15ZDA45）；中组部青年拔尖人才支持计划、教育部新世纪优秀人才支持计划和西南财经大学中央高校基本科研业务费专项资金（JBK140 7024）资助。

作者简介：尹志超　首都经济贸易大学金融学院；
张号栋　河南财经政法大学金融学院。

家庭在生命周期的不同阶段转移财富，实现消费平滑，从而实现终生消费最大化（Friedman，1957）。但是，如果存在家庭财富差距，甚至家庭财富差距严重，那么，每个家庭财富最优配置并不能保证整个社会财富的帕累托最优（庇古，1920）。

改革开放以来，中国国民财富快速增长，城乡居民生活水平有了较大提高，但是也呈现出较高的收入差距和财富差距。2015 年 10 月 26 日，党的十五届五中全会提出了“十三五规划”建议，确立 7 000 万人全部脱贫和全面实现小康社会的目标。然而，如表 1 数据显示，中国家庭财富基尼系数从 2000 年的 0. 550 上升到 2015 年的 0. 725，中国家庭财富差距不断扩大，直接影响家庭就业、创业和教育机会（Davies et al.，2008）和中国经济的均衡发展。所以，在“三期叠加”期间，缓解家庭财富不均问题，能够增强家庭安全感和社会稳定性，减少贫困（原鹏飞等，2014），扩大内需，刺激经济增长，实现十三五规划攻坚目标。

表 1　中国家庭财富差距状况比较

国家/地区	基尼系数	年度	排序	来源	国家/地区	基尼系数	年度	排序	来源
瑞士	0. 803	2000	1	Davies（2008）	英国	0. 697	2000	16	Davies（2008）
美国	0. 801	2000	2	Davies（2008）	中国	0. 696	2008	17	原鹏飞（2014）
巴西	0. 784	2000	3	Davies（2008）	加拿大	0. 688	2000	18	Davies（2008）
印尼	0. 764	2000	4	Davies（2008）	越南	0. 682	2000	19	Davies（2008）
墨西哥	0. 749	2000	5	Davies（2008）	印度	0. 669	2000	20	Davies（2008）
阿根廷	0. 740	2000	6	Davies（2008）	德国	0. 667	2000	21	Davies（2008）
尼日利亚	0. 736	2000	7	Davies（2008）	孟加拉国	0. 660	2000	22	Davies（2008）
法国	0. 730	2000	8	Davies（2008）	台湾	0. 655	2000	23	Davies（2008）
中国	0. 725	2015	9	原鹏飞（2014）	荷兰	0. 650	2000	24	Davies（2008）
土耳其	0. 718	2000	10	Davies（2008）	澳大利亚	0. 622	2000	25	Davies（2008）
中国	0. 717	2013	11	CHFS（2013）	意大利	0. 609	2000	26	Davies（2008）

续表

国家/地区	基尼系数	年度	排序	来源	国家/地区	基尼系数	年度	排序	来源
泰国	0.710	2000	12	Davies（2008）	韩国	0.579	2000	27	Davies（2008）
中国	0.707	2010	13	原鹏飞（2014）	西班牙	0.570	2000	28	Davies（2008）
俄罗斯	0.699	2000	14	Davies（2008）	中国	0.550	2000	29	Davies（2008）
巴基斯坦	0.698	2000	15	Davies（2008）	日本	0.547	2000	30	Davies（2008）

数据来源：Davies et al.（2008），原鹏飞和冯蕾（2014）及 CHFS（2013），作者加以整理。

本文基于中国家庭金融调查（CHFS）数据，采用两阶段最小二乘法（2SLS）、分位数回归法（QR）分析金融知识对中国家庭财富差距的影响，探寻金融知识影响家庭财富差距的内在机理。本文结构安排如下：第一部分就相关文献进行综述，第二部分描述数据和变量解释，第三部分是模型设定和实证分析部分，第四部分是稳健性检验，第五部分是结论。

一、文献综述

诺克托（Noctor，1992）最早明确提出金融知识概念，将其定义为人们使用和管理资金所表现出的、能够做出明智判断并做出有效决策的能力。杭等（Hung et al.，2009）认为，仅将金融知识定义为个体知识和技能而实现财务保障的能力是不充分的，金融知识不仅包括知识、技能、行为三个要素，还体现三要素之间的相互关系。卢萨迪（Lusardi，2012）认为，金融知识范畴中的计算能力直接影响个人的金融决策，还发现，在女人、老人和低教育群体的人群中，计算能力的缺乏不仅广泛存在，而且还很严重。尹志超等（2014）在采用“利率是否计算正确、通货膨胀是否计算正确、投资风险是否计算正确”问题度量家庭金融知识时发现，回答正确的家庭比率分别是 14.90%，15.64%，29.57%，说明我国家庭金融知识的严重缺乏。

金融知识有利于家庭金融决策。伯恩海姆（Bernheim，2003）指出，很多美国消费者显示出低水平的金融知识，普及金融知识能够帮助人们更好地做出金融决策。卡维特等（Calvet et al.，2009）用瑞典数据发现，贫穷的、教育水平低和流动家庭会有更多的错误投资，这些家庭也往往表现出更低的金融知识水平。杜曼（Dohmen，2010）指出，丰富的金融知识有利于家庭理解金融市场和金融产品的收益、风险等特征，减少了家庭金融决策时的信息搜寻和信息处理成本。里斯廷斯等（Hastings et al.，2008）认为，对关键经济概念的不了解和基本财务计算能力的缺失会导致投资者做出次优的金融决策甚至不进行任何投资。尹志超等（2015）论证金融知识能够降低金融约束对创业精神的抑制作用，提高家庭创业意愿，促进家庭创业

金融知识有利于家庭财富积累。基斯特（Keister，2000）的调查显示，白人比黑人购买了更多高风险、高收益资产，并发现种族差异是影响家庭财富差异的重要因素。坎贝尔等（Campbell et al.，2006）超出黑人和白人的种族界限，对黑人、白人、美籍亚洲人、美籍墨西哥人和美籍西班牙人家庭财富状况进行了分析。卢萨迪等（Lusardi et al.，2006）利用生命周期框架下的财富积累模型发现，金融知识能够解释为什么有人接近退休没有财富或者有很少的财富。鲁伊伊等（Rooij et al.，2011）依靠荷兰中央银行调查数据（DHS），发现金融知识和金融净财富有很强的正相关关系。

国内外涉及贫富差距的研究主要立足于“收入创造”（Nee，1989；Walder，1994；Parish & Michelson，1996）和“财富积累”（Keister，2000）视角。王弟海和龚六堂（2006）讨论了当个人劳动能力和偏好存在差距的情况下，资本收入和劳动收入分配的差距如何通过遗产机制影响收入和财富分配的持续性差距程度。王弟海等（2011）研究了收入和财富分配差距的动态演化过程和均衡时持续性差距决定问题。何晓斌和夏凡（2012）指出，将通过生产、劳动以及所有权的变化导致的收入机会变化而产生的“收入创造”等同于“财富积累”是不恰当的。

陈彦斌（2008）认为，财富差距的研究要比研究收入差距更具价值，发现高财富家庭的资产组合呈现出多元化，而中低财富家庭则较为单一。张春安、唐杰（2004）指出，随着时间的推移，收入差距逐渐转化为财富差距，财富差距化程度往往比收入差距化程度更大。原鹏飞等（2014）发现，我国城镇居民的财富不平等显著高于收入不平等。张大永和曹红（2012）基于家庭金融微观调查数据发现，房地产财富效应大于金融资产的财富效应。

从现有文献资料中可以看出，研究财富差距主要从两条线展开：一是从经济增长的角度，该角度偏宏观；二是从微观基础入手，该角度属于家庭资源配置的范畴。然而，这些文献中涉及金融知识和家庭财富差距关系的文献甚少，由于我国家庭金融调查起步较晚，家庭微观数据的缺乏制约着对金融知识、家庭财富差距问题的研究，本文研究金融知识和家庭财富差距之间的关系，从潜在的微观机理方面探求家庭财富差距的原因，是对现有文献的一个重要补充。

二、 数据与变量

本文使用的数据来自西南财经大学中国家庭金融调查与研究中心2013年在全国范围内开展的中国家庭金融调查（China Household Finance Survey，CHFS）①。中国家庭金融调查采用三阶段、分层与人口规模成比例（PPS）的抽样方法，通过科学抽样，采用计算机辅助调查系统（CAPI）等现代调查技术和调查管理手段，收集中国家庭金融微观信息，为国内外研究者提供研究中国家庭金融问题的高质量微观数据。CHFS样本覆盖了全国29个省、262个县（区、县级市）、1 048个社区（村），共包含28 000多户家庭的资产与负债、收入与支出、保险与保障，家庭人口特征及就业等方面详细信息的大型微观数据。CHFS项目采用了多项措施控制抽样误差和非抽样误差，

---

① 本文使用数据获得西南财经大学中国家庭金融调查与研究中心的支持。

数据代表性好、质量高。本文重点关注金融知识对家庭财富差距的影响。

（一） 家庭财富差距指标度量

本文参考莫利塞特等（Morissette et al.，2006）的界定方法，将家庭财富界定为家庭净财富值，即等于家庭总资产减去家庭总债务。根据 CHFS 数据，家庭总资产包括：农业、工商业、房产、汽车、耐用品、奢侈品、活期存款、定期存款、股票、基金、期货、权证、外汇资产、黄金和借出款等。家庭总负债包括：正规金融贷款和非正规金融贷款。李强（1997）使用基尼系数以及五个等分的收入组的收入差距作为研究社会经济分层的指标。不过，基尼系数反映的是收入、财富总体的平均差距程度，不能很好地反映样本收入、财富最上端和最下端的分布密度和分布特征。金烨、李宏彬和吴斌珍（2011）按年龄对收入进行分组，采用基尼系数衡量收入差距，认为进行分组计算出来的基尼系数偏低，并用 25% 最高收入家庭的收入和 25% 最低收入家庭的收入的比值（Ratio75/25）作为收入差距指标做稳健性分析。鉴于考察社区样本家庭财富最上端和最下端的差距程度，以及考察不同阶层间的家庭财富差距程度，借鉴奥尔维利等（Olivier et al.，2014）的方法，取 90 分位数和 10 分位数的差额作为衡量家庭财富差距指标。本文家庭财富差距的计算公式：

$$WI = \text{percentile90}[\log W] - \text{percentile10}[\log W] \quad (1)$$

公式中，WI 表示由 CHFS 数据计算出来的衡量某社区家庭财富差距的统计指标，W 表示家庭净财富值，$\log W$ 表示家庭净财富的对数值，percentile90 表示 0.9 百分位，percentile10 表示 0.1 百分位。该公式的具体含义是：根据样本数据中社区家庭财富排名，然后将社区中家庭净财富的 0.9 百分位和 0.1 百分位的差值作为家庭财富差距的指标。

（二） 金融知识指标度量

阿格纽等（Agnew et al.，2005）将受访者按照年龄、教育等 20 种人口统计特征变量分组研究发现，个人自我评价具备的金融知识和实际问题回答情况测算出的金融知识水平的相关系数为 0.1 ~ 0.78。圭索等（Guiso et al.，2008）研究发现，通过简单地询问受访者对金融的了解程度来衡量金融知识是错误的，因为过度自信的投资者往往会高估自己的金融知识，而消极的投资者会低估自己的金融知识。鲁伊伊等（Rooij，2011；Lusardi & Mitchell，2011）采用因子分析的方法构建金融知识指标。尹志超等（2014）根据利率计算、通货膨胀理解和投资风险三个问题考察受访者的金融知识，然后通过迭代因子法提取金融知识因子。然而，以此方法计算金融知识指标，更多衡量的是家庭户主对金融知识构成要素中“知识范畴”，属于狭义的、单纯的“金融知识”概念；该概念界定忽视金融知识构成中的“行为”决策范畴，忽视了金融知识的知识、行为、技能三要素及相互关系（Hung et al.，2009），即原属于金融知识构成要素的很多部分被刻意剔除掉了。

本文采取极大似然法提取知识因子、决策因子和技能因子反映金融知识的知识、行为和技能三要素，并根据三因子旋转矩阵中载荷为权重，拟合出金融知识的综合指数，全面反映家庭的综合金融知识水平。表 2 详细描述了金融知识提取的降维过程。在表 2 金融知识提取的相关问题中，“利率是否计算正确、通货膨胀是否计算正确、投资风险是否计算正确”刻画家庭户主对金融知识本身的理解程度，反映“狭义金融知识因子”。“是否有活期账户、是否有定期账户、是否持有股票、是否持有除股票外的金融资产”刻画家庭金融决策行为，衡量金融知识的“决策因子”；“是否持有活期存款、是否借款给他人”刻画家庭投融资技能：是存到银行还是把钱借出去，反映金融知识的“技能因子”。

表2　金融知识提取的因子分析降维过程

<table>
<tr><th>金融知识提取相关问题</th><th>正确/持有（%）</th><th>不正确/不持有（%）</th><th colspan="2">因子分析降维过程</th></tr>
<tr><td>利率是否计算正确</td><td>14.90</td><td>85.10</td><td rowspan="4">知识因子主要提取变量
狭义金融知识因子</td><td rowspan="8">广义金融知识</td></tr>
<tr><td>通货膨胀是否计算正确</td><td>15.64</td><td>84.36</td></tr>
<tr><td>投资风险是否计算正确</td><td>29.57</td><td>70.43</td></tr>
<tr><td>是否持有定期存款</td><td>17.45</td><td>82.55</td></tr>
<tr><td>是否持有股票</td><td>6.52</td><td>93.48</td><td rowspan="2">决策因子主要提取变量
金融决策行为因子</td></tr>
<tr><td>是否持有其他金融资产*</td><td>6.25</td><td>93.75</td></tr>
<tr><td>是否持有活期存款</td><td>56.59</td><td>43.41</td><td rowspan="2">技能因子主要提取变量
投融资技能因子</td></tr>
<tr><td>是否向其他人借出款项</td><td>12.29</td><td>87.71</td></tr>
</table>

注：除活期存款、定期存款、借出款、现金和股票以外的金融资产包括金融衍生产品、银行理财产品、基金、外汇、黄金。

从表2可以看出，狭义金融知识因子中“利率是否计算正确、通货膨胀是否计算正确、投资风险是否计算正确”问题中回答正确的家庭比率分别是14.90%，15.64%，29.57%；鲁伊伊等依据荷兰家户数据DHS计算的正确回答比率是76.20%，82.60%，48.20%；卢萨迪等依据美国2004年的健康养老调查（Health Retirement Survey，HRS）计算得到的正确回答比率是67.10%，75.20%，52.30%，说明我国居民金融知识的严重缺乏。我国家庭活期存款、定期存款、股票、其他金融资产参与比率分别是56.59%，17.5%，6.52%，6.25%，说明我国家庭的金融市场参与率低。我国拥有借出款家庭占比是12.29%，说明我国家庭民间金融投融资意识淡薄。

借鉴巴特莱等（Bartlett，1937；Rooij et al.，2011；Lusardi & Mitchell，2011；尹志超等，2014）构建金融知识指标的方法，同时考虑金融知识提取变量都是二元变量，我们采取极大似然法进行因子分析，提取三个因子，即知识因子、决策因子和技能因子。将因子旋转后的解释比率分别作为知识因子、决策因子和技能因子权重0.370，0.344，0.287，计算出金融知识指标以全面衡量家庭金融知识水平。

表3中的KMO超过0.6，表4显示出因子旋转前累计解释比率超过85%（Garson，2010），知识因子特征值为1.096，大于1（Kaiser，1974），表明适合做因子分析。

表3 因子分析KMO检验及各提取变量在三因子中的旋转因子载荷

变量	KMO	知识因子	决策因子	技能因子
利率是否计算正确	0.631	0.439	0.026	0.038
通货膨胀是否计算正确	0.635	0.413	0.025	-0.003
投资风险是否计算正确	0.632	0.578	0.098	0.111
是否持有定期存款	0.709	0.043	0.224	0.245
是否持有股票	0.643	0.076	0.453	0.158
是否持有其他金融资产	0.643	0.057	0.633	0.101
是否持有活期存款	0.695	0.096	0.164	0.569
是否向其他人借出款项	0.698	0.046	0.099	0.245
整体	0.654	—	—	—

表4 因子旋转前后因子分析结果

	因子旋转前				因子旋转后			
	特征值	差异值	解释比率	累计解释比率	特征值	差异值	解释比率	累计解释比率
知识因子	1.096	0.536	0.572	0.572	0.708	0.050	0.367	0.370
决策因子	0.561	0.302	0.293	0.865	0.658	0.109	0.344	0.713
技能因子	0.259	—	0.135	1	0.550	—	0.287	1

（三）其他控制变量

参照以往文献，本文选取社区特征变量、地区变量和宏观经济变量控制变量，样本1 048个，表5详细给出了变量的描述性统计。

表5 样本数据描述性统计

变量	观察值	均值	标准差	最小值	最大值
被解释变量					
家庭财富差距（*WI*）	1 048	3.678	2.074	0.939	15.007
关注变量					
社区家庭平均金融知识	1 048	-0.830	2.555	-5.048	7.948
工具变量					
社区学习金融课程家庭比例	1 048	0.056	0.073	0.000	0.400
社区特征变量					
社区户主平均教育年限（年）	1 048	8.511	2.370	0.000	16.437
社区户主平均年龄	1 048	52.074	5.457	30.314	67.789
社区户主党员比例	1 048	0.137	0.102	0.000	0.611
社区户主男性比例	1 048	0.803	0.142	0.333	1.000
社区家庭已婚比例	1 048	0.858	0.101	0.211	1.000
社区家庭平均规模	1 048	3.659	0.781	1.700	7.400
ln 社区家庭平均收入（元）	1 048	10.177	0.642	8.317	12.164
社区高层岗位家庭比例	1 048	0.037	0.051	0.000	0.340
社区风险爱好家庭比例	1 048	0.035	0.040	0.000	0.257
地区变量					
农村	1 048	0.541	0.498	0	1
东部地区	1 048	0.363	0.481	0	1
西部地区	1 048	0.314	0.464	0	1
宏观经济变量					
金融发展水平①	1 048	2.001	1.414	1.063	10.854
ln GDP	1 048	10.593	0.373	9.888	11.442

注：①用戈德史密斯指标衡量金融发展水平，即金融发展水平 =（省区存款总额 + 省区股票市值 + 省区保费收入）/GDP。

②为节省篇幅，没有报告家庭层次各变量的描述性统计。

三、实证分析

（一）金融知识对家庭财富差距的影响分析

为考察金融知识对家庭财富差距的影响，模型设定为：

$$\text{Wealth\_lnequality} = \alpha \text{Financial\_Literacy} + X\beta + u \tag{2}$$

模型中，$u \sim N(0, \sigma^2)$。Wealth_Inequaity 是家庭财富差距指标，是被解释变量；Financial_Literacy 是我们关注的社区平均金融知识变量；X 是控制变量，包括社区特征变量、地区变量和宏观经济变量。

表6（1）列报告了金融知识对家庭财富差距影响的 OLS 回归结果。然而，该回归结果中可能存在金融知识反向因果、遗漏变量等导致的内生性问题。一方面，家庭财富差距可能造成家庭受教育机会不均以及对经济信息关注不充分，从而引起家庭金融知识的匮乏；另一方面，遗漏变量问题也可能导致高估或低估金融知识的影响，比如家庭户主对金融知识理解在能力方面的差异性就很难用变量进行衡量；还有可能就是，金融知识的衡量本身可能存在一定偏差，受访者对金融知识相关问题的回答可能不精确或者是靠猜测回答问题，这样会导致高估金融知识，从而导致低估金融知识的影响。因而，需要选取工具变量解决内生性问题。我们选取“社区家庭学习金融课程家庭比例”作为受访者金融知识的工具变量，主要考虑家庭金融知识水平、金融决策行为极易受到家庭学习经历的影响，“社区家庭学习金融课程家庭比例”越高，说明社区家庭金融知识水平就越高，但学习金融课程家庭比例可能对社区财富差距没有直接影响。不同阶层家庭财富差距（P90，P10，P80，P20，P70，P30）作为被解释变量的 DWH 值分别是 2.490，3.765，1.290，说明确实存在内生性问题需要解决。经过检验，金融知识和该工具变量的相关性为 0.670 2，斯托克等（Stock et al. 2005）提出的“最小特征统计量”F（1，1 048）=13.473 超过了 10 的经验值，不存在弱工具变量问题，说明“社区家庭学习金融课程家庭比例”作为工具变量是合适的。表7（2），（4），（6）列为两阶段工具变量估计结果。

从表6的OLS和2SLS回归结果看，OLS回归低估了金融知识对家庭财富差距的影响。采取两阶段工具变量回归，金融知识的边际影响为-0.512，在10%水平上显著，表明金融知识水平越高，家庭财富差距就越小。从社区特征变量看，2SLS回归结果显示，随着户主年龄增加，家庭财富逐步积累，家庭财富差距加大；家庭收入越多，家庭财富差距越大，高收入家庭是引起家庭财富差距的重要原因；高层岗位家庭金融市场参与率高，根据CHFS计算出的高层岗位家庭股市参与率为10.04%，高于我国家庭股市参与率6.52%近4个百分点，加大了家庭财富积累的不确定性，这些都显示出高层岗位家庭较中层、基层家庭财富差距大的原因。

从表6（2）列的回归结果可以看出，男性户主家庭比例高的社区家庭财富差距小。考虑到中国的结婚习俗，车子、房子、首饰、奢侈品等会加速家庭财富积累，再加上已婚家庭收入相对稳定，已婚比例高的社区家庭财富差距小。社区户主平均受教育年限、党员比例、家庭规模、农村、东部地区、西部地区对家庭财富差距没有显著影响。可以看出，中国东西部家庭财富差距程度并没有呈现出显著的“马太效应”，城市化进程中的城乡家庭不存在显著的财富差距。

我们还发现一个比较有意思的现象：从风险偏好看，风险爱好家庭比例较高的社区财富差距小，可能的原因是风险爱好家庭更容易参与创业等高风险经济活动。CHFS数据显示，风险爱好家庭参与创业比率为19.86%，高出家庭平均创业比率（14.11%）5个百分点。

从表6（4）（6）列将P80-P20，P70-P30作为度量家庭财富差距的指标看，除了社区户主男性比例、社区家庭平均规模和农村变量在显著水平上有些差异以外，其他变量和（2）列的回归结果基本保持一致，说明我们的关注变量金融知识对家庭财富差距显著负向影响的稳健性。

表 6　金融知识对家庭财富差距的影响

因变量：家庭财富差距	(1)	(2)	(3)	(4)	(5)	(6)
	P90 - P10		P80 - P20		P70 - P30	
	OLS	2SLS	OLS	2SLS	OLS	2SLS
社区家庭平均金融知识	-0.084**	-0.512*	-0.074**	-0.575**	-0.050	-0.635**
	(0.039)	(0.296)	(0.036)	(0.287)	(0.033)	(0.284)
社区户主平均教育年限	-0.048	0.079	-0.030	0.118	-0.024	0.149
	(0.039)	(0.098)	(0.042)	(0.099)	(0.042)	(0.100)
社区户主平均年龄	0.085***	0.096***	0.093***	0.106***	0.095***	0.110***
	(0.013)	(0.017)	(0.014)	(0.018)	(0.015)	(0.018)
社区户主党员比例	-1.833***	-0.731	-1.864***	-0.576	-1.395***	0.109
	(0.574)	(0.927)	(0.547)	(0.896)	(0.530)	(0.886)
社区户主男性比例	-0.910*	-1.368**	-0.392	-0.928	0.119	-0.506
	(0.546)	(0.669)	(0.511)	(0.620)	(0.484)	(0.608)
社区家庭已婚比例	-6.937***	-7.261***	-6.635***	-7.014***	-6.219***	-6.662***
	(0.710)	(0.757)	(0.757)	(0.800)	(0.818)	(0.853)
社区家庭平均规模	-0.077	-0.350	-0.097	-0.416*	-0.081	-0.455**
	(0.113)	(0.220)	(0.116)	(0.218)	(0.117)	(0.217)
社区家庭平均收入	0.094	0.700*	0.027	0.735*	0.031	0.858**
	(0.130)	(0.423)	(0.123)	(0.414)	(0.121)	(0.406)
社区高层岗位家庭比例	16.712***	16.495***	17.828***	17.574***	18.622***	18.326***
	(1.651)	(1.722)	(1.619)	(1.713)	(1.719)	(1.829)
社区风险爱好家庭比例	-7.202***	-5.670***	-8.952***	-7.161***	-10.862***	-8.770***
	(1.469)	(1.934)	(1.434)	(1.894)	(1.484)	(1.853)
农村	-0.131	-0.348	-0.142	-0.396*	-0.089	-0.385
	(0.183)	(0.237)	(0.183)	(0.235)	(0.188)	(0.243)
东部	-0.069	0.166	-0.055	0.220	-0.078	0.243
	(0.167)	(0.263)	(0.159)	(0.256)	(0.158)	(0.250)
西部	-0.283*	-0.179	-0.199	-0.078	-0.169	-0.027
	(0.145)	(0.178)	(0.131)	(0.171)	(0.125)	(0.168)
金融发展水平	0.116**	0.125**	0.124**	0.134**	0.130***	0.142***
	(0.047)	(0.051)	(0.049)	(0.053)	(0.049)	(0.053)

续表

因变量：家庭财富差距	(1)	(2)	(3)	(4)	(5)	(6)
	P90 - P10		P80 - P20		P70 - P30	
	OLS	2SLS	OLS	2SLS	OLS	2SLS
ln GDP	0.148	0.234	0.225	0.326	0.232	0.350
	(0.231)	(0.260)	(0.225)	(0.258)	(0.205)	(0.251)
常数项	4.749*	-3.084	2.258	-6.899	0.378	-10.316*
	(2.725)	(5.932)	(2.557)	(5.788)	(2.449)	(5.868)
观察值	1 048	1 048	1 048	1 048	1 048	1 048
F 值/Wald chi2	14.54***	236.66***	13.67***	212.53***	11.79***	177.67***
R^2	0.418	0.346	0.474	0.373	0.487	0.341
DWH 检验		2.490*		3.765**		0.129
第一阶段 F 值		13.473***		13.473***		13.473***

注：*，**，*** 分别表示在10%，5%，1%水平显著，括号内为稳健标准差（按县域聚类分析）。DWH 为内生性检验（Durbin - Wu - Hausman）。

在模型方程（2）中加入社区家庭平均金融知识和性别的交叉项①后发现，提高社区家庭平均金融知识水平能够显著降低 P80 - P20 家庭财富差距和 P70 - P30 家庭财富差距，在 11% 的显著水平下对P90 - P10 家庭财富差距有显著的影响。同时，我们也发现，男性比例高且金融知识高的社区 P80 - P20 家庭财富差距和 P70 - P30 家庭财富差距更大。这是一个有意义的结论。

（二）金融知识影响家庭财富的分位数回归

科恩克等（Koenker et al. 1978）提出标准分位数回归模型，在考虑个体异质性的基础上识别出差异分布，获得更多结构性认识，同时不依赖于 OLS 的正态性、同方差性要求。布金斯基（Buchinsky，1998）认为，分位数回归可以依据整个样本的分布来分析自变量对因变量的影

① 感谢匿名审稿人的意见，限于篇幅，此处没有报告加入社区家庭平均金融知识和性别的交叉项后的估计结果，读者如有需要，可向作者索取。

响，而不像 OLS 回归那样依赖条件均值。张义傅（2012）利用分位数模型指出，公共部门对非公共部门的收入优势在不同分位数和年份上变化明显。余向华和陈雪娟（2012）利用分位数模型指出，户籍分割使城乡户籍劳动力面临不同的工资决定机制。为考察金融知识对家庭财富差异影响的原因，模型设定为：

$$\text{Household\_Wealth} = \eta\text{Financial\_Literacy} + Z\gamma + \upsilon \quad (3)$$

$$Q^{\tau} = 0 \quad (4)$$

在模型中，Household_Wealth 是家庭净财富对数值，是被解释变量；Financial_Literacy 是我们关注的家庭金融知识；Z 是控制变量，包括家庭特征变量、类别变量和地区变量。υ 指个体间的残差项，Q^{τ} 指残差 υ 的 τ 分位数。

上文分析了金融知识对家庭财富差距的显著负向影响，然而，金融知识对家庭财富的影响很可能是异质的。下面从家庭层次分析金融知识在 0.1 分位点、0.2 分位点、0.3 分位点、0.5 分位点、0.7 分位点、0.8 分位点和 0.9 分位点影响的异质性。表 7 回归结果说明金融知识在不同分位点是如何影响家庭财富的，进而探讨金融知识影响家庭财富差距的微观机制。为了克服不同分位数上的回归残差不服从独立同分布的情况，本文仍采取自主法（自主抽样 400 次）进行分位数回归。

表 7　金融知识对家庭财富的分位数回归

因变量：ln 家庭净财富	q10	q20	q30	q50	q70	q80	q90
金融知识	0.714*** (0.030)	0.507*** (0.023)	0.420*** (0.018)	0.340*** (0.014)	0.290*** (0.014)	0.272*** (0.020)	0.270*** (0.021)
户主年龄	0.068*** (0.010)	0.066*** (0.009)	0.050*** (0.007)	0.029*** (0.004)	0.010*** (0.004)	0.004 (0.004)	0.002 (0.004)
户主年龄平方/100	-0.078*** (0.010)	-0.073*** (0.008)	-0.053*** (0.007)	-0.031*** (0.004)	-0.012*** (0.004)	-0.006 (0.004)	-0.004 (0.004)

续表

因变量：ln家庭净财富	q10	q20	q30	q50	q70	q80	q90
户主受教育年限	0.061 *** (0.010)	0.098 *** (0.008)	0.103 *** (0.006)	0.090 *** (0.005)	0.077 *** (0.004)	0.067 *** (0.004)	0.059 *** (0.005)
户主共产党员	0.423 *** (0.054)	0.352 *** (0.038)	0.247 *** (0.031)	0.190 *** (0.021)	0.136 *** (0.020)	0.134 *** (0.022)	0.099 *** (0.026)
户主男性	0.081 (0.061)	-0.061 (0.039)	-0.116 *** (0.032)	-0.126 *** (0.021)	-0.123 *** (0.020)	-0.148 *** (0.025)	-0.142 *** (0.024)
户主已婚	0.775 *** (0.078)	0.648 *** (0.065)	0.455 *** (0.056)	0.234 *** (0.034)	0.161 *** (0.028)	0.145 *** (0.030)	0.129 *** (0.039)
家庭规模	0.064 *** (0.012)	0.045 *** (0.010)	0.031 *** (0.008)	0.020 *** (0.006)	0.031 *** (0.007)	0.029 *** (0.007)	0.032 *** (0.008)
Ln 家庭收入	0.576 *** (0.021)	0.564 *** (0.018)	0.509 *** (0.013)	0.428 *** (0.013)	0.362 *** (0.009)	0.333 *** (0.009)	0.306 *** (0.010)
lnGDP	0.212 *** (0.064)	0.408 *** (0.049)	0.530 *** (0.038)	0.642 *** (0.025)	0.738 *** (0.021)	0.804 *** (0.021)	0.819 *** (0.025)
高层岗位	0.623 *** (0.098)	0.257 *** (0.071)	0.175 *** (0.068)	0.128 ** (0.053)	0.206 *** (0.046)	0.192 *** (0.056)	0.292 *** (0.058)
东部	-0.025 (0.086)	-0.027 (0.063)	-0.028 (0.050)	0.070 ** (0.035)	0.105 *** (0.035)	0.099 *** (0.034)	0.087 *** (0.043)
西部	-0.117 * (0.071)	-0.037 (0.060)	0.038 (0.057)	0.147 *** (0.042)	0.179 *** (0.033)	0.154 *** (0.037)	0.140 *** (0.042)
风险偏好	-0.327 *** (0.093)	-0.248 *** (0.080)	-0.159 ** (0.072)	-0.137 ** (0.054)	0.037 (0.061)	0.112 ** (0.055)	0.169 ** (0.077)
农村	0.214 *** (0.079)	-0.042 (0.069)	-0.234 *** (0.057)	-0.361 *** (0.038)	-0.415 *** (0.036)	-0.383 *** (0.040)	-0.354 *** (0.050)
常数项	-0.465 (0.704)	-1.707 *** (0.542)	-1.434 *** (0.445)	-0.348 (0.281)	0.450 * (0.241)	0.647 ** (0.260)	1.345 *** (0.255)
有效样本量	25 685	25 685	25 685	25 685	25 685	25 685	2 5685
R^2	0.210	0.211	0.210	0.214	0.224	0.228	0.232

注：*，**，*** 分别表示在10%，5%，1%水平显著，括号内为稳健标准差。

表7显示金融知识对家庭财富有显著的正向影响。除此之外，金融知识在不同的分位点上对家庭财富的影响是递减的，在0.1分位、0.2分位、0.3分位、0.5分位、0.7分位、0.8分位和0.9分位的显著边际影响分别为0.714，0.507，0.420，0.340，0.290，0.272，0.270，我们对0.1分位、0.2分位、0.3分位、0.5分位、0.7分位、0.8分位和0.9分位的系数值进行F检验，得到F值=36.19（p=0.000），说明金融知识在不同百分位上对家庭财富的影响（系数）显著不同。同时，说明财富多的家庭，金融知识所带来的财富效应呈边际递减，即家庭财富的金融知识递减效应。这也是本文的重要发现之一，说明金融知识每提升一单位，低财富组家庭财富积累的速度高于高财富组家庭财富积累速度。正因为如此，金融知识普及能够缩小家庭财富差距。究其原因而言，如图1所示，在0.1分位、0.2分位、0.3分位、0.5分位、0.7分位、0.8分位和0.9分位的家庭金融知识水平存在显著差异，并且随着从低财富组到高财富组阶层的变化，家庭金融知识水平具有递增趋势。普及金融知识，金融知识缺乏的低财富家庭对金融知识的消化吸收能力更大，对家庭财富的促进作用更强；随着家庭逐步向高财富组阶层的转化，金融知识的创富效应出现递减趋势。这表明：随着金融知识增加，对家庭财富的产出效率呈现边际递减规律。

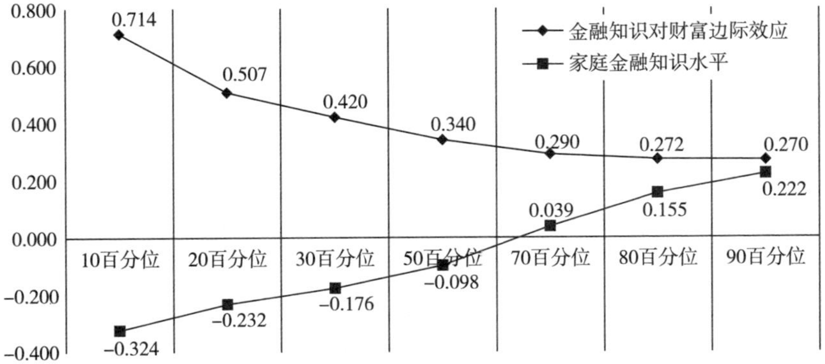

图1 不同分位数上家庭金融知识水平差异

从其他家庭特征变量看，表 7 标准分位数回归结果显示，户主年龄的增加财富积累作用逐步减弱，甚至 0.8 百分位、0.9 百分位的影响不再显著；随着户主受教育年限延长，教育年限从 0.1 百分位到 0.9 百分位财富值呈现先增后减的过程；党员家庭的财富积累呈递减趋势；男性户主家庭和家庭财富积累呈负相关关系；已婚家庭和家庭财富积累呈正相关关系，但财富增幅趋于递减；家庭规模和家庭财富积累呈正相关关系；家庭收入对家庭财富积累的作用呈递减趋势，单一收入调节政策缓解家庭差距的作用是有限的；经济越富裕地区，财富积累越呈现递增趋势，扩大家庭财富差距，相应的政策引导和转移支付政策非常值得关注。

农村家庭在 0.1 百分位下，能够促进家庭财富积累，而在其他分位下财富积累显著下降。东部家庭相对于中西部家庭而言财富积累快，说明适当的区域发展的梯度政策，能够缓解地区间的家庭财富差距。高层岗位家庭，能充分利用知识、能力、人脉资源促进家庭财富积累。由于家庭财富积累的不确定性，风险爱好家庭财富积累由负相关转向显著正相关，说明必要的风险意识教育对于缓解社区财富差距的重要作用。

（三） 金融知识影响社区财富的分位数回归

上文分析了金融知识对社区内部家庭之间财富差距的影响及微观机制，下面分析金融知识对社区之间财富差距的影响，具体考察金融知识对社区财富的影响，即着重分析在不同分位数上金融知识对社区家庭平均净财富的影响，模型设定为：

$$\text{Community\_Wealth} = \lambda \text{Financial\_Literacty} + X\delta + e \qquad (5)$$

在模型中，Community_Wealth 是社区家庭平均净财富的对数值，是被解释变量；Financial_Literacy 是我们关注的社区平均金融知识；X 是控制变量，包括社区特征变量、地区变量和宏观经济变量。e 指社区间的残差项，Q^J 指残差 e 的 τ 分位数。为了克服不同分位数上的回归残差不服从独立同分布的情况，我们采取自主法（自主抽样 400 次）进行分位数回归。如表 10 所示，我们分析金融知识分别在 0.1 分位、0.2 分位、0.3 分位、0.5 分位、0.7 分位、0.8 分位和 0.9 分位对社区家庭平均净财富的影响。

表8显示，金融知识在0.1分位、0.2分位、0.3分位、0.5分位上对社区家庭平均净财富有显著的正向影响，尽管在0.3分位的边际效应最大，但从整体趋势上看，金融知识对社区财富的作用仍然是递减的，甚至0.7分位、0.8分位和0.9分位上已经不再具有显著的影响。对0.1分位、0.2分位、0.3分位、0.5分位、0.7分位、0.8分位和0.9分位的系数值进行F检验，得到F（6，1 030）=2.09（p=0.052），说明金融知识在不同百分位上对家庭财富的影响（系数）显著不同。同时，说明社区财富越多，金融知识所带来的财富递减效应越明显，金融知识普及不仅能够缩小社区内部家庭之间的财富差距，也能够缩小社区与社区之间的财富差距。

从其他变量看，社区平均受教育水平、党员家庭比例、已婚家庭比例、风险偏好家庭比例和西部地区对社区财富增长没有显著的影响；社区户主平均年龄在0.1分位、0.2分位和0.9分位上对社区财富水平没有显著影响，在其他百分位上，随着年龄的增加，社区平均净财富有显著下降；社区男性户主比例越大，在0.1分位、0.2分位、0.3分位和0.5分位上越显著降低社区财富水平，而在0.7分位、0.8分位和0.9分位上对社区财富有显著影响；家庭规模、家庭收入水平、高层岗位家庭、金融发展水平和地区富裕水平基本上显著增加社区财富；农村社区显著降低社区财富，基本上随着0.1分位、0.2分位、0.3分位、0.5分位、0.7分位、0.8分位和0.9分位呈显著递减趋势。

表8　金融知识对社区财富的分位数回归

因变量：ln社区家庭平均净财富	q10	q20	q30	q50	q70	q80	q90
社区家庭平均金融知识	0.069*** (0.020)	0.050** (0.020)	0.073*** (0.018)	0.047*** (0.016)	0.028 (0.019)	0.014 (0.026)	-0.019 (0.030)
社区户主平均教育年限	0.029 (0.035)	0.018 (0.021)	0.007 (0.018)	0.003 (0.016)	0.013 (0.024)	0.010 (0.023)	0.014 (0.028)

续表

因变量：ln社区家庭平均净财富	q10	q20	q30	q50	q70	q80	q90
社区户主平均年龄	-0.003 (0.008)	-0.005 (0.006)	-0.013** (0.006)	-0.016*** (0.005)	-0.012* (0.006)	-0.017** (0.009)	-0.015 (0.010)
社区户主党员比例	-0.152 (0.416)	-0.054 (0.306)	-0.378 (0.261)	-0.079 (0.194)	0.030 (0.331)	-0.023 (0.402)	-0.217 (0.492)
社区户主男性比例	-0.568* (0.324)	-0.731*** (0.267)	-0.557** (0.227)	-0.352* (0.193)	-0.348 (0.276)	-0.237 (0.312)	-0.298 (0.358)
社区家庭已婚比例	-0.113 (0.424)	-0.046 (0.305)	-0.045 (0.262)	-0.054 (0.209)	0.037 (0.270)	0.170 (0.327)	0.122 (0.416)
社区家庭平均规模	0.179*** (0.062)	0.124* (0.064)	0.157*** (0.057)	0.084* (0.045)	0.106* (0.055)	0.083 (0.072)	0.038 (0.085)
社区家庭平均收入	0.768*** (0.100)	0.770*** (0.077)	0.709*** (0.062)	0.735*** (0.047)	0.703*** (0.079)	0.737*** (0.085)	0.791*** (0.128)
社区高层岗位家庭比例	1.119* (0.572)	0.900* (0.490)	1.050** (0.463)	1.300*** (0.424)	1.892*** (0.603)	1.820*** (0.651)	1.065 (0.964)
社区风险爱好家庭比例	0.022 (0.364)	-0.241 (0.329)	-0.094 (0.341)	0.089 (0.233)	-0.020 (0.341)	0.480 (0.476)	-0.164 (0.439)
农村	-0.521*** (0.120)	-0.447*** (0.100)	-0.393*** (0.074)	-0.282*** (0.057)	-0.253*** (0.093)	-0.261** (0.110)	-0.249* (0.134)
东部	0.090 (0.094)	0.223*** (0.084)	0.145* (0.076)	0.123** (0.054)	0.136 (0.092)	0.145 (0.112)	0.254 (0.163)
西部	-0.028 (0.071)	0.066 (0.067)	0.045 (0.058)	0.094* (0.049)	0.070 (0.074)	0.106 (0.086)	-0.020 (0.113)
金融发展水平	0.055*** (0.016)	0.044*** (0.015)	0.061*** (0.013)	0.056*** (0.013)	0.063*** (0.016)	0.048*** (0.016)	0.069*** (0.018)
ln GDP	0.245* (0.144)	0.164 (0.126)	0.174 (0.106)	0.234*** (0.079)	0.300** (0.126)	0.320** (0.144)	0.026 (0.211)
常数项	1.444 (1.609)	2.952** (1.426)	4.021*** (1.361)	3.543*** (1.027)	2.934* (1.576)	2.667 (1.866)	5.766** (2.713)
有效样本量	1 048	1 048	1 048	1 048	1 048	1 048	1048
R^2	0.433	0.449	0.457	0.461	0.435	0.422	0.407

注：*，**，*** 分别表示在10%，5%，1%水平显著，括号内为稳健标准差。

四、 稳健性检验

为考察上文模型估计结果的可靠性，本部分从多方面对上文模型的估计结果进行稳健性检验①。

（一） 金融知识对不同家庭财富差距衡量指标的影响

奥利维尔等（Olivier et al.，2014）采取 90 分位数和 10 分位数的差额作为家庭财富差距程度指标；金烨等（2011）用 25% 最高收入家庭的收入和 25% 最低收入家庭的收入的比值（Ratio75/25）为收入差距指标做稳健性分析，我们用 P90 – P10，P80 – P20，P70 – P30 和财富基尼系数分别度量家庭财富差距。表 9 报告了金融知识对不同家庭财富差距衡量指标的影响结果，表明金融知识对家庭财富差距影响的稳健性。

表 9　金融知识对不同家庭财富差距衡量指标的影响

因变量：家庭财富差距	(1) P90 – P10 2SLS	(2) P80 – P20 2SLS	(3) P70 – P30 2SLS	(4) 财富基尼系数 2SLS
社区家庭平均金融知识	−0.135** (0.064)	−0.302** (0.137)	−0.713** (0.330)	−0.074* (0.044)

注：我们控制了社区家庭平均教育年限、社区户主平均年龄、社区户主平均教育年限、社区户主党员比例、社区户主男性比例、社区家庭已婚比例、社区家庭平均规模、社区家庭平均收入、社区高层岗位家庭比例、社区风险爱好家庭比例、农村、东部地区、西部地区、金融发展水平和地区 GDP。

（二） 不同金融知识衡量指标对家庭财富差距的影响

阿格纽等（Agnew et al.，2005；Guiso and Jappelli，2008）用受访者正确回答问题的个数和正确回答个数占比来衡量金融知识。表 10 报告了不同金融知识衡量指标对家庭财富差距（P10 – P10）的影响结果，表明金融知识对家庭财富差距影响的稳健性。

---

① 稳健性检验部分的回归结果中所有其他控制变量均与前文相同。为节省篇幅，除关注变量金融知识外，没有报告其他控制变量的结果，想了解具体结果的读者可直接与本文作者联系。

表 10 不同金融知识衡量指标对家庭财富差距的影响

因变量：家庭财富差距	(1) 2SLS	(2) 2SLS
金融知识正确回答占比	-0.156* (0.090)	—
金融知识正确回答个数	—	-0.959* (0.511)

注：我们控制了社区家庭平均教育年限、社区户主平均年龄、社区户主平均教育年限、社区户主党员比例、社区户主男性比例、社区家庭已婚比例、社区家庭平均规模、社区家庭平均收入、社区高层岗位家庭比例、社区风险爱好家庭比例、农村、东部地区、西部地区、金融发展水平和地区 GDP。

五、结论

基于2013 年 CHFS 数据，首先取0.9 分位数和0.1 分位数的差额作为衡量家庭财富差距指标。然后采取因子分析中的极大似然方法提取知识因子、决策因子和技能因子，分别反映知识、行为和技能三要素，以三因子旋转矩阵中载荷为权重，拟合出金融知识的综合指数，全面反映家庭的综合金融知识水平。再者采用两阶段最小二乘法（2SLS）估计发现，金融知识可显著缩小家庭财富差距。进一步利用分位数回归法（QR）估计发现，金融知识在 0.1 分位、0.2 分位、0.3 分位、0.5 分位、0.7 分位、0.8 分位和 0.9 分位的显著边际影响分别为 0.714，0.507，0.420，0.340，0.290，0.272，0.270，说明随着金融知识这种特殊要素的连续投入，对家庭财富的产出效率呈现边际递减规律，即金融知识对低财富阶层的影响更大，对低财富阶层家庭财富的促进作用更强；随着家庭逐步向高财富阶层的转化，金融知识的创富效应出现递减趋势。控制金融知识和性别的交叉项后，提高社区金融知识能够显著降低P80 - P20 家庭财富差距和 P70 - P30 家庭财富差距，在 11% 的显著水平下对 P90 - P10 家庭财富差距有显著的影响。男性比例高且金融知识高的社区 P80 - P20 家庭财富差距和 P70 - P30 家庭财富差距更大。金融知识对社区财富的影响也呈现出递减趋势。

从其他变量对家庭财富差距的影响看，男性户主比例高的社区家庭财富差距小；已婚家庭比例高的社区家庭财富差距小；社区户主平均受教育年限、党员比例、家庭规模、农村、东部、西部对家庭财富差距没有显著影响，中国东西部家庭财富差距程度没有呈现出显著的“马太效应”，中国城市化进程中的城乡家庭不存在显著的财富差距。从其他变量对家庭财富的影响看，户主年龄增长，家庭财富积累作用逐步减弱；户主受教育年限延长，教育年限从0.1分位到0.9分位财富值呈现先增后减的过程；党员家庭财富积累呈递减趋势；男性户主家庭显著降低家庭财富积累；已婚家庭和家庭财富积累呈正相关关系，财富增幅趋于递减；家庭规模和家庭财富积累呈正相关关系；家庭收入增幅对家庭财富积累的作用呈递减趋势，单一的收入调节政策对缓解家庭财富差距的作用是有限的；经济越富裕地区，财富积累越呈现递增趋势，扩大家庭财富差距，相应的政策引导和转移支付政策非常值得关注。农村家庭在0.1分位下能够促进家庭财富积累，在其他分位下财富积累显著下降。东部、西部家庭财富积累速度呈递增趋势，说明区域发展的梯度政策能够显著缓解地区间的家庭财富差距。

上述结论具有重要的政策含义。

第一，针对中国家庭金融知识普遍缺乏的现象，鼓励多种渠道普及金融知识，既鼓励金融知识进入中小学教育，又鼓励借助社会网络，实施金融知识娱乐教育，使每个公民都有机会均等地享受低成本金融信息服务，持续更新家庭金融知识，不断提高我国居民的金融素养，塑造我国居民独立的金融人格，不仅发挥金融知识促进家庭财富增长的作用，而且重视金融知识缩小家庭财富差距的作用。

第二，金融知识教育和实务技能培训结合起来，尤其重视对低财富群体的金融知识普及，真正促进家庭对金融知识的消化吸收，促进知识创造财富，缩小家庭财富差距。

第三，在我国“金融扶贫”的过程中，既重视金融优惠政策的扶贫，又重视“金融知识扶贫”，有利于家庭金融知识将金融优惠政策转化为现实生产能力，促使贫困家庭创造财富，减少贫困，缩小家庭财富差距。

第四，除了普及金融知识教育政策提高居民人力资本能力以外，注重提高家庭收入政策和转移支付政策相结合，发挥“造血能力”和“输血功能”的共同作用，缩小家庭财富差距。

第五，重视普及金融知识教育和国家产业政策相结合，促使金融知识结合区域性生产特点，避免家庭金融投资的盲目性，发挥家庭金融资源的最优化配置，缩小家庭财富差距。

参考文献

[1]庇古. 福利经济学[M]. 北京:华夏出版社,2007:516－566.

[2]陈彦斌. 中国城乡财富分布的比较分析[J]. 金融研究,2008(12):87－100.

[3]甘犁,尹志超,贾男,等. 中国家庭资产状况及住房需求分析[J]. 金融研究,2013(4):1－14.

[4]何晓斌,夏凡. 中国体制转型与城镇居民家庭财富分配差距——一个资产转换的视角[J]. 经济研究,2012(2):28－40.

[5]金烨,李宏彬,吴斌珍. 收入差距与社会地位寻求——一个高储蓄率的原因[J]. 经济学(季刊),2011(3):887－911.

[6]李强. 经济分层与政治分层[J]. 社会学研究,1997(4):34－43.

[7]王弟海,龚六堂. 新古典模型中收入和财富分配持续不平等的动态演化[J]. 经济学(季刊),2006(3):777－802.

[8]王弟海,严成樑,龚六堂. 遗产机制和生命周期储蓄和持续性不平等[J]. 金融研究,2006(7):14－31.

[9]尹志超,宋全云,吴雨. 金融知识、投资经验与家庭资产选择[J]. 经济研究,2014(4):62－75.

[10]尹志超,宋全云,吴雨,等. 金融知识、创业决策和创业动机[J]. 管理世界,2015(1):87－98.

[11]原鹏飞,冯蕾. 经济增长、收入分配与贫富分化——基于DCGE模型的房地产价格

上涨效应研究[J]. 经济研究,2014(9):77 -90.

[12]余向华,陈雪娟. 中国劳动力市场的户籍分割效应及其变迁——工资差异与机会差异双重视角下的实证研究[J]. 经济研究,2012(12):97 -111.

[13]张春安,唐杰. 不平等对经济增长影响的经验分析[J]. 世界经济,2004(6):27 -36.

[14]张大永,曹红. 家庭财富与消费:基于微观调查数据的分析[J]. 经济研究(增1期),2012(1):56 -65.

[15]张义博. 公共部门与非公共部门收入差异的变迁[J]. 经济研究,2012(4):77 -88.

[16]Agnew J R, Szykman L R. Asset allocation and information overload: the influence of information display, asset choice, and investor experience[J]. Journal of Behavioral Finance,2005(6):57 -70.

[17]Bartlett M. The statistical conception of mental factors[J]. British Journal of Psychology, 1937(28):97 -104.

[18]Bernheim B D, Garrett D M. The effects of financial education in the workplace: evidence from a survey of households[J]. Journal of Public Economics,2003(7 -8):1487 -1519.

[19]Buchinsky M. Recent advances in quantile regression models: a practical guideline for empirical research[J]. Journal of Human Resources,1998(1):88 -126.

[20]Calvet L, Campbell J Y, Sodini P. Measuring the financial sophistication of households [J]. American Economic Review,2009(2):393 -398.

[21]Campbell J Y. Household finance[J]. The Journal of Finance,2006(4):1553 -1604.

[22]Dohmen T, Falk A, Huffman D, Sunde U. Are risk aversion and impatience related to cognitive ability? [J] American Economic Review,2010(3):1 238 -1 260.

[23]Davies J B, Sandstrom S, Shorrocks A, Wolff E N. The world distribution of household wealth[Z]. United Nations University World Institute for Development Economics Research, Discussion Paper,2008.

[24]Friedman M. A theory of the consumption function[M]. Princeton: Princeton University Press,1957.

[25] Garson D. Factors analysis [OL]. http: //faculty. chass. ncsu. edu/garson/PA765/factor. htm, 2010.

[26]Guiso L, Jappelli T. Financial literacy and portfolio diversification[R]. EUI Working Paper ECO, 2008.

[27] Hastings J, Tejeda – Ashton L. Financial literacy, information and demand elasticity: survey and experimental evidence from mexico[R]. NBER Working Paper, No. 14 538, 2008.

[28] Hung A, Parker A M, Yong J K. Defining and measuring financial literacy[Z]. Rand Labor and Population Working Paper series, WR – 708, 2009.

[29] Kaiser H F. An index of factor simplicity[J]. Psychometrika, 1974(39): 31 – 36.

[30] Keister L A. Wealth in america: trends in wealth inequality[M]. Cambridge University Press, 2000.

[31] Koenker R, Bassett G W. Regression quantiles[J]. Econometrica, 1978(46): 33 – 50.

[32] Lusardi A, Mitchell O S. Baby boomer retirement security: the roles of planning, financial literacy, and housing wealth[R]. NBER Working Paper, No. 12585, 2006.

[33] Lusardi A. Numeracy, financial literacy and financial decision – making[R]. NBER Working Paper, No. 17821, 2012.

[34] Lusardi A, Mitchell O S. Financial literacy and planning: implication for retirement planning[R]. NBER working paper, No. 17078, 2011.

[35] Modigliani F, Richard B. Utility analysis and the consumption function: an interpretation of cross – section data[C]. In Kenneth K. Krihara, ed., Post – Keynesian Economics, 1954: 388 – 436.

[36] Morissette Zhang R. Revisiting wealth inequality[J]. Statistic Canada, 2006(12): 5 – 16.

[37] Nee V. A theory of market transition: from redistribution to markets in state socialism [J]. American Sociological Review, 1989(54): 663 – 681.

[38] Noctor M, Strading R. Financial literacy: a discussion of concepts and competences of financial literacy and opportunities for its introduction into young people's learning[R]. Report prepared for the National Westminster Bank, National Foundation for Education Research, London, 1992.

[39] Olivier Y M, Mondragon. Does greater inequality lead to more household borrowing? new evidence from household Data[R]. NBER Working Paper, No. 19850, 2014.

[40] Parish W L, Michelson E. Politics and markets: dual transformations[J]. American Journal of Sociology, 1996(101): 1042 – 1059.

[41] Rooij V, Lusard M A, Alessie. Financial literacy and stock market participation[J].

Journal of Financial Economics, 2011(2): 449 – 472.

[42] Stock J, Yogo M. Testing for weak instrumments in linear IV regression[C]. in D Andrew, J Stock. identification and inference for econometric models: Essays in Honor of Thomas Rothenberg[M]. Cambridge University Press, 2005: 80 – 108.

[43] Walder A G. Evolving property rights and their political consequences[C]. in China's Quiet Revolution: New Interactions Between State and Society, edited by DSG Goodman and B. Hooper[M]. New York: St. Martin's Press, 1994.